KB102666

열한 계단

열한 계단: 나를 흔들어 키운 불편한 지식들

초판 1쇄 발행 2016년 12월 10일
초판 60쇄 발행 2024년 7월 1일

지은이 채사장
펴낸이 권미경
마케팅 심지훈, 강소연, 김재이
디자인 [★]규
일러스트 최광렬
펴낸곳 ㈜웨일북
등록 2015년 10월 12일 제2015-000316호
주소 서울시 마포구 토정로 47, 서일빌딩 701호
전화 02-322-7187 **팩스** 02-337-8187
메일 sea@whalebook.co.kr **인스타그램** instagram.com/whalebooks

ⓒ 채사장, 2016
ISBN 979-11-956771-5-3 03100

소중한 원고를 보내주세요.
좋은 저자에게서 좋은 책이 나온다는 믿음으로, 항상 진심을 다해 구하겠습니다.

나를 흔들어 키운 불편한 지식들

열한 계단

채사장 지음

whale books

당신이 표류하지 않고
항해하는 삶을 살기를

"출항과 동시에 사나운 폭풍에 밀려다니다가 사방에서 불어오는 바람에 같은 자리를 빙빙 표류했다고 해서, 그 선원을 긴 항해를 마친 사람이라고 말할 수는 없을 것이다. 그는 긴 항해를 한 것이 아니라 그저 오랜 시간을 수면 위에 떠 있었을 뿐이다."

기원전 1세기, 로마의 철학자 세네카가 남긴 말이다. 그는 잔인하게 덧붙인다.

"그렇기에 노년의 무성한 백발과 깊은 주름을 보고 그가 오랜 인생을 살았다고 단정할 수는 없는 일이다. 그 백발의 노인은 오랜 인생을 산 것이 아니라 다만 오래 생존한 것일지 모른다."

다만 생존하는 것이 아니라, 인생을 산다는 것.

그것은 무엇일까? 표류하는 삶이 아니라 항해하는 삶이란 무엇을 의미하는 것일까? 그것이 단순히 사회적 성공이나 부의 축적을 의미하는 것이 아님을 우리는 안다. 물론 가끔은 미디어에 비친 유명인들의 화려한 생활에 마음을 빼앗기기도 하지만, 그것은 본래의 내가 추구하는 것이 아니다. 깊은 고독 속에서 내면으로 침잠해가는 시간과 마주할 때에야 우리는 비로소 깊이 이해하게 된다. 인생을 산다는 것은 내적으로 성장해가는 것임을 말이다.

성장. 이것은 일생이라는 제한된 시간 속에서 내가 성취해야만 하는 숙명일지 모른다. 그렇다면 어떻게 성장에 이를 수 있는 것일까? 그것은 우선 표류하는 자신을 깨뜨리는 것에서부터 시작할 수 있다. 그리고 자신을 깨뜨리기 위해서는 외부의 힘이 필요하다. 그 외부의 힘이란 나를 불편하게 하는 오래된 지혜다.

지혜. 정보와 지식이 넘치는 사회가 되었지만, 모든 지식이 지혜일 수는 없다. 우리는 가치 있는 지식을 가려낼 수 있어야 한다. 그리고 그러한 지식이 무엇인지는 사실 자기 스스로가 너무나 잘 알고 있다. 나를 불편하게 만드는 지식들. 일상에서 표류하는 자신을 멈춰 세우고 깨달음으로 밀어 올리는 불편한 지식들을 만나야 한다. 그 지식들은 지혜가 되어 우리를 성장하게 할 것이다.

저자의 말

《열한 계단》이 말하고자 하는 바는 분명하다. 이 책은 두 가지 가치를 다룬다. 바로 성장과 지혜다. 먼저 오래된 지혜를 선별했다. 나를 불편하게 한 지식들 중 가장 중요하다고 생각해왔던 열한 개의 고전을 선택했다. 다음으로 이러한 인류의 오랜 지혜가 어떻게 한 명의 구체적인 개인을 성장시켰는지를 섬세하게 그려내었다. 이를 위해 나의 성장에 관한 이야기를 조심스럽게 꺼냈다. 결과적으로《열한 계단》은 인류의 고전을 개인의 성장기와 연결시킨 '인문학적 수필'의 형식을 갖게 되었다.

이전까지 나는 주로 '세계'에 대해 이야기해왔다. 세계를 단순화하고 그 속에서 단단한 구조를 드러내고자 했다. 하지만 그것만으로는 부족하다. 왜냐하면 세계는 우리와 독립해서 존재하는 것이 아니기 때문이다. 세계를 이해하기 위해서는 그 세계를 담아내는 '자아'에 대한 이해가 선행되어야만 한다.

그래서《열한 계단》은 필연적이다. 이 책은 자아에 대한 탐구다. 자기 자신을 이해하게 함으로써 어지러운 세계에서 표류하지 않고 하나의 길로 가로지를 수 있는 방법을 제시한다.

그리고 그 방법은 질문이다. 지금까지 나를 흔들어 키운 질문들과 그에 대한 답변들이 제시되어 있다. 말하자면 이 책은 표류하던 개인이 방향을 잡고 나아간 기록이며 항해일지다.

첫 계단은 소소하게 시작된다. 하지만 놀라운 결론으로 당신을 안내할 것이다. 계단을 밟고 오르는 동안 당신이 잊고 있던 오랜 지혜를 떠올릴 수 있기를 바란다. 그리고 당신 안에 간직되어 있던 변하지 않는 가치를 되찾게 되기를 바란다. 이 책이, 이제 막 항해를 시작하려는 도전자들에게 혹은 표류하는 배의 방향을 잡으려는 모험가들에게 괜찮은 나침반이 되길 바란다. 그리고 인생의 계단 어딘가에서 당신을 만날 수 있기를 기대해본다.

2016년 겨울의 길목에서
채사장

읽기 전에

1 이 책은 여러 고전과 인물에 대한 지식을 포함하고 있지만, 단순히 지식을 전달하는 책은 아니다. 제시된 지식들은 구조화되었고 맥락을 갖는다. 처음부터 차례로 읽지 않으면, 이 책이 실제로 말하려는 바를 이해할 수 없다. 편안한 마음으로 순차적으로 읽을 것을 권한다.

2 이 책의 형식적 난이도는 균일하다. 처음부터 끝까지 현학적인 단어와 표현을 배제하였고, 명료한 구어체 문장을 사용했으며, 구체적인 사례와 이야기로 풀어냈다.

하지만 내용적 난이도는 균일하지 않다. 이 책은 중반을 넘어 후반에 다다를수록 점차 어렵게 느껴질 수도 있다. 그것은 쉬운 표현을 사용하였으나 그 내용에 있어서는 오랜 고민을 필요로 하는 내용을 담고 있기 때문이다. 하지만 피해가선 안 된다. 당신이 이 책을 읽는 이유가 바로 이것이기 때문이다.

소년,
불편함의 계단
앞에 서다

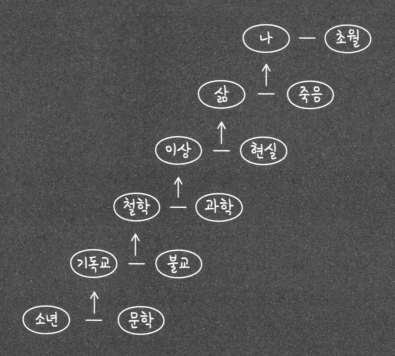

불편함의 계단

계단 앞에 선다. 이건 불편함의 계단이다. 한 칸씩 오를 때마다 그전까지 내가 믿었던 세계를 흔들어 깨트려야 한다. 어디까지 오를 수 있을까.

계단을 오르는 길에는 사람들이 있다. 나를 앞서가는 사람, 내 뒤를 따르는 사람. 어떤 이는 계단 중간 어딘가에서 이미 자리를 잡았다. 그 계단의 높이가 그는 가장 마음에 들었으리라. 그는 행복한 사람이다. 만족하지 못하는 사람은 더 오른다. 불편함을 감내하면서, 불안함을 감수하면서, 다른 세계를 보고자 한다. 그는 성장하는 사람이다.

어떤 삶도 괜찮다. 계단의 중간에서 멈추든, 계속 오르든. 우리는 행복하거나, 성장할 것이다.

이 책은 계단을 더 오르려는 사람들을 위해 쓰였다. 학교와 직장, 반복되는 일상 가운데 전혀 다른 세계를 보고자 하는 이들을 위해 준비되었다. 당신이 모험가의 영혼을 가졌다면 이 여행이 마음에 들 것이다. 혹은 이미 계단의 끝에 도달한 성취한 영혼이라면 이 책은 당신이 성장해온 추억의 앨범이 될 것이다.

이제 어느 평범한 소년이 되어보자. 그리고 계단 앞에 서자. 고개를 들면 우거진 수풀과 안개와 구름에 뒤덮인, 그 끝을 가늠할 수 없는 계단이 보인다. 뒤를 돌아보면 거기엔 가족과 학교와 직장이 있다. 지금까지 나를 편안하게 보호해주었던 세계.

작별을 고할 필요는 없다. 아쉬워할 필요도 없다. 우리는 떠나지만, 우리가 이 계단을 오르고 있음을 아무도 알지 못할 것이다.

이 모험은 나와 당신의 내면의 성장에 대한 기록이다.

불편함에 대하여

첫 발을 떼기에 앞서, 불편함에 대해 좀 더 이야기해보자.

사람들로부터 질문을 받을 때가 있다. 어떤 책을 읽어야 하는가?

이런 질문에는 대답하기 곤란하다. 왜냐하면 옷을 사고 입는 방식이 사람마다 다르듯 책을 고르고 읽는 방법도 사람마다 다르기 때문이다. 그럼에도 불구하고 대답을 해야 한다면, 이렇게 말하고 싶다.

불편한 책을 읽을 것.

두 종류의 사람이 있다. 첫 번째는 익숙한 책을 선택하는 사람이다. 하나의 책을 읽고 그 세계에 동감하면, 다음에는 그와 관련된 좀 더 심도 있는 책을 선택한다. 이 과정을 반복함으로써 하나의 분야를 깊이 있게 파고드는 사람이 있다.

두 번째는 불편한 책을 선택하는 사람이다. 하나의 책을 읽고 그 세계에 동감하면, 다음에는 그 세계를 무너뜨리는 전혀 다른 세계관의 책을 선택한다. 이 과정을 반복함으로써 자기 세계의 지평을 점차 넓혀가는 사람이 있다.

두 가지의 방법이 있는 것이다. 익숙한 세계의 깊이를 더하는 방법과 불편한 세계의 지평을 넓히는 방법.

〈책을 선택하는 방법〉

1. 익숙한 책
2. 불편한 책

15

어떤 방법이 더 옳은가? 그런 것은 없다. 두 가지 모두 괜찮은 방법이다. 하나의 분야를 선택해서 전문적인 깊이를 더해가는 삶도 훌륭하고, 다양한 세계를 떠돌며 여행하는 삶도 훌륭하다.

두 가지 방법을 다 선택하면 좋겠지만, 그것이 불가능함을 우리는 안다. 죽음 때문이다. 우리에게는 끝이 있고, 그 끝은 생각보다 빠르게 다가온다. 일생 동안 책을 읽을 수 있는 시간은 무척이나 짧게 주어진다. 너무 어리거나 너무 늙었을 때를 제외해야 하고 잠자는 시간, 경제 활동을 하는 시간, 사랑하는 사람들을 돌보고 함께하는 시간을 제외해야 한다. 우리에게 주어진 독서 시간은 물리적으로 한정되어 있다. 다시 말해서, 우리가 선택할 수 있는 삶의 방식도 제한되어 있는 것이다.

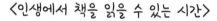

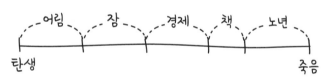

이 제한된 삶을 어떻게 만들어갈 것인가? 그것은 우리 스스로에게 달렸다.

다만 개인적으로는 당신이 두 번째 사람이었으면 좋겠다. 불편한 책을 읽는 사람. 불편한 세계를 선택하고, 그 불편함을 극복해가는 사람이었으면 좋겠다. 왜냐하면 세계는 아주 넓고 오래되었으며, 그래서 신비하기 때문이다. 인류의 기원부터 지금에 이르기까지 사람들이 찾거나 만들어낸 세계의 신비로움은 다양한 분야에 숨어 이어져 오고 있다. 내가 들춰내기 전까지 세계의 신비는 나에게 모습을 드러내지 않는다.

하나의 분야에 대한 깊이 있는 지식은 우리를 먹고살게 하고 타인으로부터 인정받게 하며 사회를 발전시킬 것이다. 하지만 그것이 내 세계의 전부라면 그 삶은 너무나도 아쉽다. 우리는 노동하기 위해 이곳에 온 것이 아니라 즐기고 여행하고 놀라워하기 위해 온 것일 테니까.

인생이라는 제한된 시간 속에서 세계의 다양한 영역을 모험하는 가장 괜찮은 방법은 불편한 책을 읽는 것이다.

불편한 책

그렇다면 어떤 책이 불편한가? 그것은 자신만이 안다.

그런 책이 있다. 처음 몇 페이지를 넘기면서부터 나를 불편하게 하고 반감을 일으키는 책이 있다. 내가 전혀 알지 못함에도 이미 거짓이라고 믿고 있던 세계, 그렇게 피해왔던 세계의 모습을 적나라하게 드러내는 책은 나를 불편하게 만든다.

예를 들어보자. 내가 만약 기독교인이라면 나는 이미 불편한 책이 무엇인지 알고 있다. 그것은 다른 종교의 책이다. 불교나 힌두교에 대한 책은 태어나서 한 번도 읽어보지 않았지만, 나는 이미 알고 있다. 그 내용은 거짓이고 말도 안 되는 이야기임을 말이다. 이것이 불편한 책이다.

하지만 인생의 여정에서 이런 책을 만난다는 것은 행운이다. 왜냐하면 작은 불편함만 이겨낸다면 나는 이 책을 통해 아직 가보지 못한 새로운 세계를 만날 수 있기 때문이다. 불편함은 나를 인도하는 하나의 문이다. 불편함을 꾹 참아내고 다른 종교에 대한 책을 읽기 시작하면 곧 알게 된다. 당연히 거짓일 거라고 생각했던 불교나 힌두교의 내적 논리가 얼마나 탄탄한가를. 이제 한 계단을 오르게 되는 것이다. 나는 더 이상 기독교인이 아니다. 그렇다고 불교도나 힌두교도가 되는 것도 아니다. 나는 드디어 종교인이 된다.

불편함은 여기서 끝나지 않는다. 종교인이 된 나에게는 다른 종류의 불편함이 찾아온다. 철학이나 과학에 대한 책은 읽을 기회가 거의 없었지만, 나는 이미 알고 있다. 이런 무신론적인 내용은 어차피 옳은 내용도 아니고, 내가 모른다고 해서 크게 문제될 게 없다는 것을 말이다.

하지만 불편함을 참고 철학과 과학에 대한 책을 읽기 시작하면 곧 알게 된다. 한 번도 경험해보지 못한 놀라움이 철학과 과학의 성과 안에 담겨져 있음을. 나는 다시 한 계단을 더 오르게 된다. 나는 더 이상 종교인도, 철학도나 과학도도 아니다. 나는 드디어 진리를 추구하는 인간이 된다.

불편함은 계속된다. 진리를 추구하는 이에게도 불편함이 있다. 지극히 현실적인 문제가 그것이다. 먹고사는 과정에서 생기는 경제, 정치, 사회라는 지극히 인간적인 문제들은 나를 불쾌하게 만든다. 하지만 이런 현실적인 요구들을 하찮은 것으로 치부해서는 안 된다. 그것을 받아들이고 극복할 때, 우리는 이상과 현실이 조율된 하나의 조화로운 삶을 만나게 된다.

이후에도 불편함은 계속된다. 불편함은 삶을 죽음으로, 죽음을 초월로 밀어 올린다.

그래서 불편함은 설렌다. 어떤 책 속에서 불편함이 느껴진다면 그것은 당신이 방금 새로운 대륙에 도착했다는 존재론적 신호다. 이제 기존의 세계는 해체될 것이고, 새로운 세계와 만나 더 높은 단계에서 나의 세계가 재구성될 것이다. 하나의 계단을 더 올라가는 것이다.

그러므로 나는 당신에게 불편함을 권한다.

불편함의 변증법

불편함이 성장의 신호라는 건, 삶의 체험 속에서 얻는 소중한 깨달음이다. 그런데 이러한 깨달음을 이론적으로 정립한 사람이 있다. 그는 독일의 철학자 헤겔이다. 그가 제시했던 변증법이라는 개념은 '불편함을 수반한 성장'의 의미를 철학적으로 이해하게 한다. 이에 대해서 잠시 이야기해보자.

우선 변증법은 우리의 정신, 역사, 우주가 어떻게 성장하는지에 대한 헤겔의 답변이다. 쉽게 말해서, 사람들이 헤겔에게 이렇게 물은 것이다. "인간의 정신은 어떻게 성장하지?"

당신은 어떻게 생각하는가? 인간의 정신이 어떻게 성장하고 발전해나간다고 생각하는가? 국영수를 중심으로 예습, 복습을 철저히 하고 학습 계획표를 작성해서 꾸준히 실천하는 것. 이것도 그리 나쁘지 않은 답변이다. 이러한 현실적인 방안이 아니라, 헤겔은 변증법이라는 근본 법칙을 말해준다.

추상적인 상상을 해보자. 방금 하나의 어린 정신이 태어났다. 이 정신은 완벽한 하나의 세계로서 결함 없이 정상적으로 존재하고 있다. 이 정신의 이름은 '정(正)'이다. '정'은 평화롭고 고요하게 존재한다. 하지만 시간이 흐를수록 이 어린 정신은 스스로를 의심하기 시작한다. 자기 안에서 자라난 질문들, 모순된 결론들과 대면하는 것이다.

이제는 공존할 수 없다. 정상적인 자기 자신과 모순된 자아상을 분리할 때가 되었다. 이러한 반대되는 자아상을 이제부터 '반(反)'이라 이름 붙이고, 자아로부터 떼어내자. 이제 나이면서 동시에 내가 아닌 것과 대면하게 되었다. 자아와 반자아의 투쟁이 시작된다. 치열한 투쟁 결과 어린 정신은 모순된 자아상을 수용한다. 이제는 '정'도 아니고 '반'도 아닌 새로운 성숙한 정신으로 성장하는 것이다. 이렇게 성숙한 정신의 이름은 '합(合)'이다. '합'은 완벽한 하나의 세계로서 결함 없이 정상적으로 존재한다. 그래서 이제 '합'은 동시에 '정'이 된다. 이 과정은 끝없이 반복되며 하나의 정신을 성장하게 한다.

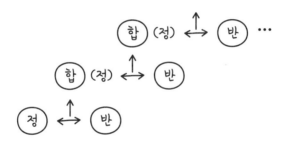

이것이 헤겔이 제시한 변증법적 과정이다. 그는 정, 반, 합이라는 변증법적 과정을 통해 정신이 성장해나간다고 생각했다. 헤겔은 변증법의 적용을 단지 개인의 정신에 한정하지 않았다. 인류의 역사와 문화 그리고 더 나아가서 물질적인 우주 역시 변증법의 원리에 따라 성장해간다고 믿었다.

소년, 불편함의 계단 앞에 서다

당신이 읽고 있는 이 책은 변증법적 원리에 따라 구성되었다. 불편한 책을 읽고 불편한 지식과 대면한다고 했을 때, 그 불편한 책과 지식이란 따로 존재하는 객관적 실재가 아니다. 불편함은 내 마음 속에만 있다. 내가 낯선 지식과 대면할 때 느끼는 불편함의 실체는 안정된 정신으로서의 '정'이 모순된 '반'을 대면할 때의 존재론적 위기인 것이다.

정리해보자. 불편한 지식을 접한다는 것 그리고 이를 통해 기존의 세계를 해체하고 한 계단을 더 올라가는 과정은 변증법적 원리의 현실적 적용이다.

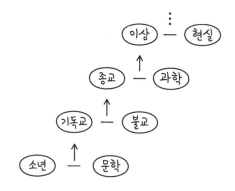

이제 하나의 어린 정신으로서 소년은 계단을 오를 것이다. 그때마다 자신을 불편하게 하는 새로운 지식을 대면해야만 한다. 그리고 결국 기존의 세계를 극복하고 성장할 것이다.

계단 앞에 서자. 새로운 세계를 모험할 시간이다.

출발 전 주의사항

계단을 오르는 모험을 시작하기에 앞서 두 가지 주의사항이 있다.

첫 번째는 계단의 각 단계가 보편적인 기준은 아니라는 점이다. 우리는 문학에서 시작해 초월에 이르는 열한 개의 계단을 따라 간다. 하지만 이러한 단계는 보편적인 순서가 아니다. 불편한 책이 사람마다 다르듯 성장의 과정에서 나에게 영향을 미치는 지식은 사람마다 다른 순서로 찾아온다. 이 책에서 제시된 단계들은 성장하는 개인을 탐구하기 위한 하나의 사례다.

두 번째는 계단의 순서가 서열을 의미하는 것이 아니라는 점이다. 순서상 [종교]보다 [과학]이 뒤에 나온다고 해서 더 진리에 가깝거나, [이상]보다 [삶]이 위에 있다고 해서 더 고결한 것이 아니다. 모든 분야는 나름대로 가치를 갖고 진리성을 내포한다. 빨리 도착해서 여행한 세계는 열등하고 나중에 도착해서 여행한 세계는 우월하다고 믿는 사람은 없을 것이다. 지식의 세계도 마찬가지다. 열등하거나 우월한 지식이란 존재하지 않는다.

주의사항을 숙지했으니, 이제 진짜 출발이다.

첫 번째 계단,
문학

죄와 벌

열여덟, 태어나서 처음으로 책을 읽었다

당신도 기억하고 있을 거라 생각한다. 세계가 무너지는 것을 처음으로 목도했을 때를 말이다. 견고하던 세계에 균열이 생기고 삶의 방향을 크게 바꿔야만 했던 시점을. 나는 비교적 정확하게 기억하고 있다. 그건 고등학교 2학년이 끝나가던 겨울방학 때였다.

그 겨울에 처음으로 책을 읽었다. 비유적인 표현이 아니라, 말 그대로 태어나서 처음 책을 완독했다. 그 책은 도스토예프스키의 《죄와 벌》이었고, 이 우연한 만남으로 내 삶은 크게 변화했다.

공부 못하는 학생

지금 생각해보면 전형적으로 조금 모자란 학생이었다. 반마다 그런 학생이 꼭 있다. 공부를 잘하는 것도 아니고 그렇다고 잘 노는 것도 아닌, 그냥 영혼이 육체를 빠져나가는 것만을 간신히 붙잡고 있는 학생. 나는 그런 학생이었다.

이런 부류의 학생은 스스로는 모르고 있지만, 사실은 선생님을 가장 화나게 하는 유형이다. 수업을 듣는 것도 아니고, 그렇다고 반항을 하는 것도 아니고, 슬금슬금 피해 다니기만 하고, 말을 해도 헤헤 웃기만 할 뿐 알아듣지 못한다. 체벌이 있을 당시여서 선생님들은 많이 때리셨고, 나는 열심히 잘 맞았다.

십 년 가까이 학생들을 가르치고 이제는 대중강연을 진행하게 되면서 가끔 당시의 선생님들을 생각한다. 표현이 서투른 선생님과 표현이 서투른 학생이 만나면 서로를 힘들게 할 수 있다. 하지만 그렇다고 그 관계를 다만 악의적인 관계라고만 평가할 수는 없다. 좋은 사람들만 모아놓아도 서로를 힘들게 할 때가 있다.

내가 다닌 D고교는 서울의 동쪽 끝에 있었다. 지금은 사라졌는지 모르겠는데, 당시만 해도 학교 뒷산을 넘어가면 늪지가 있었다. 그래서였는지 뒷산 쪽을 향한 교실 베란다에는 가끔 비쩍 마른 너구리가 올라오고, 처음 보는 색깔의 새들이 날아오기도 했다. 나는 수업은 듣지 않고 종일 창밖의 뒷산을 보았다. 계절마다 색을 바꾸는 나무들을 보며 그렇게 하루를 잘 견뎌냈다.

수업을 듣는 것도 아니고 학원을 다니는 것도 아니니, 성적은 늘 형편없었다. 2학년이 되어서는 매우 심각했는데, 50명을 조금 넘는 반 인원 중 40등 내외였다. 성적이 개선되지 않은 데는 두 가지 이유가 있었다. 첫 번째는 학생 스스로의 문제다. 생각해보면 지금까지의 모든 시험과 평가에서 이 정도의 비슷한 성적을 냈던 것이다. 꾸준한 학생이었던 까닭에 위기감이 없었다. 두 번째는 부모의 문제다. 다행인지 불행인지 부모님이 성적에 관심이 없었다. 아버지의 사업 실패 이후 어머니도 일을 하셨는데, 경제적인 각박함이 아이의 성적에 관심을 기울일 여유를 허락하지 않았다.

나는 학교에 자유롭게 방치되어 창밖으로 흘러가는 계절과 함께, 별다른 걱정 없이 천천히 성장해갔다.

수학 시험

성적에 관해서는 이런 일이 있었다. 2학년 2학기, 중간고사 때의 일이다. 수학 시험 시간. 시험지를 받았는데 도저히 손을 댈 수가 없었다.

공부를 하지 않았으니 당연한 일이었다. 주저하다가 OMR 카드에 번호를 찍기 시작했다. 뭐 어쩔 수 없지 않은가. 긍정적인 학생이었다.

시험이 끝났다. 당시에는 시험이 끝나면 반장이 칠판에 정답을 적었다. 아이들은 반장이 써 내려가는 번호에 따라 환호와 탄식을 반복했다. 나는 그 무리에 끼고 싶었으나, 불가능한 일이었다. 무리에 낄 수 없다는 것을 스스로 아는 나와 같은 처지의 학생들은 보통 가방을 맨 채로 엉성하게 교실 뒤쪽을 서성인다.

정답을 맞춰보면 뭐하나 하는 마음에 교실을 나서려다가 혹시나 하는 마음이 생겼다. 모든 정답을 맞춰볼 필요는 없고, 칠판에 적혀 있는 첫 문제의 정답과 마지막 문제의 정답만을 빠르게 확인했다. 그리고 손에 들려 있는 내 시험지의 첫 문제와 마지막 문제를 봤다. 두 문제 다 맞혔다. 기분이 좋아졌다. 이번 수학 시험은 대박인가보다.

그리고 결국 나의 수학 시험은 첫 문제와 마지막 문제만을 맞혀서 10점이 되었다.

다른 성적도 크게 다를 건 없었는데, 수학을 기준으로 하면 전교 문과생 290명 중 280등 정도 했던 것 같다. 그나마 위안이었던 것은 내 뒤로 0점과 5점을 받은 아홉 명이 더 있다는 것이었다. 어른이 된 지금까지도 만나고 있는 내 친구 G가 나에게 충고했다.

"너는 그래서 안 되는 거다. 시험은 확률의 문제다. 그렇게 아무 번호나 찍으면 안 되고, 한 번호로 쭉 찍어야 한다."

좋은 친구다. 그럴싸하다고 생각했다. 나중에 안 사실이지만, G 역시 그 수학 시험에서 나와 동일하게 10점을 받았다. 당시에는 그 사실을 몰랐던 까닭에, 다음 시험에서는 쪽팔리거나 말거나 한 번호로 찍어야겠다고 다짐했다.

곧 기말고사가 찾아왔다. 고등학교 2학년의 마지막 시험이었다. 수학 시험 시간. 시험지를 넘겨받은 아이들은 연습장에 무엇인가를 빠르게 적어갔으나, 나는 평온했다. 오늘 모든 문제를 관통할 하나의 번호를 찾아내기에는 시간이 충분했다. 합리적으로 생각했다. 지금까지의 모든 시험 중 정답으로 가장 많이 나왔던 번호는 무엇인가. 가장 적은 리스크와 가장 큰 이익을 가져다줄 번호는 무엇인가. 생각 끝에 나는 4번을 선택했다. 어떤 이유인지는 알 수 없지만, 사지선다형의 문제에서는 3번이, 오지선다형의 문제에서는 4번이 정답일 것 같다는 생각이 사람들 사이에 널리 퍼져 있다. 정성스럽게 OMR 카드에 한 줄로 마킹을 했다.

결과적으로 나는 세 문제를 맞혀 15점을 받았다.

인생의 첫 번째 책

교실 창밖의 뒷산에는 눈이 쌓였다. 겨울방학이 찾아왔다. 방학을 맞는 마음이 예전 같지 않았다. 이제 곧 고3이 된다는 게 믿기지 않았다.

스트레스는 없었다. 대학을 가고 싶은 마음이 없었던 건 아니지만, 경주의 트랙에서 벗어나 있었으니 별다른 걱정은 없었다.

현명한 친구들은 어른스러워졌다. 친구들과 몰려다니는 걸 멈추고 학원과 독서실로 향했다. 같이 놀 친구가 없었던 나는 겨울방학 내내 방안에서 누워서 보냈다. 부모님이 일을 나가시면 온전히 내 시간이었다. 잠을 자거나 TV를 봤다.

그렇게 종일 누워 있는 가운데 문득 생각이 들었다. 태어나서 지금까지 책을 한 번도 읽어보지 않았다는 생각이었다. 당시 나는 학교 특별활동으로 문예반에 소속되어 있었다. 도대체 내가 왜 문예반이었는지는 알 수 없지만, 어쨌거나 밑도 끝도 없이 스스로를 '문학소년'이라고 생각하고 있었던 것 같다. 문제는 지금까지 소설책은 고사하고 그 어떤 책도 끝까지 읽어본 적이 없었다는 것이다.

그래도 문예반인데, 이번 방학에는 책을 한 권 읽어봐야겠다는 목표가 생겼다. 자리에서 일어나 집에 꽂혀 있는 책들의 제목을 살펴봤다. 태어나서 처음으로 읽는 책이니까 무엇인가 대단한 책을 읽어야 한다. 누나의 책장 앞에 앉아서 멋져 보일 만한 책이 없나 뒤적였다. 그리고 놀라운 두께와 놀라운 제목의 책을 발견했다. '죄와 벌'. 게다가 작가의 이름이 대단해 보였다. '도스토예프스키'. 내 삶의 첫 책이 되기에 충분히 묵직한 책이라고 생각했다.

겨울방학의 절반 가까이를 《죄와 벌》을 끼고 살았다. 처음에는 몇 장을 넘기기가 힘들었다. 등장인물들의 이름이 복잡하고, 무슨 상황인지도 파악할 수 없었다. 긴 문장에 익숙하지 않았던 까닭에 집중이 되지 않았다. 금세 졸렸다. 졸리면 잤다. 자다 깨면 읽었다. 그리고 결국 보름을 넘겨 다 읽었다.

《죄와 벌》의 마지막 페이지를 덮었을 때는 많은 것이 달라져 있었다. 나의 무기력한 일상은 산산조각 났다. 무한의 시간이 천천히 흐르는 칠흑 같은 내 영혼의 골방엔 깊은 균열이 생겼다. 빛이 새어 들어왔다. 나는 무엇인가 잘못 건드렸다는 걸 강하게 느꼈다.

죄와 벌

당신이 이 책을 읽었는지 모르겠다. 읽었다면 내용을 상기하기 위해, 읽지 않았다면 내용의 이해를 돕기 위해 간단하게 줄거리를 정리해 보자. 《죄와 벌》의 내용은 다음과 같다.

19세기 중엽, 러시아의 상트페테르부르크가 배경이다.

당시 이곳은 1917년의 러시아혁명을 앞두고 사회적으로 불안한 상황이었다. 가난과 도덕적 타락이 만연했고, 도심에는 빈민굴이 형성되어 있었다. 이야기는 상트페테르부르크의 센나야 광장을 중심으로 펼쳐진다.

주인공인 라스콜리니코프는 23세의 대학생이다. 법학을 전공했으나 현재는 휴학 중이다. 애칭으로 '로쟈'라고 줄여 부르기도 하는데, 우리도 그렇게 부르기로 하자.

로쟈는 창백한 피부에 황갈색의 머리카락 그리고 짙은 색의 아름다운 눈을 가졌다. 외모는 준수한 편인데, 문제는 행색이다. 가난 때문에 누더기 같은 옷을 입고 찌그러진 모자를 쓰고 있다. 그리고 며칠을 굶고 열병을 앓는 가운데 자기만의 생각에 빠져서 현재는 거의 신경쇠약 상태다.

그는 우연히 술집에 들렀다가 두 사람의 대화를 엿듣게 되었다. 그들의 대화는 근처에 살고 있는 전당포 노파에 대한 이야기였다. 노파 알료나 이바노브나는 가난한 사람들이 맡긴 담보물을 가차 없이 빼앗고 그들을 대상으로 고리대금업을 해서 부를 쌓은 전형적인 악인이었다. 그런데 죽을 때가 가까워오자 자신의 사후 명복을 위해 모든 재산을 어느 수도원에 기부하기로 한 것이다. 두 사람은 다음과 같은 대화를 나눈다.

A   진지하게 하나 물어보자. 한 쪽에는 못되고 병든 하찮은 노파가 하나 있어. 모두에게 해만 끼치는 존재일 뿐만 아니라, 내일 죽는다고 해도 전혀 이상하지 않은 노파지. 다른 한 쪽에는 도움을 받지 못해 죽어가는 무수히 많은 젊은 사람이 있어. 노파를 죽이고 그 돈을 빼앗아서 무수히 많은 가난한 사람을 도울 수 있다면 어떻게 해야 할까?

B   너는 어떻게 할 건데? 네 손으로 노파를 죽일 거야?

A   나는 당연히 아니지! 이 일은 나와는 아무 상관도 없으니까.

이 이야기를 들은 로쟈는 고민에 빠진다. 그리고 영웅에 대해 생각한다. 영웅이라면 어떻게 행동할까? 로쟈는 세상에 두 종류의 사람이 존재한다고 생각한다. 하나는 평범한 사람이고 다른 하나는 비범한 사람, 즉 영웅이다. 두 사람의 차이는 분명하다. 궁극적인 선을 위해 소수를 희생시킬 수 있는지 여부다. 평범한 사람은 그러한 희생

앞에서 주저하고 그것을 넘어설 수 없지만, 영웅은 희생을 넘어서 궁극적인 선을 추구한다.

그렇다면 자신은 어떤 사람일까? 고민 끝에 로쟈는 자신이 영웅이라고 생각한다. 그리고 인간적인 두려움을 넘어서기 위해 실천하기로 한다.

그는 두 가지를 준비한다. 담보물과 도끼. 담보물은 나무토막에 철판을 덧대고 종이로 꼼꼼하게 포장해서 은으로 된 담뱃갑처럼 보이게 만들었다. 도끼는 코트 속 겨드랑이에 올가미를 달아 숨겼다. 그리고 노파를 찾아간다.

노파의 전당포 문 앞에서 벨을 당긴다. 의심 가득한 눈빛으로 노파는 문을 연다. 로쟈는 담뱃갑을 맡기는 척 하다가 노파가 방심한 사이에 도끼를 꺼내 노파를 살해한다. 그리고 하필이면 그때 집안으로 들어서던 노파의 여동생도 당황한 나머지 살해한다. 운 좋게 사람들의 눈을 피해 도망친 로쟈는 훔친 물건들을 한적한 골목의 바위 밑에 숨겨놓는다.

계획은 실행되었다. 하지만 로쟈는 고통에 휩싸인다. 무엇인가 잘못되었다는 생각이 든다. 자신은 궁극적인 선을 위해 평범한 사람들의 도덕적 한계를 뛰어넘은 것이라고 믿고 있지만, 알 수 없는 죄책감과 공포에 사로잡힌다.

이후 로쟈는 고뇌 속에서 다양한 사건과 마주친다. 다시 만나게 된 가족, 여동생의 약혼자, 수사망을 좁혀오는 경찰들. 그 중에서 가장 중요한 사건은 아름다운 여인 소냐와의 만남이다.

소냐는 몸을 파는 여인이었다. 창백할 정도로 하얀 얼굴에 금발을 가졌고, 왜소하고 온순했다. 소냐가 몸을 팔게 된 이유는 그녀의 가족 때문이었다. 알콜 중독자인 아버지, 과대망상증에 폐병을 앓고 있는 의붓어머니, 가난과 배고픔에 찌들어 우는 의붓동생들. 이들이 유일하게 의지하는 건 어린 소냐가 벌어오는 돈이었다.

소냐 아버지의 죽음을 계기로 로쟈는 소냐를 만난다. 마차 사고로 죽은 그녀의 아버지를 집에 데려다주었다가, 그 허름하고 지저분한 셋방으로 아버지를 보러 달려온 소냐를 만나게 된 것이다. 그 후 로쟈는 처음으로 '삶'에 대해 생각한다. 그리고 소냐를 찾아간다.

소냐와의 만남을 통해 로쟈는 무엇이 잘못되었는지를 깨닫는다. 세상을 구하는 방법에서 로쟈와 소냐는 정반대의 길을 걸어가고 있었던 것이다. 로쟈는 다수의 선을 위해서는 소수의 희생도 감수할 수 있다고 생각했던 반면, 소냐는 자신을 희생함으로써 다수의 선을 실현했다.

로쟈는 소냐에게 자신의 죄를 밝히고 용서를 구한다. 소냐는 속죄를 위한 방법으로 교차로에 서서 자신이 더럽힌 대지에 입을 맞출 것과 사람들에게 큰 소리로 자신의 범죄를 밝힐 것을 요구한다.

며칠의 고민 끝에 로쟈는 경찰서로 가서 죄를 고한다. 8년 형을 선고받은 로쟈는 시베리아 유형 길에 오른다. 그 뒤를 소냐가 따른다. 유형 기간 동안 소냐는 로쟈를 돌보고, 로쟈는 성경을 읽는다. 어느 이른 아침. 강제 노역장의 한쪽 한적한 숲속에서, 파랗게 밝아오는 하늘을 배경으로 로쟈와 소냐는 손을 잡고 나란히 앉는다.

공부의 시작

그렇게 나는 《죄와 벌》의 마지막 장을 덮었다. 창밖으로는 천천히 눈이 내리고 있었지만, 나의 내면의 평화는 이미 깨어졌다. 단조롭고 지루하던 일상은 무너져 내렸다. 나는 태어나서 처음으로 삶에 대해 생각했다. 인간은 자신의 삶을 바꿀 수 있는 존재임을, 그리고 이를 위해서는 결연한 의지와 실천이 따라야 함을 깨달았다.

로쟈의 행위가 옳았는지, 옳지 않았는지는 당시 나에게 중요하지 않았다. 단지 그의 의지와 실천이라는, 나에게 없는 낯선 무언가에 나는 강하게 이끌렸다.

국문학과에 진학하겠다고 다짐했다. 왜냐하면 문학을 해야만 하니까. 당시의 나는 문학 공부는 국문학과에서만 하는 줄 알았다. 어쨌거나 나에게는 문학을 공부해야만 한다는 강력한 의지가 자라났다.

문학만이 삶이 무엇인지 알려줄 수 있다. 그때까지 나에게 삶이 무엇인지 말해주는 사람은 아무도 없었다. 부모님도, 선생님도. 어른들은 나를 혼내고 야단치는 존재일 뿐. 삶이 무엇인지, 어떤 삶이 가능한지 알려주지 않았다. 하지만 문학은 달랐다. 삶이 무엇인지 가르쳐주었다. 국문과에 가지 않으면 나의 삶이 망가질 거라고 생각했다. 그렇게 되면 내 영혼은 구원받을 수 없을 것이다. 어린 나는 그렇게 믿었다.

대입 시험을 준비했다. 동시에 세계문학을 읽어갔다. 《전쟁과 평화》, 《이방인》, 《폭풍의 언덕》, 《데미안》, 《호밀밭의 파수꾼》, 《셰익스피어 4대 비극》 등. 삶이 무엇인지 이해하기 위해 나는 문학의 숲을 헤매었다.

성적은 빠르게 좋아졌다. 폭풍 같은 겨울방학을 보내고 고3의 새 학기가 시작되었다. 첫 번째 중간고사의 수학 시험에서 나는 85점을 받았다. 친구 G가 동업을 의뢰해왔다. 책을 내자는 것이었다. 당시 책 제목도 정했다. '수학, 일주일만 하면 채사장만큼 한다'였다.

어른이 되어 오랜 기간 수험생들을 가르치면서 공부를 못하는 학생들을 보면 항상 마음이 쓰였다. 그들이 왜 공부를 하지 않는지 조금은 이해할 수 있었기 때문이다. 멍청하고 공부 못하는 학생은 없다. 다만 학생을 멍청하고 공부 못하는 존재로 평가하는 어른들의 시선만이 존재할 뿐이다.

학생들이 공부를 하지 않은 이유는 반대로 그들이 너무나 성숙했기 때문이다. 성숙한 영혼이 받아들이기에 정규 교육의 단조로움은 너무나도 하찮다. 학생들은 똑똑하다. 그들이 정말 알고 싶은 것은 진리의 문제, 사회 정의의 문제, 존재의 문제다. 나는 누구이고, 어디서 왔으며, 어디로 가는가. 나의 존재 이유는 무엇인가. 그들이 진정으로 알고 싶고 말하고 싶은 것은 놀랍도록 심오하다. 반면에 현행 교과는 그들이 바보가 되기를 원한다. 단순 암기와 기계적인 문제 해결 능력만을 강조한다. 고등학교 2학년이 넘어가면 학생들은 질문을 멈춘다. 그들은 실제 교과의 내용보다는 질문하면 안 된다는 사실을 어른들에게서 더 많이 배운다.

성숙하고 똑똑한 학생일수록, 주체적이고 심오한 학생일수록 현행 교육 시스템에 적응할 수가 없다. 반면 지금의 교육 시스템은 변태를 길러내기에 적합한 구조를 갖고 있다. 건강하고 생명력 넘치는 나이에 자신의 욕구를 억제할 줄 알고, 친구나 가족의 안타까운 삶에 무관심할 정도로 자신의 좋은 성적을 위해 반복적인 노력을 기울이는 기형적인 학생만이 좋은 평가를 받을 수 있는 구조다. 학교에 적응하지 못하는 학생이 더 건강하고 정상적인 학생일지도 모른다.

건강한 보통의 학생들이 정규 교육 시스템에 적응해 공부를 시작하기 위해서는 그들의 영혼에 어울리는 가치가 부여되어야 한다. 좋은 성적을 얻거나 좋은 대학에 가기 위해, 혹은 좋은 직장을 얻고 먼 미래에 풍요롭게 살기 위해 공부를 해야 하는 것이라고 말해준다면, 이 성숙한 영혼들은 흉내만 낼 뿐 진심으로 공부하려고 하지는 않을 것이다. 나의 삶에 대한 존재론적 가치가 부여되어야 이들은 비로소 움직인다. 자신이 진정으로 가치 있는 일을 해내기 위해 공부하고 있음을 학생 스스로가 이해해야 한다.

개인의 한정적인 경험이 모든 다채로운 상황을 설명할 수는 없겠지만, 나의 개인적인 경험은 그랬다. 단조롭고 무의미한 삶에서 탈출하기 위해 문학을 해야만 했고, 문학을 공부하기 위해 국문과에 가야 했으며, 국문과에 가기 위해서는 대입 시험을 잘 치러야 했다.

첫 번째 질문

《죄와 벌》의 내용으로 돌아오자. 당신에게 물어보고 싶은 것이 두 가지 있다. 첫 번째 질문은 다음과 같다.

질문 1 : 내가 로쟈라면 어떻게 할 것인가?

우리는 삶 속에서 무수히 많은 순간에 로쟈가 된다. 소수의 무가치한 것을 희생함으로써 절대적 다수의 선을 실현할 수 있는 순간이 찾아온다. 우리 앞에는 벌레 같은 노파가 하나 있다. 이기적일 뿐만 아니라 심지어 사회에 해가 되는 존재다. 그녀는 어려운 사람들의 상황을 이용해 그들을 갈취하고, 타인의 생명을 좀먹는다. 그리고 얼마 지나지 않으면 알아서 죽게 될 것이다. 내가 그녀를 살해한다고 해도 아무도 슬퍼하지 않을 것이고, 절대로 들키지 않을 것이다. 그리고 중요한 것은 내가 지금 그녀를 살해한다면 그녀의 사후에 무의미하게 사용될 그녀의 재산을 이용할 수 있다는 것이다. 그 재산으로 착하고 불쌍한 다수의 사람을 살릴 것이고, 많은 사람이 어려움을 극복하고 새로운 삶을 시작할 수 있도록 도울 수 있을 것이다.

나는 어떻게 할 것인가? 혹은, 나는 어떻게 해야만 하는가?

어떤 사람들은 이 질문을 공리주의적 문제로 쉽게 치환해서 생각한다. 즉 '노파를 살해해도 괜찮은가?'라는 질문이 '최대 다수의 최대 행복'을 추구하는 공리주의적 관점을 대변한다고 생각하는 것이다.

공리주의에 대해서 잠시 정리하고 이야기를 계속해보자. 공리주의는 '윤리란 무엇인가?'라는 물음에 대한 거대한 두 답변 중 하나다. 윤리에 대해서는 두 가지 관점이 있다.

윤리 ⟨ 의무론
       목적론 ← 공리주의

첫 번째 관점은 변하지 않는 도덕적 법칙이 존재한다는 관점이다. 이것을 '의무론적 윤리관'이라고 한다. 세상에는 윤리적 의무가 확실하게 존재하고, 우리 모두는 그러한 윤리적 의무를 지켜나가야 한다는 관점이다. 우리는 상식적으로 윤리적 의무를 알고 있다. 예를 들어 '사람을 죽이지 말라', '거짓말하지 말라', '노인과 약자를 도와야 한다' 등의 의무가 그것이다. 의무론에 따르면 이러한 의무는 절대적인 것으로, 반드시 지켜져야만 한다.

두 번째 관점은 의무론을 거부하며 등장했다. 세상에 변하지 않는 도덕적 법칙은 존재하지 않는다는 관점이다. 이것을 '목적론적 윤리관'이라고 한다. 고정불변의 절대적 도덕 법칙 같은 건 없다. 시대와 지역에 따라 도덕은 바뀌어가고, 개인마다 갖고 있는 옳고 그름의 판단 기준도 모두 다르다. 그래서 우리가 도덕적이라고 말할 수 있는 것은 '행복'밖에는 없다. 여기서의 행복이란 궁극적이고 절대적인 도덕과는 반대되는 단어다. 목적론에서의 행복은 '이익'과 동의어라고 할 수 있다. 사회와 개인마다 중요시하는 행복과 이익의 기준은 매우 다르다.

정리하면, 윤리에는 두 관점이 있다. 의무론과 목적론. 공리주의는 목적론적 윤리관의 구체적인 모습이다. 윤리란 무엇인가? 누군가가 묻는다면 공리주의자들은 다음과 같이 대답할 것이다.

"고정불변의 윤리 법칙이나 도덕률 같은 건 없어. 윤리적인 것은 그때마다 구성원들의 최대 이익을 보장해주는 거야. 그 이상도, 그 이하도 아니지."

공리주의적 윤리관은 한국인에게 매우 친숙하다. 산업화와 자본주의를 빠르게 거치면서 우리는 사회의 효율과 이익을 중시하는 데 익숙해졌다. 우리 사회에서 '옳음'이란 무엇인가? 그것은 사회를 성장시키고 전체의 부를 증진시키는 것이다. 무수히 많은 다른 가치가 있는 걸 부정하는 것은 아니지만, 어쨌거나 사회적 합의가 필요할 때, 우리가 그 기준으로 가장 타당하게 여기는 것은 공리주의적 해결책이다.

공리주의가 친숙한 한국인은 로쟈의 고민도 쉽게 공리주의로 환원한다. 노파를 살해할 것인가의 문제가 단순히 '다수의 이익을 위해 소수를 희생하는 것이 타당한가?'라는 공리주의적 논쟁이라고 생각하는 것이다.

그렇다면 대답은 명쾌해진다. 공리주의를 타당하다고 믿는 사람은 노파를 살해하는 것이 가능하다고 판단하고, 공리주의를 부당하다고 믿는 사람은 노파를 살해해서는 안 된다고 판단하는 것이다.

하지만 문제는 그렇게 단순하지 않다. 로쟈는 공리주의적 관점에서 노파의 살해를 고민하는 것이 아니다. 로쟈는 노파 살해를 의무와 권리라고 생각한다. 즉, 그런 사람이 있다는 것이다. 허가된 사람. 벌

45

레 같은 노파를 살해할 수 있게 허락된 사람. 보통 사람들의 도덕적 족쇄를 뛰어넘을 수 있는 사람. 그러한 권리를 가졌을 뿐만 아니라, 반드시 그러해야만 하는 의무를 가진 사람이 있다는 것이다. 이 사람은 바로 영웅이다. 두 번째 질문은 이러한 사람에 대한 질문이다.

두 번째 질문

당신에게 묻고 싶은 두 번째 질문이 있다. 사실 앞선 첫 질문은 이 대답을 한 이후에야 비로소 해결될 수 있다. 두 번째 질문은 다음과 같다.

질문 2 : 영웅에 대한 로쟈의 사상은 타당한가?

소설에서 로쟈는 휴학 중인 법학도로, 잡지에 논문을 발표한 것으로 나온다. 예심판사와 로쟈의 대화를 통해 논문의 주요 내용이 드러난다. 당신을 위해 로쟈를 데려왔다. 함께 인터뷰해본 후, 그의 사상에 대해서 평가해보자.

진행자　바쁘신 와중에 이렇게 인터뷰에 응해주셔서 감사드립니다. 논문에서는 사람을 두 종류로 구분하셨습니다. '평범한 사

람'과 '비범한 사람'이 그들이죠. 우선 평범한 사람의 특징
은 그들에게 법률을 뛰어넘을 권리가 없다는 것입니다. 그
들은 순종하며 살아야 하죠. 그것은 단지 그들이 평범한 사
람이기 때문입니다. 반면, 비범한 사람의 특징은 그들이 법
률을 뛰어넘을 권리를 가졌다는 것입니다. 그들은 온갖 범
죄를 저질러도 괜찮은 거죠. 그것은 그들이 비범한 사람이
기 때문입니다. 맞습니까?

로쟈 대체적으로는 맞지만, 뭔가 오해가 있습니다. 비범한 사람
이 무조건 범죄를 저질러도 된다는 건 절대 아닙니다. 단지
비범한 사람이 모종의 권리를 가질 수 있다는 것입니다. 쉽
게 말해서 사회의 관습, 도덕, 종교에 예속되는 것이 아니
라, 스스로의 양심이 허락하는 범위 내에서 현실의 장애물
을 뛰어넘을 권리를 갖는다는 것이지요. 예를 들어, 전 인류
의 구원이나 사회 전체의 도덕성 증진 등을 위한 자신의 사
상을 실행하기 위해서라면 어느 정도의 희생을 감수할 수
있는 권리가 주어진다는 것입니다. 쉬운 예를 하나 더 들어
봅시다. 어떤 물리학자가 인류에게 공헌할 수 있는 혁신적
인 에너지 기술을 발명했다고 가정해보겠습니다. 값싸고 공
해를 만들지 않는 영구적인 에너지인 까닭에 이제 인류는
빈곤의 문제를 극복하고 새로운 시대로 나아갈 수 있게 되

었습니다. 그런데 문제가 발생했지요. 석유 자원 수출로 경제를 유지하는 국가들과 기득권을 가진 글로벌 석유회사들이 이에 반발하기 시작한 것입니다. 그들은 미디어를 이용해서 악의적인 기사를 쏟아내고 학계와 기업에 압력을 가함으로써 신기술을 은폐하려 하고 있습니다. 이제 물리학자는 어떻게 해야 할까요? 그에게는 이를 방해하는 악의적인 개인과 기업을 제거할 권리가 발생하며, 심지어 그렇게 해야만 하는 의무마저 부과될 것입니다. 하지만 그 물리학자가 아무나 죽이고 도둑질을 할 수 있는 권리가 있는 것은 아니죠.

진행자　역사 속에서 이러한 인물을 찾을 수 있을까요?

로쟈　고대 그리스 스파르타의 전설적인 입법자인 리쿠르고스, 아테네의 혁명가이자 개혁가인 솔론, 이슬람의 창시자인 무함마드, 유럽을 정복했던 나폴레옹 등을 들 수 있겠습니다. 생각해보면 이들은 당시 법과 관습의 관점에서 보면 모두 범법자나 범죄자라고 할 수 있습니다. 공통적으로 그들은 그때까지 신성시되어온 오랜 전통을 파괴하고, 유혈 혁명이 도움이 된다고 판단하면 그 피 앞에서도 전혀 주저하지 않았습니다. 물론 이렇게 위대한 사람들에게만 해당되는 건 아닙니다. 이런 이들은 평범한 사람들이 살고 있는 사회에서도 발견됩니다. 사회에서 조금이라도 벗어난 사람들, 즉 새로운 무언가를 말할 능력을 조금이라도 가진 사람들은 그 본성상 필연적으로 범죄의 가능성을 담지하고 있을 수밖에 없는 것입니다.

진행자 당신의 주장은 매우 엘리트주의적 관점에 치우쳐 있다는 생각이 드는군요. 엘리트주의는 세상을 엘리트(elite)와 매스(mass)로 구분하고, 모든 권한과 권리를 엘리트에게 부여하는 것이 정당하다고 주장합니다. 그것이 효율적인 동시에 대중의 이익에도 부합하기 때문이라는 거죠.

로쟈 저의 사상은 엘리트주의와는 차이가 있습니다. 엘리트주의의 정당성은 사회의 효율성과 이익에서 나오지만, 저는 비범한 사람들의 권리와 의무는 자기 자신에게서 발현된다고 생각합니다. 내면의 양심에 따라 피를 뛰어넘는 것을 스스로 허용할 수 있는 것이지요. 물론 대중들은 이러한 비범한 사람들이 등장하면 그들을 받아들이지 못하고 그들을 처형하고 목매달려고 애쓸 것입니다. 대중들은 자신에게 부여된 보수적인 사명만을 이행하는 것이지요. 하지만 다음 세대에 가서는 바로 이 대중이 처형된 자들을 숭배하고 그들에게 경배하게 될 것입니다.

진행자   이건 매우 위험한 생각인 것 같습니다. 이런 경우가 발생할 위험이 있지 않겠습니까? 평범한 사람이 자기는 비범한 사람이라고 상상하고, 자신의 허황된 이념을 실현하기 위해 사람들을 희생하기 시작할 수도 있지 않습니까?

로쟈   실제로 그러하지요. 평범한 사람들 중 많은 사람이 자신을 선각자로 생각합니다. 그래서 비범한 사람들을 알아보지 못하고 그들을 제거하기 위해 애쓰지요. 하지만 문제될 것은 없습니다. 그들은 위협이 되지 않습니다. 그들은 천성이 평범한 사람들이기 때문에 절대 멀리 나아가지 못하거든요.

　당신은 어떻게 생각하는가? 로쟈의 사상에는 두 가지 주장이 섞여 있다. 세상은 평범한 사람과 비범한 사람으로 나뉜다는 주장과, 비범한 사람인 영웅은 자신의 양심에 따라 법과 도덕 그리고 희생을 뛰어넘을 권리가 있다는 주장.
　갓 열아홉 살이 된 나는 열광했다. 지금까지 한 번도 의심해보지 않았던 법, 도덕, 관습, 종교를 넘어설 수 있는 사람이 있으며, 그가 바로 영웅이라는 로쟈의 생각은 난생 처음으로 삶에 대해서 사유하게 된 나에게는 충격으로 다가왔다.

세상에는 착하고 선한데 너무나도 가난한 사람들이 있지 않은가? 반면 범죄자와 사기꾼과 악한 사람들이 너무나도 부유하게 살고 있지 않은가? 지금까지는 이해할 수 없었던 세상의 부당함과 불공평함은 어쩔 수 없는 것이 아니라 충분히 치유할 수 있는 것이었다. 사회의 부조리란 선구적인 영웅에 의해서 해결될 수 있다는 깨달음에 나는 열병을 앓았다.

당시의 나는 그랬다. 지금의 당신은 어떤가?

첫 번째 계단

만약 도스토예프스키가 《죄와 벌》을 통해서 지향해야 하는 인물을 설정했다고 한다면, 그것은 로쟈보다는 소냐에 가까울 것이다. 로쟈는 결국 소냐를 통해 깨닫는다. 사상과 사유의 구름 속이 아니라 현실을 살아가야 한다는 사실을.

어른이 되어 다시 읽은 《죄와 벌》은 나로 하여금 소냐의 삶에 더 귀 기울이게 한다. 주어진 삶과 고통을 묵묵히 감내하고 그 안에서 스스로의 구원을 찾는 모습은 나에게는 더욱 도달하기 어려운 이상향처럼 느껴진다. 하지만 이제 막 열아홉이 된 나는 폭풍 같은 로쟈의 말과 사상에 더 크게 매료되었다.

중요한 것은 어른이 된 내가 열아홉의 나를 만난다 하더라도 소녀의 삶에 더 귀 기울여야 한다고 말해줄 수는 없다는 것이다. 왜냐하면 누구나 자신만의 시간이 필요하기 때문이다. 여행을 마친 사람이 여행을 시작하는 사람에게 아무리 여행의 장단점과 주의사항을 말해줘봤자 소용없다. 스스로 밟아가야 한다. 직접 경험하고 실패하고 배우는 과정을 통과해야 한다. 그래야만 여행을 시작한 사람은 여행이 끝날 무렵에 자신이 처음 들었던 이야기들이 무엇을 의미했는지 이해하게 된다.

그래서 이 책의 제목이 '열한 계단'이다. 충분한 시간과 경험이 주어지지 않은 가운데, 자신의 궁극적인 모습으로 한 번에 도약하는 사람은 없다. 인생이라는 긴 시간 동안 우리는 자신만의 계단을 밟고 올라가야 한다.

당신도 기억하고 있을 거라 생각한다. 세계가 무너지는 것을 처음으로 목도했을 때를 말이다. 견고하던 세계에 균열이 가고 삶의 방향을 크게 바꿔야만 했던 시점을. 나는 비교적 정확히 기억하고 있다. 그건 고등학교 2학년이 끝나가던 겨울방학, 《죄와 벌》의 마지막 장을 덮었을 때다.

나의 첫 번째 계단은 문학이었다.

소년은 첫 번째 계단을 오른다. 뒤를 돌아봤을 때, 그곳엔 아직도 가족과 학교와 직장이 있다. 지금까지 나를 편안하게 보호해준 세계. 그곳은 그대로 남아 있지만, 소년은 이제 다른 시야로 세계를 본다.

세계는 다르게 드러난다. 소년은 이제 청년이 된다.

두 번째 계단, 기독교

신약 성서

돌아가는 지하철 안에서 펑펑 울었다

문학은 나를 흔들었다. 길을 찾는 사람처럼 문학의 세계를 이리저리 떠돌았다. 문학 속에서 찾고자 한 건 삶이었다. 삶의 의미는 무엇인가? 우리는 왜 고통 속에 있으며, 삶은 어떻게 구원되는가? 모든 질문의 해답이 문학 속에 있을 것이라 생각했다. 하지만 아무리 문학 속을 헤매어도 마음을 채워줄 만한 확실한 답을 찾을 순 없었다. 그러던 중에 로쟈가 다시 떠올랐다. 폭풍 같은 젊음의 마지막에 집어 들었던 그의《신약성서》가 생각났다.

재수를 하는 동안《신약성서》를 읽었다. 그리고 그토록 찾아 헤매던 질문에 대한 답을 찾았다고 믿게 되었다.

재수생

아직도 기억이 난다. 불합격 통지를 받은 날. 입학 시험 원서를 넣었던 S대학에서 가까운 지하철역에 내렸다. 날은 춥고 흐렸다. 지난밤부터 함박눈이 쏟아졌다. 무릎까지 오는 검정색 농구코트의 앞지퍼를 턱 밑까지 채웠다. 당시에는 이런 코트가 유행이었다. 주머니에 손을 넣고 조심조심 경사로를 올라갔다. 전화나 인터넷으로 합격 여부를 확인하는 시대가 아니었다. 합격자 명단은 대학 운동장에 커다랗게 써 붙여졌다.

커다란 합격자 명단 앞에서는 사람들이 모여 자신의 번호를 확인하고 있었다. 나는 순차적으로 번호를 훑기 시작했다. 없다. 끝 번호부터 반대로도 해보았다. 이름은 없었다.

어쩐지 그 다음은 기억이 나지 않는다. 다만 다시 기억나는 장면은 집으로 돌아가는 지하철 안이다. 열차 좌석의 끝에 구부리고 앉아 나는 소리 없이 펑펑 울었다.

그렇게 재수를 시작했다. 생각보다 할만 했다. 처음으로 학원에 등록했다. 입학식도 있을 만큼 규모가 큰 재수학원이었다. 어머니는 아들의 뒷바라지를 위해 빚을 졌다. 기대하지 않았던 아들에게서 일말의 가능성을 보았기 때문일 것이다. 빚을 진다는 것의 의미를 모를 때였다. 그래서 마음이 편했다. 마음이 쓰였던 건 작고 초라한 살림이 아니라, 밤마다 간절히 기도하는 어머니의 굽은 등이었다. 그 오랜 기도가 만들어내는 고요함 가운데 어머니의 흐느낌이 시작되면 나는 화가 났다.

소설을 탐독했다. 공부에 지칠 때면 언제나 소설책을 폈다. 걸어 다니는 동안에도 책에서 눈을 떼지 못했다. 가끔은 학원이 끝나고 집으로 돌아가는 늦은 밤에 소설의 마지막 부분을 마저 읽고 싶어서 지하철 벤치에 앉아 읽었다. 집에 가고 싶지 않았던 것은 아닌지 지금은 기억에 남아 있지 않지만, 막차 시간이 가까워진 승강장은 언제나 마음을 평화롭게 했다. 그 고요함이 좋았다. 승강장의 벤치에 앉아서 나는 뫼르소의 무덤덤함에 경악하기도 하고, 베르테르의 열정적인 사랑에 감탄하기도 했다.

인간은 무엇을 위해서 사는 걸까? 삶의 이유와 목적은 무엇일까? 왜 초라하고 고통스러운 삶을 지속해야만 하는 걸까? 소설 속에서 답을 찾기 위해 애썼다. 하지만 아무리 다양한 삶의 모습들을 간접적으로 체험해도 의문은 가시지 않았다. 매일 풀고 답을 맞히는 수학 문제처럼 정확한 정답이 있기를 바랐다.

로쟈의 성서

학원에서 물리 수업을 듣던 중이었다. 밑도 끝도 없이 《죄와 벌》이 생각났다. 로쟈가 소냐의 집에 찾아가서 자신의 죄를 고하던 부분이었다. 그는 고뇌의 고통 속에서 소냐에게 부탁을 한다. 《신약성서》를 읽어달라고. 자신의 죄를 고백하기 직전, 그 숨 막히는 절박함 속에서 말이다. 로쟈가 부탁한 내용은 죽은 라자로가 부활하는 부분이다. 소냐는 〈요한복음서〉 11장을 읽어준다.

많은 유다인들이 오빠의 죽음을 슬퍼하고 있는 마르타와 마리아를 위로하러 와 있었다. 예수께서 오신다는 소식을 듣고 마르타는 마중을 나갔다. 그동안 마리아는 집 안에 있었다. 마르타는 예수께 이렇게 말하였다. "주님, 주님께서 여기에 계셨더라면 제 오빠는 죽지 않았을 것입니다. 그러나 지금이라도 주님께서 구하시기만 하면 무엇이든지 하느님께서 다 이루어주실 줄 압니다."

"네 오빠는 다시 살아날 것이다."

예수께서 이렇게 말씀하시자, 마르타는 "마지막 날 부활 때에 다시 살아나리라는 것은 저도 알고 있습니다." 하고 말하였다. 예수께서 "나는 부활이요 생명이니 나를 믿는 사람은 죽더라도 살겠고, 또 살아서 믿는 사람은 영원히 죽지 않을 것이다. 너는 이것을 믿느냐?" 하고 물으셨다.

(중략)

"그를 어디에 묻었느냐?" 하고 예수께서 물으시자 그들이 "주님, 오셔서 보십시오." 하고 대답하였다. 예수께서는 눈물을 흘리셨다. 그래서 유다인들은 "저것 보시오. 라자로를 무척 사랑했던가 봅니다." 하고 말하였다. 또 그들 가운데에는 "소경의 눈을 뜨게 한 사람이 라자로를 죽지 않게 할 수가 없었단 말인가?" 하는 사람도 있었다. 예수께서는 다시 비통한 심정에 잠겨 무덤으로 가셨다. 그 무덤은 동굴로 되어 있었고 입구는 돌로 막혀 있었다. 예수께서 "돌을 치워라." 하시자 죽은 사람의 누이 마르타가 "주님. 그가 죽은 지 나흘이나 되어서 벌써 냄새가 납니다." 하고 말씀드렸다.

예수께서 마르타에게 "네가 믿기만 하면 하느님의 영광을 보게 되리라고 내가 말하지 않았느냐?" 하시자, 사람들이 돌을 치웠다. 예수께서는 하늘을 우러러보시며 이렇게 기도하셨다.

"아버지, 제 청을 들어주셔서 감사합니다. 그리고 언제나 제 청을 들어주시는 것을 저는 잘 압니다. 그러나 이제 저는 여기 둘러선 사람들로 하여금 아버지께서 저를 보내주셨다는 것을 믿게 하려고 이 말을 합니다." 말씀을 마치시고 "라자로야, 나오너라." 하고 큰소리로 외치시자, 죽었던 사람이 밖으로 나왔는데 손발은 베로 묶여 있었고 얼굴은 수건으로 감겨 있었다. 《공동번역 성서》 〈요한복음서〉 11장 19절~44절)

로쟈는 소냐의 음성으로 '라자로의 부활'을 듣는다. 《죄와 벌》에서 가장 아름답고 눈부신 장면이다. 가난에 찌든 동굴 같은 방에서 살인

자와 매춘부가 부활의 책을 읽고 있다.

왜 로쟈는 가장 절박한 순간에 죽은 라자로가 다시 살아나는 부분을 듣고 싶어 한 것일까? 그것은 구원받고자 했기 때문이다. 라자로가 죽음에서 부활한 것처럼, 자신도 고통스러운 삶 속에서 구원받을 수 있기를 희망했기 때문에.

성서 속에 있을지도 모른다고 생각했다. 삶의 의미와 목적은 구원에 있고, 그 구원의 방법을 성서가 알려줄지도 모른다. 성서를 읽기로 했다. 삶에 대해 신에게 따져 묻기로 했다.

성서

성서(聖書)는 말 그대로 성스러운 글을 의미하므로, 다양한 종교들마다 나름대로의 성서를 갖는다. 이슬람의 코란이나 힌두교의 베다 등이 그것이다. 다만 한국에서 일반적으로 성서라고 할 때는 그리스도교의 《구약》과 《신약》을 의미한다.

구약은 신과 인간이 맺은 오래된 약속을 뜻하고, 신약은 새로운 약속을 뜻한다. 구체적으로는 예수 그리스도가 기준이 된다. 구약은 예수 그리스도 탄생 이전의 기록이다. 이스라엘 민족의 수난과 구원의 약속이 역사적 사건과 연결되어 종교적 시각으로 해석되어 있다. 신약은 예수 그리스도 탄생 이후의 기록이다. 총 27권으로 이루어져 있는데, 그 구성은 복음서, 사도행전, 서신 그리고 묵시록이다. 복음서는 4편이다. 예수 그리스도의 말씀과 행적이 기록되어 있다. 사도행전은 1편으로, 사도들의 활동이 기록되어 있다. 서신은 총 21편으로, 사도들의 편지다. 마지막 1편은 묵시록으로, 요한이 계시에 의해 기록하였다.

이 중 복음서는 신약의 꽃으로, 예수 그리스도의 생애와 가르침이 기록되어 있다. 여기서 복음이란 '좋은 소식'을 의미한다. 종교 경전은 무언가 어렵고 지루할 것 같지만, 이 네 개의 복음서는 생각보다 재미있다. 철학적인 이론서가 아니라 예수의 생애가 구체적으로 서술되어 있기 때문이다.

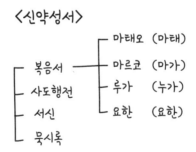

〈신약성서〉

복음서 ─── 마태오 (마태)
          마르코 (마가)
          루가   (누가)
          요한   (요한)
사도행전
서신
묵시록

복음서는 네 권이지만, 사실은 같은 내용을 반복해서 다룬다. 예수의 생애를 네 가지 관점으로 서술하고 있는 것이다. 읽다 보면 마태오, 마르코, 루가 복음서는 매우 유사한 반면 요한 복음서는 조금 다른 내용과 관점을 가졌다는 것을 알 수 있다. 그 이유에 대해서는 다양한 해석이 있는데, 일반적으로 받아들여지는 것은 마르코의 복음서가 가장 먼저 서술되었고 마태오 복음서와 루가 복음서가 이를 참조했다는 것이다. 그러니 세 권이 유사할 수밖에 없다. 그런데 이건 어디까지나 추측일 뿐이고, 너무나 오래된 문서인 까닭에 확실한 기원이나 출처를 찾기는 어렵다. 이 4대 복음서를 저술한 마태오, 마르코, 루가, 요한이 도대체 누구인지 그리고 언제 기술되었는지도 분명하지 않다.

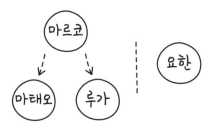

다만 확실한 출처를 찾을 수 없다고 하여, 그것의 진리성이 단번에 부정되어야 하는 것은 아니다. 가끔 성서의 출처가 불분명하고 내용의 근거를 찾을 수 없다는 이유로 합리적인 사람이라면 성서를 믿어서는 안 된다고 주장하는 사람들을 보게 된다. 객관성과 합리성이 개인의 덕목이 된 근현대 사회에서 이러한 주장은 타당하다. 실제로 맹목적인 신앙이 자신의 전부인 사람은 그다지 신실해 보이지도 않고, 타인에게 귀감이 되지도 않는다.

하지만 반대로 모든 판단의 기준을 근거와 출처에 두는 사람의 태도 역시 그다지 지혜로워 보이지 않는다. 생각하는 것에 익숙하지 않고 세계의 복잡성을 받아들일 만큼 유연하지 않은 사람일수록 확실한 근거에 집착하는 특성을 보인다. 그들은 특정 주장이 오랜 시간 동안 판단 보류되는 것을 견디지 못한다. 우선은 근거가 있느냐, 없느냐로 주장의 참과 거짓이 빠르게 판단되길 기대한다. 그러한 태도는 학문 안에서 이론을 정립하는 데 매우 효율적일 수 있다. 하지만 학문의 한계를 넘어 진리를 탐구하고자 하는 개인에게는 충분한 태도가 아니다.

당시의 상황

4대 복음서에 기반한 예수의 일생은 다음과 같다.

예수의 어머니인 동정녀 마리아는 천사 가브리엘에게서 예수 그리스도를 잉태하게 될 것임을 전해 듣는다. 이후 약혼자였던 목수 요셉과 함께 호구조사를 위해 베들레헴으로 가다가 마구간에서 예수를 출산한다. 하지만 고향으로 돌아오지 못하고 이집트로 몸을 피한다.

이는 당시의 헤로데 대왕 때문이었다. 그가 유다인의 왕이 태어난다는 예언을 듣고 이스라엘 지역의 유아들을 살해하도록 지시한 것이다. 헤로데 대왕이 죽었다는 소식을 듣고 난 후에야 마리아와 요셉은 갈릴래아 지역으로 돌아와 나자렛에 정착한다.

복음서를 읽다 보면 선명하게 파악되지 않는 두 가지가 있는데, 그것은 지역 이름과 통치자들의 이름이다. 이를 정리하면 편할 듯하다. 먼저 지역은 아래 그림과 같다. 크게 세 가지 지역을 기억하면 편하다. 아래에서부터 유다, 사마리아, 갈릴래아 지역이다.

유다인들은 이 지역에 넓게 퍼져 살고 있었는데, 특히 유다 지역과 갈릴래아 지역에 살았다. 가운데에 있는 사마리아 지역은 민족이 다르다. 사마리아 지역에 살고 있는 사람들은 '사마리아인'이라고 불렸다. 이들은 다른 민족과 유다인들의 혼혈이었다. 유다인들은 자신들과 혈통과 종교가 다르다는 이유로 사마리아인들을 배척하고 혐오했다.

유다 지역에는 베들레헴과 예루살렘이 있다. 그리고 예루살렘에는 예수가 붙잡힌 겟세마네 동산과 처형당한 골고다 언덕이 있다. 갈릴래아 지역에는 예수의 고향 나자렛이 있다. 예수는 유다 지역과 갈릴래아 지역을 오가며 말씀을 설파했다.

다음으로 당시의 통치자들을 알아보자. 예수 그리스도가 성년이되어 활동하던 당시의 통치자들은 루가 복음서에 잘 기록되어 있다. 당시 유다인 지역 전체는 로마의 식민지였다. 로마의 황제는 티베리오였다. 그리고 이 지역은 앞서 유아 살해를 지시했던 헤로데 대왕이 통치하고 있었다. 헤로데 대왕이 죽은 후에 이 지역은 세 아들에 의해 분할되었다. 그 중 첫째인 아르켈라오스가 유다와 사마리아를 포함하는 가장 넓은 지역을 통치했다. 하지만 무리한 세금 징수와 폭정에 따른 민중의 반발로 로마제국은 아르켈라오스를 파문했다. 그리고 로마인 총독을 직접 파견했다. 이때 임명되었던 여러 명의 총독 중한 명이 본티오 빌라도다.

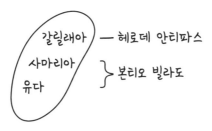

정리해보자. 예수가 활동하던 당시의 사마리아 지역을 포함한 전 지역은 빌라도가, 갈릴래아 지방은 헤로데 대왕의 둘째 아들인 안티파스가 통치했다. 로마의 입장에서 본다면 빌라도는 직영점, 안티파스는 가맹점 정도가 된다.

가르침의 시작

갈릴래아 지역의 작은 마을 나자렛에서 예수는 유년시절을 보낸다. 서른 살 무렵이 되면 그는 전도를 시작한다. 예수의 활동에 앞서 그의 등장을 예언하며 길을 닦은 인물이 있었다. 그는 세례자 요한이다. 요한복음서의 그 요한과는 다른 사람이다. 당시 요한은 흔한 이름이었다. 요한은 예수보다 6개월 앞서 태어난 친척으로, 그리스도가 나타날 것임을 알리며 요르단 강가에서 사람들에게 물로 세례를 베풀었다. 요한이 사람들에게 예언했던 것은 두 가지였다. 첫째는 그리스도가 나타나 세상을 벌할 것이다. 둘째는 인류의 죄를 대신해서 그리스도가 죽게 될 것이다.

요한은 평소와 마찬가지로 강가에서 물로 세례를 주고 있었다. 그때 요한의 앞에 예수가 나타났다. 그리스도가 자기에게로 걸어오는 것을 보고 그는 이렇게 말했다.

"이 세상의 죄를 없애시는 하느님의 어린 양이 저기 오신다. 내가 전에 내 뒤에 오시는 한 분이 계신데 그 분은 사실은 내가 태어나기 전부터 계셨기 때문에 나보다 앞서신 분이라고 말한 것은 바로 이분을 두고 한 말이었다. 나도 이분이 누구신지 몰랐다. 그러나 내가 와서 물로 세례를 베푼 것은 이분을 이스라엘에게 알리려는 것이었다." (요한 1:29)

세례자 요한의 죽음은 허무했다. 갈릴래아 지역을 통치하던 헤로데 안티파스의 도덕적 문제를 지적하다가 죽음에 이르게 된 것이다. 안티파스는 자기 동생의 아내였던 헤로디아를 자신의 아내로 맞으려고 했으나, 이는 율법에 어긋나는 것이었다. 요한이 이를 비난하자 안티파스는 요한을 옥에 가두었다. 하지만 요한을 죽이지는 못했다. 그가 의롭고 거룩한 사람임을 알고 두려워했던 것이다. 반면 헤로디아는 요한을 죽이고 싶어 했다. 그러던 차에 안티파스의 생일이 되었고, 헤로디아는 딸을 시켜 왕과 손님들 앞에서 야한 춤을 추게 했다. 안티파스는 기뻐하며 소녀에게 어떤 소원이라도 들어주겠다고 약속했다. 소녀는 자신의 어머니인 헤로디아에게 물었다. 헤로디아는 요한의 머리를 요구했고, 그렇게 요한의 머리는 쟁반에 담겨져 헤로디아의 앞에 오게 되었다.

요한에게 세례를 받은 예수는 홀로 광야로 나가 40일 동안 금식하며 기도를 했다. 이때 악마가 나타나 예수를 시험하려 했지만, 이를 물리치고 돌아왔다. 그리고 베드로를 비롯한 제자들을 모으면서 본격적으로 전도 활동을 시작했다. 갈릴래아와 유다 지역에서 예수는 기적을 행하고 말씀을 전파했다. 우선 사람들에게 기적을 보였다. 물을 포도주로 변하게 했고, 수많은 병자를 고쳤으며, 물 위를 걸었다. 그리고 라자로를 비롯한 죽은 이들을 살렸다. 예수는 기적을 행하는 동시에 사람들에게 하느님의 말씀을 전했다. 가르침의 장소는 산과 강과 회당을 가리지 않았다. 비유와 상징으로, 때로는 직접적으로, 하느님의 사랑과 메시아의 도래를 이야기한 것이다.

첫 번째 질문

나는 불만이었다. 밤은 깊어가고, 지하철의 승강장은 고요하고, 막차 시간은 다가오는데, 복음서 안의 가르침은 만족스럽지 않았다. 이렇게 좋은 말씀이 가득한데, 왜 그리스도교가 점령한 이 세계는 가난하고 구차한 삶으로 가득하단 말인가? 고통 속에 놓인 사람들이 이렇게도 많은데, 하느님은 도대체 어디서 무얼 하고 있단 말인가? 나는 물어야 했다.

그래서 직접 찾아가기로 했다.

"그 나자렛 사람이 왔다!"

사람들이 소리치며 군중이 모인 곳으로 뛰어갔다. 저쪽인가보다. 나도 그들을 따라 호숫가 쪽으로 향했다. 근처에 도착하니, 군중들은 호숫가에 앉거나 서 있었다. 물결이 햇살에 반짝였다. 예수는 배에 올라앉았다. 여러 가지 비유로 말씀을 하고 계신다. 중간에 와서 무슨 말인지 모르겠으나, 질문을 하러 왔으니 기회를 봐야겠다. 말씀이 끝나면 질의응답 시간이 있을는지 모르겠다.

그리스도 씨 뿌리는 사람이 씨를 뿌리러 나갔다. 씨를 뿌리는데 어떤 것은 길바닥에 떨어져 새들이 와서 쪼아 먹었다. 어떤 것은 흙이 많지 않은 돌밭에 떨어졌다. 싹은 곧 나왔지만 흙이 깊지 않아서, 해가 뜨자 타버려 뿌리도 붙이지 못한 채 말랐다. 또 어떤 것은 가시덤불 속에 떨어졌다. 가시나무들이 자라자 숨이 막혔다. 그러나 어떤 것은 좋은 땅에 떨어져서 맺은 열매가 백 배가 된 것도 있고 육십 배가 된 것도 있고 삼십 배가 된 것도 있었다. 들을 귀가 있는 사람은 알아들어라. (마태 13:3 – 13:9)

재수생 알아들었습니다! 씨앗의 비유는 하늘나라에 관한 말씀이 아닙니까? 씨가 길바닥에 떨어졌다는 것은 말씀을 듣고도 깨닫지 못하는 사람을 의미하고, 돌밭에 떨어졌다는 것은 말씀을 듣고 받아들이기는 하지만 마음속에 뿌리를 내리지 못한 사람을 의미하는 것이지요. 그리고 가시덤불에 떨어졌다는 것은 말씀을 듣기는 하였지만 세상 걱정과 재물의 유혹에 억눌린 사람을 의미하는 것입니다. 하지만 좋은 땅에 떨어졌다는 것은 말씀을 듣고 깨달은 사람을 의미합니다. 마태복음 13장 18절에 나와 있습니다.

그리스도 너는 여기 사람이 아니지 않느냐?

재수생 질문이 있어서 왔습니다. 무수히 많은 사람이 당신을 통해 하느님의 말씀을 들었습니다. 2016년을 기준으로 75억의 인구 중에서 세 명 중 한 명이 당신을 따르고 있고, 단일 종교로는 가장 많은 수를 차지하고 있습니다. 하지만 이렇게 큰 종교가 되어 인류를 지배하고 있는데도 세상은 가난과 고통과 불의로 가득 차 있습니다. 무엇이 문제인 겁니까?

그리스도 내가 이미 말하지 않았느냐? 말씀을 들었는지가 중요한 것이 아니라 뿌리를 내리고 열매를 맺는 것이 중요하다. 하느님의 말씀을 듣는다 해도 그것을 실천하지 않으면 그는 구원에 이를 수 없다. 율법학자들과 바리사이파 사람들도 같은 이유로 꾸짖은 적이 있다. 그들은 모세의 자리를 이어 율법을 가르치면서도 그 행실에 있어서는 위선자다. 그들은 화를 입을 것이다. 그들은 기다란 예복을 걸치고 나다니며 장터에서 인사받기를 좋아하고 회당에서는 가장 높은 자리를 찾으며 잔칫집에 가면 제일 윗자리에 앉으려 한다. 또한 과부들의 가산을 등쳐먹으면서 남에게 보이려고 기도는 오래 한다. 이런 사람이야말로 그만큼 더 엄한 벌을 받을 것이다. (마르코 12:38 - 40)

두 번째 질문

재수생 벌을 주신다고 하신 지가 벌써 이천 년이 넘었습니다. 도대체 누가 벌을 받고 누가 상을 받았습니까? 실제 현실은 벌을 받아야 할 사람들은 더 부유해졌고, 상을 받아야 할 사람들은 가난과 비참함 속에 던져졌습니다. 하느님이 완전히 선하고 전지전능하시다면, 왜 악한 세상을 이렇게 오랜 시간 동안 방치해두는 겁니까? 실제로 악을 몰아내려는 마음이 있고 그럴 수 있는 절대적인 능력을 가졌다면, 지금 당장 악을 몰아내는 것이 당연하지 않습니까? 이렇게 오랜 시간 동안 세상에 악을 남겨 두었다는 것은 두 가지 결론으로밖에는 귀결되지 않습니다. 하느님이 선하지만 전지전능한 것은 아니거나, 반대로 전지전능하지만 선한 것은 아니라는 결론으로요.

그리스도 선하시며 전능하신 하느님이 지금 당장 세상의 악을 몰아내지 않으시는 이유가 있다. 이 이야기를 들어보아라.

어떤 사람이 밭에 좋은 씨를 뿌렸다. 사람들이 잠을 자고 있는 동안에 원수가 와서 밀밭에 가라지를 뿌리고 갔다. 밀이 자라서 이삭이 팼을 때 가라지도 드러났다. 종들이 주인에게 와서 '주인님, 밭에 뿌리신 것은 좋은 씨가 아니었습니까? 그런데 가라지는 어디서 생겼습니까?' 하고 묻자 주인의 대답이 '원수가 그랬구나!' 하였다. '그러면 저희가 가서 그것을 뽑아버릴까요?' 하고 종들이 다시 묻자 주인은 '가만 두어라. 가라지를 뽑다가 밀까지 뽑으면 어떻게 하겠느냐? 추수 때까지 둘 다 함께 자라도록 내버려두어라. 추수 때에 내가 추수꾼에게 일러서 가라지를 먼저 뽑아서 단으로 묶어 불에 태워버리게 하고 밀은 내 곳간에 거두어들이게 하겠다.' 하고 대답하였다. (마태 13:24-30)

이 말을 이해하겠느냐?

두 번째 계단, 기독교

재수생　현실이 아무리 고통스러워도 심판에 이를 때까지 참고 기다리라는 말씀이시군요. 그렇다면 심판의 때까지 우리는 무엇을 하며 기다려야 합니까? 가라지가 아니라 밀이 되기 위해서 말이죠. 어떤 선한 일을 하고 있어야 삶의 고통 속에서 구원을 얻을 수 있는 건가요?

그리스도　네가 생명의 나라로 들어가려거든 계명을 지켜야 한다. 그 계명이란 다음과 같다. 살인하지 마라. 간음하지 마라. 도둑질하지 마라. 거짓 증언하지 마라. 부모를 공경하여라. 그리고 네 이웃을 네 몸같이 사랑하여라.

재수생　그런 건 대부분의 사람들도 현재 그렇게 하고 있는 건데요. 그것만 지키면 되는 건가요?

그리스도　네가 완전한 사람이 되려거든 가서 너의 재산을 다 팔아 가난한 사람들에게 나누어주어라. 그러면 하늘에서 보화를 얻게 될 것이다. 그러니 내가 시키는 대로 하고 나서 나를 따라오너라. (마태 19:2)

재수생　재산을 청산하고 나눠주라고요? 저야 뭐, 지금 재수생이고 가진 게 없어 가능할 것도 같지만, 어른들한테는 너무 어려운 요구인데요. 당신의 말씀을 절대적으로 따르는 무수히 많은 그리스도교인 중에서도 지금 하신 말씀을 실천하는 사람은 없습니다. 특히 한국 교회에서는 사회적 성공과 부의 획득을 자기 신앙의 증거로 여기는 사람들도 많습니다. 부와 명성을 쌓았다는 건 하늘이 자신을 축복한 결과이고, 가난과 고통 속에 있다는 건 하늘이 벌주신 증거라고 생각하는 것이지요. 많은 사람이 그렇게 믿고 있습니다.

그리스도 나는 분명히 말한다. 부자는 하늘나라에 들어가기가 어렵다. 거듭 말하지만 부자가 하느님 나라에 들어가는 것보다는 낙타가 바늘귀로 빠져 나가는 것이 더 쉬울 것이다.

(마태 19:23 ‒ 24)

최후의 만찬

염치없이 따라 다녔다. 질문을 하고 그에 대한 답변을 들을수록 마음속에 반감이 커져갔다. 더 질문을 하고 싶었다. 더 날카로운 질문을 던지고 싶었다. 어쩌면 빈틈이 없기를 기대했기 때문인지도 모르겠다. 아무리 치명적인 질문과 반론이 제기되어도 예수 그리스도가 이 모든 질문을 모순 없이 해결해줄 수 있기를 바란 것인지 모른다.

이때의 나는 반박할 수 없는 진리가 당연히 가장 위대한 진리일 거라고 생각했던 것이다. 언제나 참일 수밖에 없는 진리를 원했다. 하지만 이제는 안다. 반박할 수 없고 언제나 참인 진리가 가장 무의미할 수도 있다는 것을.

예수는 각 지역의 회당을 순회하며 사람들을 가르쳤다. 회당은 언제나 사람들로 가득 찼다. 그리고 그의 말에서 트집거리를 잡기 위해 애쓰는 바리사이파, 율법학자들과 논쟁했다. 예수를 따르는 무리가 불어날수록 대사제들과 원로들의 견제도 커져갔다. 그들은 결국 예수를 잡아 죽이기로 결심했다.

예수는 그 사실을 알고 있었다. 제자들에게 그리스도가 수난을 겪게 될 것임을 경고했다. 자신이 사람들의 손에 넘어가서 그들에게 죽임을 당했다가 사흘 만에 다시 살아날 것임을 밝힌 것이다. 하지만 제자들은 그 말의 정확한 의미를 이해하지 못했다. 그리고 때가 되었다. 예수는 자신의 죽음이 임박했음을 알았다. 그래서 예정된 운명에 순응하기 위해 위험을 무릅쓰고 예루살렘으로 돌아왔다. 민중들은 그를 환대했다.

유다인들의 최대 명절인 과월절의 하루 전. 예수와 제자들은 최후의 만찬을 가졌다. 예수는 이 순간이 사랑하는 제자들과의 마지막임을 알았다. 식탁에서 일어나 겉옷을 벗고 수건을 허리에 두른 뒤, 대야에 물을 떠서 제자들의 발을 차례로 씻어주었다. 그리고 허리에 둘렀던 수건으로 닦아주었다. 세족식이 끝난 후에는 식탁에 모여 즐겁게 음식을 먹었다.

식사 도중에 예수는 제자들에게 이들 중 자신을 배반할 사람이 있음을 밝혔다. 제자들은 자신은 아닐 거라고 스승에게 말했다. 예수는 빵과 포도주를 들어 축복하고 제자들에게 나누어주며 이렇게 말했다. "받아먹어라. 이것은 내 몸이다. 이것은 나의 피다. 많은 사람을 위하여 내가 흘리는 계약의 피다."

세 번째 질문

식탁 모서리에 엉거주춤 앉아서 음식들을 집어 먹었다. 예수 그리스도는 바쁘셨다. 제자들에게 말하고, 그들의 이야기를 들어주었다. 나는 질문할 수 있는 기회만을 엿보고 있었다. 잠시 후 가리옷 유다가 자리를 박차고 나갔다. 그 길로 대사제들에게 달려갔다. 다른 제자들은 유다가 왜 나가는지 어리둥절했다. 밤이 깊었다. 평소와 마찬가지로 그리스도는 제자들과 함께 올리브 산으로 향했다. 산길은 어두웠다. 나는 천천히 걸어가는 그의 곁으로 따라붙었다. 그리고 세 번째 질문을 했다.

재수생 삶이 어떻게 구원받는지에 대한 저의 질문에 당신은 계율을 말씀해주셨습니다. 거기엔 내 이웃을 사랑하고, 어려운 사람들을 위해 자신이 가진 모든 것을 나누라는 말씀이 포함되었지요. 하지만 제가 사는 시대의 사람들은 그렇게 생각하지 않습니다. 그리스도교인이 가장 중요하게 생각하는 건, 당신을 믿는지의 여부입니다. 당신을 믿기만 하면 구원에 이르지만, 그렇지 않은 사람은 구원에 이를 수 없다고요.

그리스도 나는 실제로 그렇게 이야기했다. 하느님은 이 세상을 극진히 사랑하셔서 외아들을 보내주시어 그를 믿는 사람은 누구든지 멸망하지 않고 영원한 생명을 얻게 하여주셨다. 하느님이 아들을 세상에 보내신 것은 세상을 단죄하시려는 것이 아니라 아들을 시켜 구원하시려는 것이다. 그를 믿는 사람은 죄인으로 판결받지 않으나, 믿지 않는 사람은 이미 죄인으로 판결을 받았다. (요한 3:16-18)

재수생 바로 거기에 문제가 있습니다. 당신을 믿는다는 것이 무엇인지 정확하지 않다는 게 문제입니다. 당신을 믿는다는 건 두 가지로 해석할 수 있습니다. 첫 번째는 당신의 지위를 믿는 것입니다. 당신을 하느님이 보낸 그리스도라고 믿는 것을 말하지요. 두 번째는 당신의 가르침을 믿는 것입니다. 당신이 말씀하신 이타적인 사랑의 가치를 이해하고 그에 따른 삶을 사는 것을 믿음이라는 말로 표현하는 것이지요. 문제는 여기 있습니다. 오늘날의 사람들은 첫 번째 해석을 절대적으로 신뢰합니다. 이타적인 삶을 살았는지의 여부보다는, 어쨌거나 궁극적으로 당신이 그리스도임을 믿는 것이 당신을 믿는다는 것으로 이해하는 겁니다.

물론 역사적인 이유가 있었음을 잘 압니다. 그리스도교 초기에 강력한 탄압이 있었고, 이 때문에 초기 신도들에게는 당신을 그리스도로 믿는지의 여부가 가장 중요한 문제였겠지요. 하지만 결국 그리스도교는 서구사회를 장악했습니다. 그리고 서구사회가 근대화를 기반으로 동양을 점령하며, 그리스도교는 세계의 종교로 자리 잡게 되었지요.

무엇이 문제인지 아시겠습니까? 이상한 세계 종교가 탄생한 것입니다. 당신이 하느님이 보낸 그리스도임을 인정하는지 아닌지의 여부로 개인의 삶 전체와 구원의 가능성을 평가하는 독선적인 종교가요.

정말로 하느님은 당신의 지위는 믿지 않지만 평생을 이타적인 마음으로 살아온 사람보다, 당신의 지위를 믿지만 평생을 이기적으로 살아온 사람의 가치를 더 높게 평가하는 건가요?

예수 그리스도는 아무 말도 없었다. 생각에 잠겨 어두운 숲을 향해 천천히 걸어갔다. 나는 화가 났다. 정확한 답을 듣고 싶었다.

예수의 마지막

베드로가 물었다. "주님, 어디로 가십니까." 예수는 지금 자신이 가는 곳으로는 따라 올 수 없다고 말했다. 베드로가 장담했다. "주님, 저는 주님과 함께라면 감옥에 가도 좋고 죽어도 좋습니다." 예수가 답했다. "베드로야, 내 말을 잘 들어라. 오늘 닭이 울기 전에 너는 세 번이나 나를 모른다고 할 것이다." 베드로는 결코 그렇지 않을 것이라 장담했다.

다른 제자들은 기다리게 하고, 베드로를 포함한 세 명의 제자만 데리고 예수는 올리브 산에서 서편 기슭으로 더 들어갔다. 그곳은 겟세마니 동산이었다. 예수는 제자들에게 깨어 있으라 말하고, 홀로 멀리 떨어진 곳에서 두려움 속에 기도를 했다. 제자들에게 돌아왔을 때, 제자들은 잠에 취해 있었다. 잠시도 깨어 있지 못하느냐고 예수는 슬퍼했다.

그때, 유다가 왔다. 대사제들이 보낸 군인들과 함께였다. 유다는 군인들과 약속한 신호에 따라 예수에게 다가가 그에게 입을 맞췄다. 그렇게 예수는 잡혔다. 제자들은 모두 달아났다.

예수는 대사제였던 가야파의 집으로 끌려갔다. 베드로는 멀찍이 떨어져서 그 뒤를 따랐다. 대사제의 관저까지 들어가서 불을 쬐고 있는 경비원들 틈에 앉았다. 여종 하나가 베드로를 알아봤다. "당신도 저 갈릴래아 사람 예수와 함께 다니던 사람이 아니냐?" 베드로는 무슨 소린지 모르겠다고 말하고는 자리를 피했다. 대문을 나서려고 할 때, 다른 여종이 베드로를 알아봤다. 베드로는 사람을 잘못 보았다며, 예수라는 사람은 알지도 못한다고 맹세했다. 주변에 사람들이 몰려왔다. 사람들은 베드로를 예수의 무리라고 말했다. 베드로는 자신의 말은 거짓이 아니라고 잡아떼었다. 그때 닭이 울었다. 베드로는 사람들을 피해 몸을 숨긴 뒤, 엎드려 몹시 울었다.

다음날이 되어 예수는 유다 총독 빌라도 앞에 섰다. "네가 유다의 왕인가?" 빌라도가 물었다. 예수는 아무 말도 하지 않았다. 빌라도는 예수에게 특별한 죄가 없으며, 여기까지 끌려 온 것이 대사제들과 군중의 시기 때문임을 잘 알고 있었다.

당시 유다 지역에는 명절이 되면 군중의 요구에 따라 죄수 한 명을 풀어주는 관례가 있었다. 유다인들 간의 문제에 끼어들고 싶지 않았던 빌라도는 그들 스스로가 선택하게 했다. 당시에 바라빠라고 하는 죄수가 갇혀 있었다. 공교롭게도 그의 이름 역시 예수였다. 빌라도가 군중을 향해 물었다. "누구를 놓아주면 좋겠느냐? 바라빠라는 예수냐? 그리스도라는 예수냐?"

군중들은 바라빠를 풀어주길 바랐다. 빌라도는 예수 그리스도가 도대체 무엇을 잘못했는지를 물었다. 군중들은 다만 예수를 십자가에 못 박으라고 소리쳤다. 빌라도는 물을 가져오게 했다. 그러고는 군중 앞에서 손을 씻었다. 이 상징적인 행위를 통해 그는 자신이 이 결정에 책임이 없음을 강조했다. 그리고 예수를 채찍질해서 십자가형에 처하게 했다.

총독의 병사들은 예수의 머리에 가시로 엮은 왕관을 씌웠다. 그의 눈을 가리고 뺨을 때리고 갈대로 그의 머리를 때리며 희롱했다. 그리고 십자가 처형을 위해 끌어냈다. 십자가형은 로마제국이 식민지에서 사용하는 처형 방식이었다. 죄인은 처형지까지 십자가를 지고 가서 못 박히게 된다. 사실 십자가 전체를 지고 가는 것은 아니다. 세로대는 이미 처형장의 땅에 박혀 고정되어 있다. 죄인은 가로대를 지고 처형장까지 간다. 처형장에 도착하면 가로대에 죄인의 팔을 줄로 고정한 후 못을 박는다. 그리고 사람들에 의해 끌어올려져서 고정되어 있는 세로대에 얹힌다. 마지막으로 발목을 세로대에 못 박는다.

예수는 십자가에 매달렸다. 오전 아홉 시에 시작된 처형은 오후 세 시를 향해가고 있었다. 하늘은 어둠에 뒤덮였다. 사람들이 예수를 지켜봤다. 그 중엔 예수의 어머니 마리아와 막달라 마리아라는 여자가 함께 있었다. 길고도 피로한 시간이 흐르고 있었다. 세 시 무렵이 되어 예수는 크게 소리쳤다. "엘리, 엘리, 라마 사박타니." 이 말은 '나의 하느님, 나의 하느님, 어찌하여 나를 버리셨나이까.'라는 뜻이다.

저녁이 가까웠다. 예수는 모든 것이 끝났음을 알았다. '이제 다 이루었다.' 그의 고개는 떨구어졌다. 그날이 가기 전에 예수의 시체는 수습되어 당시의 관습에 따라 바위를 파서 만든 무덤에 안치되었다. 큰 돌을 굴려 입구를 막았다. 무덤 맞은편에는 어머니 마리아와 막달라 마리아가 앉았다.

안식일이 지나고 이튿날이 되었다. 동틀 무렵 두 여인이 무덤을 보러 갔다. 돌은 치워졌고, 예수의 시신은 없었다. 여인들이 비어 있는 무덤 안으로 들어갔을 때, 빛나는 옷을 입은 천사가 앉아 있었다. 천사는 그분이 예언처럼 다시 부활하였음을 알렸다. 예수는 부활했다. 그리고 갈릴래아에서 예수와 그의 제자들은 재회했다. 예수는 그들에게 마지막 말을 남기고 승천했다. "너희는 온 세상을 두루 다니며 모든 사람에게 이 복음을 선포하여라."

그 이후

막차가 승강장을 빠져 나갔다. 피로한 걸음을 옮기는 사람들을 따라 나도 계단을 올랐다. 복음서는 이렇게 끝났다. 그런데 4대 복음서 중 유일하게 〈요한복음서〉에서 그 이후의 일화가 짧게 소개되어 있다.

내가 가장 좋아하는 부분이다.

　많은 시간이 흐른 뒤의 어느 날. 베드로는 물고기를 잡으러 가겠다며 일어섰다. 그 자리에 함께 있던 다른 여섯 명의 제자들도 그를 따라갔다. 티베리아 호수에 배를 띄우고 그들은 고기를 잡았다. 하지만 고기는 잡히지 않았다. 다음날 날이 밝아올 무렵, 그들은 다시 고기잡이를 시작했다. 호숫가에 예수가 서 있었다. 아무도 예수를 알아보지 못했다. 예수가 소리쳤다. "무얼 좀 잡았느냐?" 그들은 아무것도 못 잡았다고 답했다. 예수는 배 오른편으로 그물을 던지라고 말했다. 그 말대로 하니 끌어올릴 수 없을 만큼 고기가 잡혔다. 제자 중 하나가 예수를 알아보고 소리쳤다. "저분은 주님이십니다!" 그 소리를 듣자마자 베드로는 물속에 뛰어들어 헤엄쳐 왔다. 나머지 제자들도 고기를 가득 싣고 배를 저어 왔다.

　육지에 올랐을 때, 숯불이 펴 있고 생선이 올려 있었다. 빵도 있었다. 예수는 그들에게 "와서 아침을 들어라."라고 말했다. 제자들에게 빵과 생선을 집어주었다. 평화로운 아침식사가 끝나고 예수가 베드로에게 물었다. "베드로야, 너는 나를 정말 사랑하느냐?" 베드로는 그렇다고 큰 소리로 답했다. 예수는 한 번 더 물었다. "베드로야, 너는 나를 사랑하느냐?" 베드로는 다시 그렇다고 말했다. 예수는 한 번 더 물었다. 그때도 베드로는 그렇다고 확답했다. 그리고 이내 슬퍼졌다. 예수는 이렇게 말했다. "내 양들을 잘 돌보아라."

가끔은 집으로 곧장 가는 길을 피해서 골목을 돌고 돌아 집으로 가곤 했다. 주황색 가로등에 물든 고요한 거리를 걷는 게 좋았다. 멀리 돌아가는 그 길에는 서울의 야경을 볼 수 있는 좁은 장소가 하나 있었다. 가끔은 그곳에서 한참을 서서 서울의 야경을 하염없이 바라보았다.

때로는 멀리 돌아가야 할 때도 있다. 그래야만 비로소 볼 수 있는 것들이 있다. 재수 생활도, 집안 살림의 어려움도, 성서 속의 질문들도 곧바로 얻거나 해결할 수 없는 것들인지도 모른다.

나는 두 번째 계단에 올라섰다.

세 번째 계단,
불교

붓다

인생에서 가장 완벽하고도 아름다운 순간을 만났다

예수 그리스도의 일생은 나의 질문을 멈추게 했다. 세속의 그 어떤 논리와 비판도 그의 삶이 보여준 압도적인 숭고함을 넘어설 수 없다고 생각했다. 초월적인 거대함 앞에서 오히려 마음의 평화가 찾아왔다. 나는 의심을 멈추고 그의 품에 안겨 쉬기만 하면 되었다.

하지만 평화로운 시기는 오래 지속되지 않았다. 시간이 지날수록 마음속에는 질문이 자라났다. 정말 그것이면 충분한가. 믿음만 있으면 모든 죄는 용서받는가. 우리는 그렇게 구원되는가. 스스로 그렇다고 대답하면 할수록, 마음속에는 타자로부터의 구원에서 오는 초라함이 뿌리를 내려갔다. 인간은 그렇게 초라한 존재인가. 스스로는 결코 구원에 이를 수 없는 것일까.

이 질문은 대학 시절 내내 나를 괴롭혔다. 답을 찾기 위해서 나는 도서관에 앉아 철학과 과학 서적을 뒤적였다. 하지만 만족할 만한 해답을 얻을 수는 없었다. 그러다가 붓다에 관한 책들을 접하게 되었다. 그리고 붓다의 삶과 가르침 속에서 그렇게 듣고 싶었던 이야기를 들을 수 있었다. 타자로부터의 구원이 아닌, 자기 자신으로부터의 구원에 대한 이야기를 말이다.

대학 신입생

재수 끝에 결국 대학에 입학했다. 친구 G의 증언에 따르면 늦게 공부를 시작했음에도 대학에 갈 수 있었던 건 '머리가 새것이었기 때문'이었다. 어쨌거나 신입생이 된 나는 매일 흥분 상태였다. 수업을 제외한 모든 것이 좋았다. 벚꽃이 날리는 캠퍼스, 동아리 사람들, 출입금지의 잔디밭과 그걸 무시하고 잔디밭에 앉아 통기타를 치는 학생들. 그런 모든 것이 자유롭고 신선했다.

다만 나의 외형만 이러한 신선함에 부합하지 않았다. 돌이켜보면 나는 매우 부담스러운 신입생이었다. 나이도 한 살 많은데다가 외모는 전혀 신경 쓰지 않았다. 항상 짧은 스포츠형 머리를 했고, 여드름이 많았다. 옷차림은 가관이었는데, 예를 들면 이런 식이었다. 거의 매일 검정색 츄리닝 바지를 입었는데, 특히 발목 부분을 조이는 형태의 츄리닝이었다. 거기에 광택이 나는 검정색 구두를 신었다. 윗옷은 계절에 따라 반팔, 긴팔, 점퍼를 조합했고, 보통은 동아리에서 받은 옷들이었다.

이런 몰골을 유지한 이유는 두 가지였다. 첫 번째는 도대체 이게

세 번째 계단, 불교

왜 문제인지 알지 못했기 때문이다. 선천적으로 옷에 대한 감각이 매우 부족한 사람들이 있다. 이런 부류의 사람들은 왜 청바지에 청남방을 입으면 안 되는지, 왜 체크 패턴이 있는 윗옷과 같은 패턴의 바지를 함께 입으면 안 되는지, 발목을 조이는 츄리닝과 구두의 조합은 왜 안 되는지, 누가 알려주기 전까지는 도대체 알지 못한다. 그런 옷을 실제로 입고 나왔을 때, 누군가가 이건 아니라고 알려줘야 학습을 통해 다음부터 이런 조합을 피한다.

　두 번째는 자기 세계에 갇혀 있었기 때문이다. 당시의 나는 이런 생각을 가지고 있었다. '외모에 신경을 쓰는 건 그 사람의 영혼이 빈곤하기 때문이다.' 내 머릿속은 정의로움과 신념으로 가득 차 있었다. 현실 세계는 전혀 중요하지 않았다. 인간에게 진정으로 중요한 것은 현실을 넘어선 세계라고 생각했다. 아직 도달하지 않은 정의로운 유토피아가 도래할 것이라 믿었고, 이를 위해서는 인류가 영혼의 문제에 집중해야 한다고 믿었다.

이런 부담스러운 이상주의자들은 우리 주변에서 종종 발견된다. 당신은 이런 사람들을 만나면 어떤 생각이 드는가? 자기만의 신념으로 가득 찬 사람들 말이다. 보통은 괜찮고 착한 사람이라는 생각이 든다. 악의적이고 건강하지 못한 사람보다는 괜찮지 않은가?

하지만 실제로는 이러한 사람들은 결벽증적인 강박에 시달리는 경우가 많다. 이들은 세상을 선과 악, 정의와 불의, 청결과 불결로 나누고 자기가 선, 정의, 청결의 편에 섰다고 단정한다. 그리고 자신이 이해할 수 없는 모든 것을 악, 불의, 불결로 타자화한 후 이에 맞서는 것에서 마음의 위안을 얻는다.

이러한 우월감과 선민의식이 발생하는 이유는 무엇일까? 그것은 이들이 사실은 나약하기 때문이다. 배움의 부족으로 세상의 복잡성과 다양성을 수용할 준비가 되어 있지 않거나, 경제적인 자립을 하지 못하고 그 방법에서 두려움을 느끼거나, 현실에 대한 경험이 전무하여 타협과 조율에 익숙하지 않을수록 세상과 벽을 쌓고 작은 세계 안에서 완전함을 향유하려 한다.

물론 그렇다고 이러한 이상주의자들이 문제적인 존재이기만 한 것은 아니다. 어쩌면 인간이라면 누구나 이러한 시기를 거쳐야 하는 것인지도 모른다. 세상에 대한 우월감을 갖고 자신이 선택받은 사람이라는 느낌을 가져야 하는 시기는 누구에게나 필요한 것인지도 모른다. 왜냐하면 이러한 경험은 앞으로 인생을 살아가며 세상과 대결해야 할 때 그 힘을 비축하게 하고, 세상에 무릎 꿇게 되었을 때에는 다시 일어서게 하는 자존감의 근원이 되기 때문이다.

문제가 되는 사람이 있다면 그것은 극단적인 사람들이다. 평생을 이상주의자로 살거나, 혹은 평생 한 번도 이상주의자로 살아보지 못한 사람들. 그들이 문제다. 전자는 미성숙해 보이고, 후자는 인간으로서의 매력을 찾을 수 없다.

어쨌거나 다행스럽게도 나는 대학이라는 안전한 울타리 안에서 이상주의자로 살아볼 기회가 있었다. 주변 사람들은 부담스러웠겠지만, 나는 그저 좋았다. 나는 스스로를 로쟈라고 생각했다. 정의와 구원이 내 관심의 전부였다.

몽골 여행

이상주의자인 나에게 세상은 완전하고 선명했다. 그래서 행복했다. 나는 분명히 기억하고 있다. 삶 전체를 통틀어 가장 행복했던 순간을. 그 순간은 대학 1학년 여름방학, 몽골로 떠난 봉사활동 중에 있었다.

동아리에서 단체로 가는 봉사활동이었고, 스무 명 정도의 대학생들이 참여했다. 나는 몇 안 되는 1학년들 사이에 끼어 있었다.

난생 처음 타보는 비행기였다. 출발 전부터 흥분되었다. 우리가 가는 곳은 수도인 울란바토르의 주변 지역이었다. 당시 그곳에는 빈민촌이 있었는데, 우리의 주된 역할은 그곳에 있는 유치원의 울타리를 세우고, 노후 주택을 수리하고, 동물들이 밤에 빠져 죽는다는 구덩이를 흙으로 메우는 것이었다.

일이 힘들다기보다는 환경이 열악했다. 저학년들은 깨작깨작 일하다가도 픽픽 쓰러지기 일쑤였다. 몽골의 기후 때문이었다. 몽골은 여름에도 매우 건조해서 아무리 일을 해도 땀이 나지 않는다. 생

세 번째 계단, 불교

각해보면 한국에서는 땀이 나는 정도에 따라 자신이 무리하고 있는지를 확인할 수 있다. 하지만 몽골에서는 그렇지가 않으니 무리하게 일하고 쓰러지는 경우가 많았던 것이다. 저학년들이 빌빌대는 것과는 달리 군대를 다녀온 복학생 선배들은 일을 매우 잘했다. 저학년들에게 삽질하는 방법을 알려주고 싶어 하는 눈치였으나, 우리는 모른 체했다.

일에 열중하다가 허리를 펴면 몽골의 초원과 하늘이 눈에 들어왔다. 몽골은 아름다운 나라였다. 끝없이 펼쳐진 초원과 태어나서 처음으로 보는 지평선. 그리고 둥글다고 밖에는 표현하기 힘든 막힘없이 거대한 하늘. 저녁이 되면 거대한 하늘은 노을에 붉게 물들었고, 밤이 되면 쏟아질 것만 같은 별들로 가득 찼다.

일과가 끝나면 몽골의 대학생들과 모닥불 주위에 둘러앉아 통기타를 치며 노래를 불렀다. 그러다 밤이 더 깊어지면 아쉬움을 간직한채, 각자의 숙소로 돌아갔다. 숙소는 초원 위에 지어진 몽골 전통의 이동식 가옥인 게르였다. 게르는 겉에서 보기에는 엉성한 천막 같지만, 그 안으로 들어서면 탄성을 자아낼 만큼 포근한 공간이었다. 바닥에는 동물의 털로 된 부드러운 카펫이 깔려 있고, 안락한 침대와 의자가 빙 둘러서 놓여 있었다. 그리고 중앙에 놓인 난로에서는 장작이 타고 있었다.

잠을 자는 게 아쉬웠다. 불이 꺼지고 사람들이 잠에 들면 혼자 게르를 빠져나왔다. 세상은 불빛 하나 없이 짙은 어둠에 잠겨 있었다. 하지만 조금도 무섭지 않았다. 쏟아질 듯한 별들 때문이었다. 어릴 적 동화책에서 읽었던 은하수라는 단어는 당연히 문학적인 표현일 거라고 생각했었다. 밤하늘에 별들의 강이라는 게 있을 리가 없지 않은가. 하지만 스물한 살이 되어서 나는 처음으로 은하수라는 단어가 의미하는 것이 무엇인지 정확히 알았다. 그건 사실이었다. 밤하늘에는 실제로 별들의 강이 있었다. 그것은 놀랍도록 선명하고 짙은 우윳빛이었고, 한쪽 하늘에서 시작해서 내 머리 위를 거쳐 반대편 하늘까지 거대하게 이어져 있었다.

이제 그만 살아도 되겠다고 생각한 건 바로 그때였다. 그 순간 너무나도 맑은 정신 속에서 나는 정확히 느낄 수 있었다. 지금 이 순간이 과거와 미래를 관통하는 나의 삶 전체를 통틀어 가장 행복한 순간임을. 그것은 시간의 한계를 초월한 느낌이었다. 잠시나마 인생 전체를 조망한 느낌. 아름다운 자연 속에 너무도 좋은 사람들과 이렇게 함께 있는 완벽한 순간은 다시는 반복되지 않을 것이다. 이것은 신이 준비해놓은 가장 완벽한 순간임을 선명하게 알 수 있었다.

그러니 더 살아간다는 건 무의미한 일이다. 무의미한 삶을 구차하게 끌고 간다는 것은 얼마나 부끄러운 일인가.

만약 다시 돌아갈 수 있다면, 그때의 순간으로 돌아가서 젊은 나를 만날 수 있다면, 이야기해보고 싶다. 그가 가진 생각과 기분과 세계관과 계획에 대해서 들어보고 싶다. 그리고 나는 단 한마디도 그를 가르치려들지 않을 것이다. 다만 고맙다고 이야기할 것이다. 나의 불완전한 삶 전체에서 잠시나마 충만함의 기억을 선물해준 순간이었으니까.

젊은 나의 생각은 옳았다. 그때 이후로 단 한 번도 완전함 혹은 충만함의 느낌을 가져본 적이 없다. 그리고 앞으로도 없을 것임을 안다. 왜냐하면 이제는 알기 때문이다. 완전함과 충만함이란 아이러니하게도 미숙함의 다른 표현이라는 것을 말이다. 현실에서 멀어질수록, 세계의 복잡성을 이해하지 못할수록 세상은 단순하고 명쾌하게 보인다. 문제는 세상을 그렇게 단순하게 파악할 때에만 우리가 행복할 수 있다는 사실이다.

그래서 어른이 된다는 것은 슬픈 일이다. 어른으로 성숙해간다는 것은 세계의 복잡성을 초연하게 받아들임을 의미한다. 세계의 복잡성을 받아들인다는 것은 우리가 완전함과 충만함의 허구성을 이해했음을 의미한다. 완전함과 충만함을 내려놓은 사람에게 행복은 없다.

우리는 선택해야 한다. 지금의 계단에 머무를지, 아니면 한 걸음 더 오를지. 니체는 여동생에게 보내는 편지에서 이렇게 충고한다.

"만약 네가 영혼의 평화와 행복을 원한다면, 믿어라. 다만 네가 진리의 사도가 되려 한다면, 질문하라."

니체의 비판

몽골에서 돌아온 뒤에도 여운은 이어졌다. 가을 학기가 시작되었다. 아침저녁으로 바람이 선선해졌다. 학생들의 소매는 길어졌다. 다만 나는 여름에 머물고 싶었다. 지금 이 상태로 영원하고 싶었다. 정의로운 젊은이로, 신의 품에 안긴 사람으로 남고자 했다.

하지만 머물고자 하는 마음과는 달리, 머릿속에는 질문들이 싹을 틔우고 있었다. 신에 대해 깊게 알고 싶은 마음에 책을 뒤적였다. 철학이나 과학 안에 해답이 있을지도 모른다고 생각했다. 결과적으로 철학과 과학은 나를 신으로부터 멀어지는 길로 인도했다. 종교와 믿음에 대해 회의가 들기 시작했다.

머릿속을 가득 채웠던 수많은 질문 중 나를 가장 괴롭힌 질문은 이것이다. "인간은 그렇게 수동적인 존재인가?"

내 삶이 구원받기 위해서는 오직 하느님과 그리스도에게 의지해야만 하는 것일까. 그렇다면 인간 삶의 구체적 현실은 무엇인가. 주체적인 도덕성, 자기 극복의 의지, 저항의 가치. 이 모든 것은 단지 인간이 자만한 결과일 뿐인 건가. 실제로 교회는 인간에게 강요한다. 순종과 인내와 복종을 말이다. 인간 의지의 가치는 그렇게 하찮은가. 인간은 다만 종으로서, 노예로서 태어난 것일 뿐인가.

니체는 그래서 그리스도교를 비판한다. 그리스도교적 사상이 서구의 문화를 병들게 했다고 진단한다. 니체에 따르면 그리스도교의 도덕성은 원한과 증오에서 출발한 노예의 도덕에 기반을 둔다. 니체의 얘기를 조금 더 들어보자.

니체는 그의 책《도덕의 계보》에서 두 가지 가치 체계를 비교한다. 그것은 고대 그리스인들의 가치 체계와 그리스도교의 가치 체계다. 우선 고대 그리스인들의 가치 체계부터 이야기해보자. 그들은 세상을 '좋음'과 '나쁨'이라는 가치로 구분했다. 쉽게 말해 그리스인들은 이렇게 생각한 것이다. 세상에는 좋은 사람과 나쁜 사람이 있다. 우선 좋은 사람들은 고귀하고 강하며 우월한 사람들이다. 이들은 주인이다. 다음으로 이에 대비되는 나쁜 사람들이 있다. 좋지 못한 사람들. 저속하고 비천하며 열등한 사람들이다. 이들은 노예다.

고대 그리스의 자유인들은 주인으로서 '좋음'을 추구했다. 그들에게는 다음과 같은 덕목이 요구되었다. 주체성, 강인함, 자유, 스스로의 주인이 되는 것. 하지만 노예에게는 이런 덕목이 필요 없다. 노예에게는 노예로서의 덕목이 요구되었다. 순종, 복종, 겸손, 절제. 그들은 노예답게 행동할 때가 도덕적인 것이다.

고대 그리스인들의 가치 체계를 알아보았으니, 이제 그리스도교의 가치 체계를 알아볼 차례다. 니체에 따르면 그리스도교의 가치 체계는 노예의 도덕에서부터 기인한다. 이에 대해 이해하기 위해서는 노예의 관점에서 출발할 필요가 있다. 노예는 지금 어떤 마음 상태일까? 그들은 증오심에 가득 차 있다. 약하고 무능력한 노예들은 현실적으로는 현재의 상황을 벗어날 수 없다. 그래서 대신 정신적인 측면에서 복수를 꿈꾸게 된다. 현실에서는 불가능하나, 상상 속에서는 모든 것을 전복시킬 수 있으니까. 그래서 그들은 인위적인 도덕 체계를 고안하게 된다.

노예들은 다음과 같은 문장을 상상해낸다. '주인은 악하다.' 이것이 그들의 도덕관의 시작이다. 이제 노예들의 머릿속에서 주인은 탐욕스럽고 음란하며 신을 거역하는 죄 많은 존재로 변신한다. 노예들의 원한은 여기서 멈추지 않는다. 악으로 규정된 주인으로부터 자기 자신의 정체성을 찾는다. 주인이 악이라면 노예인 자신은 무엇인가? 당연히 우리는 선이다. 이제 자신에게 강요되었던 덕목들의 가치는 변신한다. 나약함의 상징이었던 순종과 복종 그리고 겸손과 절제는 이제 선한 자의 덕목으로 그 가치가 상승하는 것이다.

가치는 전복된다. 주인의 '좋음'은 '악'으로, 노예의 '나쁨'은 '선'으로 뒤바뀐다.

이런 일은 실제 역사에서 발생했다. 고대 그리스 정신은 고대 로마로 이어졌다. 당시의 로마는 유럽사회의 점령자로서 주인이었다. 그들은 주인의 도덕을 가졌다. 광활한 세계 속에서 여러 민족을 지배하는 강하고 주체적인 존재가 되는 것이 그들이 추구하는 바였다.

반면 유다인들은 로마의 식민지 노예였다. 오랜 기간 노예 상태로 지배받았던 무력감은 결국 유다인들의 영혼 속에 지워지지 않는 원한과 증오를 남겼다. 그리고 그러한 원한과 증오는 형이상학적인 개념으로 정립되면서 새로운 도덕 체계로 탄생한다. 그것은 노예의 도덕, 원한과 증오의 도덕의 기원이다. 문제는 유다인의 가치 체계가 그리스도교로 이어졌다는 데 있다. 결과적으로 그리스도교가 유럽 전체로 퍼져나가면서, 노예의 도덕은 오늘날 유럽인의 도덕 체계로 자리 잡게 되었다.

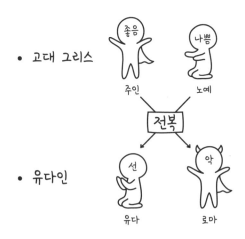

니체는 근대 유럽사회를 진단한다. 그리스도교는 유럽을 병들게 했다. 노예의 도덕, 원한과 증오의 도덕이 유럽인들을 잠식하고 있다. 신에 대한 순종, 복종, 겸손, 절제라는 도덕 가치의 본질은 건강하지 않다. 이제 인간은 초라하고 수동적이며 부정적인 존재가 되었다.

니체의 진단에 대한 당신의 생각은 어떤가? 니체의 평가가 과하다고 생각하는가? 그렇지는 않은 것 같다. 우리는 실제로 본다. 연단에 서서 사람들을 향해 순종과 복종을 말하고 겸손과 절제를 강조하는 사람들의 감춰지지 않은 분노를 말이다. 흥미롭게도 그들은 공통점이 있다. 그것은 그들이 무엇인가 거대한 것을 등에 업으려고 노력한다는 것이다. 신을 말하고, 애국을 말하고, 도덕과 올바름을 말하는 사람들.

우리는 의심해야 한다. 왜 그들이 지금 내 앞에서 신에 대한 순종을 말하는지, 왜 국가에 대한 복종을 말하는지, 왜 나에게 겸손하고 절제하는 도덕적인 삶을 살라고 강조하는지. 그러한 강요를 통해 도대체 자신은 무엇을 얻고 싶어 하는 것인지를 의심의 눈으로 직시해야 한다.

세 번째 계단 앞에서

대학을 졸업할 때까지 대부분 철학과 과학 서적을 읽으면서 보냈다.

특히 철학이 도움을 주었다. 다음 계단으로 올라서는 것이 결코 불경하지 않음을 다양한 근거를 통해 알려주었다. 그럼에도 나는 주저했다. 니체의 진단이 뼈저리게 정확해도, 철학과 과학의 근거가 인간의 주체성을 아무리 강력하게 논증해도, 용기가 나지 않았다.

왜냐하면 그것이 너무 날카로웠기 때문이다. 로쟈의 구원과 예수 그리스도의 삶을 받아들인 뒤 나에게 찾아온 영혼의 충만함에 상처가 나는 것이 괴로웠다. 당시 나는 다음 계단으로 올라서는 것이 이들을 버리거나 배반하는 것이라 생각했다.

다행스럽게도 부드러운 방법이 있었다. 논박을 통해서가 아니라 다른 세계를 담담하게 보여줌으로써 나로 하여금 다음 계단으로 오를 수 있도록 용기를 준 방법이 있었던 것이다. 그것은 붓다였다. 붓다는 타자에 의한 구원이 아닌, 스스로에 의한 깨달음이 가능하다는 걸 몸소 보여준다.

붓다라는 계단으로 나아가보자.

당시의 상황

붓다는 기원전 6세기에 히말라야 산기슭의 작은 나라 샤키야족의 왕자로 태어났다. 이름은 고타마 싯다르타. 여기서 고타마(Gotama)는 성이고, 싯다르타(Siddhrtha)는 이름이다. '자신의 목표를 성취한 자'라는 뜻이다.

그렇다면 붓다라는 명칭은 무엇인가? 붓다는 개인의 이름이 아니라 일반명사로, 깨달음을 얻은 자들을 통칭해서 부르는 말이다. 붓다는 석가모니라고도 부르는데, 이 말은 '샤키야족의 성자'라는 뜻이다.

붓다의 삶과 가르침을 이해하기 위해서는 당시 인도의 상황을 이해할 필요가 있다. 기원전 2500년 무렵까지 거슬러 올라가보자. 인도는 중앙의 데칸 고원을 중심으로 북서쪽에 인더스 강이, 북동쪽에 갠지스 강이 흐른다. 기원전 3000년에서 2000년 사이의 어느 때인가 아리안(Aryan)이라고 알려진 종족이 인더스 강 부근으로 내려왔다.

아리아인들은 펀자브 지방에 정착하여 '베다(Veda)'라는 문서를 작성했다. 베다란 신비한 언어인 산스크리트어로 '성스러운 전승' 혹은 '지식'이라는 뜻이다. 《베다》는 다양한 신들의 이야기를 담고 있는, 종교적이고 철학적인 문서다. 특히 신들에 대한 의례 행위의 절차가 기록되어 있는데, 이러한 의례 절차를 통해서 사람들은 신에게 자신의 소원을 들어달라고 청할 수 있었다.

의례를 통해서 신들을 움직일 수 있다는 생각은 자연스럽게 의례를 주관하는 사제들의 가치를 높여주었다. 사제들은 '브라흐마나(Brahmana)' 혹은 '바라문'이라고 불렸다. 인도 카스트 제도의 최고 지위인 브라만계급이 바로 이들이다.

시간이 지나면서 인더스 강 지역에는 《베다》의 전통이 강력하게 자리 잡았다. 동시에 윤회, 업, 해탈에 대한 《베다》의 관념도 인도인의 마음속에 깊이 안착했다. 반면 갠지스 강의 동쪽 지역은 그렇지 않았다. 《베다》의 영향이 이곳까지 강하게 전파되지는 않았다. 브라흐마나 사제들은 동쪽의 인도인들도 자신들의 종교를 믿기를 원했다. 하지만 동쪽 주민들은 이를 받아들이지 않았다. 반대로 사제들의 강요에 반발하는 다양한 스승들이 탄생했다. 이 스승들은 해탈에 이르는 새로운 길을 제시했고, 사람들의 지지를 받았다. 이들을 '슈라마나(Samana)' 혹은 '사문'이라고 부른다. 출가, 고행, 명상 등의 다양한 방법을 통해서 깨달음을 추구했던 이들이다.

정리해보자. 붓다가 활동하던 당시의 인도에는 두 종류의 사상이 대결하며 공존하고 있었다. 그것은 바라문과 사문이다. 붓다는 이들 사상의 일부를 수용하고 비판하는 방식으로 자신의 가르침을 전파했다.

어린 시절

기원전 6세기. 싯다르타가 태어났다. 아버지는 슈도다나, 어머니는 마야부인. 마야부인은 흰 코끼리가 품에 들어오는 꿈을 꾸고 임신을 했다. 출산이 가까워 당시 전통에 따라 친정으로 향하던 중에 룸비니 동산에서 싯다르타를 낳았다.

전설에 따르면 싯다르타는 태어난 직후 일곱 걸음을 걷고 '천상천하 유아독존 삼계개고 아당안지(天上天下 唯我獨尊 三界皆苦 我當安之)'라고 외쳤다고 한다. 여기서 일곱 걸음을 걸었다는 것은 불교에서 일반적으로 말하는 여섯 단계의 윤회를 뜻한다. 즉 한 걸음을 더 나아갔다는 것은 윤회의 고리를 끊었음을 상징한다. 이어서 그가 외친 말의 의미는 '하늘 위와 하늘 아래에 오직 나 홀로 존귀하다. 온 세상이 고통스러우니 내가 마땅히 이를 평안케 하리라'라는 뜻이다. 이에 대해서는 다양한 해석이 가능하다. 우선 붓다의 위대한 능력에 대한 자기 시인으로 볼 수 있다는 해석이다. 다음으로 여기서의 '나'가 의미하는 것이 싯다르타 자신이 아니라 일반명사로서의 각각의 나를 의미하는 것으로 봐야 한다는 해석이 있다. 각각의 개인이 소중하며, 그 고통을 끊을 수 있는 것은 오직 자기 자신 뿐이라는 것이다. 붓다의 생애와 그의 가르침을 참고하면 후자를 말한 것으로 보는 게 더 타당해 보인다.

싯다르타의 탄생을 축하하기 위해 귀한 손님이 찾아왔다. 그는 아시타라고 하는 성인으로, 오랜 기간 동안 히말라야에서 정진하고 있었다. 아시타는 아기의 얼굴을 보고 기쁨에 차서 이렇게 예언했다. "왕자님은 세속에 계시면 세계를 통일할 제왕이 되실 것이고, 세속을 떠나면 깨달음을 얻어 붓다가 되실 것이니 많은 이를 고통에서 구하실 것입니다." 예언을 마친 아시타는 갑자기 눈물을 흘렸다. 왕이 놀라 무슨 문제가 있는지를 물었다. 아시타는 이렇게 말했다. "왕자님이 성장하여 깨달음의 진리를 설하실 때, 저는 수명이 다하여 이 세상에 없을 것이 너무나 슬프기 때문입니다."

왕은 아시타의 이야기가 기뻤으나, 왕자가 자신의 뒤를 이어 왕이 되기를 바랐다. 그는 바라문들을 초청해서 아기의 장래를 예언해 달라고 부탁했다. 바라문들은 왕자가 자라서 네 가지를 보면 출가하게 될 것이라고 예언했다. 그 네 가지는 늙은 이, 병든 이, 죽은 이, 출가 수행자다. 왕은 왕자가 절대 이러한 모습을 보지 못하게 하겠다고 다짐했다.

그래서 싯다르타는 호화로운 궁궐에서 외부와 단절된 채 성장했다. 그 안에서 언어와 문학을 배우고, 육체를 단련하고, 전술을 배웠다. 그는 점차 지혜롭고 착한 아이로 자랐다. 싯다르타는 궁전 안의 안락함이 인간 삶의 전부라고 생각했다.

출가

어느 날 싯다르타는 하인 찬나를 데리고 궁 밖으로 몰래 빠져나왔다. 그리고 머리가 하얗게 새고 허리가 구부러진 채 지팡이를 손에 짚은 노인을 보게 되었다. 싯다르타는 찬나에게 이것이 무엇인지 물었다. 찬나는 모든 살아 있는 존재는 반드시 늙는다는 것을 알려주었다. 싯다르타는 충격을 받았다. 이어 싯다르타는 병든 사람과 죽은 사람을 화장하는 것을 보게 되었다. 그의 마음에 슬픔이 차올랐다. 사랑하는 아버지도, 자신도, 언젠가는 늙고 병들어 죽게 될 것이다. 싯다르타는 인간이 처한 생로병사의·운명 앞에서 깊은 슬픔에 빠졌다. 마지막으로 싯다르타는 떠돌아다니는 출가 수행자를 보게 되었다. 그는 헐벗었지만 얼굴은 평화로 가득했다. 싯다르타는 궁금했다. 그리고 점차 그러한 생활에 이끌렸다.

왕은 싯다르타의 슬픔과 우울을 눈치 챘다. 그래서 싯다르타가 16세가 되자, 현실에 정착할 수 있도록 아름다운 공주 야쇼다라와 혼인

시켰다. 얼마 후 둘 사이에서 아들이 태어났다. 싯다르타는 아들의 이름을 '라훌라'라고 지었다. 이 이름의 의미에 대해서는 다양한 해석이 있다. 널리 알려진 건 '발목을 잡는 자'라는 뜻이다. 출가를 고민하던 싯다르타가 아기 때문에 자신이 가정과 속세에 묶이게 되었음을 안타까워하며 붙인 이름이라는 것이다.

하지만 속세에 대한 미련은 싯다르타를 붙잡지 못했다. 29세가 된 싯다르타는 출가를 결심했다. 모두가 깊이 잠든 밤. 하인 찬나만 대동한 채 아끼는 말 칸타카를 타고 궁궐을 빠져나왔다. 성문을 빠져나오며 싯다르타는 맹세했다. '깨달음을 얻어 붓다가 되기 전에는 돌아오지 않겠다.' 동쪽으로, 동쪽으로 걸었다. 새벽이 되어 싯다르타는 찬나를 돌려보냈다. 찬나는 슬피 울었다. 싯다르타는 칼을 뽑아 자신의 머리카락을 잘랐다.

고행

싯다르타가 처음 찾아간 곳은 마가다 왕국이었다. 그곳에서는 다양한 형태의 혁신적 종교들이 성행 중이었다. 당시 인도에는 출가하여 수행하는 사람이 많았다. 마가다에는 이런 수행자들이 다양한 집단을 이루고 있었는데, 이들의 공동체를 '승가'라고 불렀다.

싯다르타는 스승을 찾는다. 그리고 알라라 칼라마와 우사카 라마

풋타에게서 가르침을 받기로 한다. 그들은 명상 혹은 선정을 통해서 해탈에 이를 수 있다고 사람들을 가르쳤다. 싯다르타는 그들의 가르침을 따랐다. 하지만 곧 이러한 수행방법으로는 궁극적인 깨달음에 이를 수 없을 것이라고 판단했다. 싯다르타는 떠난다.

싯다르타는 '가야'라는 지방으로 내려갔다. 훗날 이곳은 붓다가 깨닫게 되는 곳으로, 이를 기려 '붓다가야(Buddha Gayā)'라고 불리게 된다. 싯다르타는 강가에서 만난 다섯 명의 고행자들과 함께 생활했다. 고행자들은 육체를 고통스럽게 함으로써 정신의 자유를 얻으려는 수행자들이었다. 그들은 옷을 입지 않고, 편안한 모든 것을 멀리했다. 싯다르타도 고행에 동참했다. 바로 앉은 자세를 극단적으로 유지하거나 가시덤불에 누웠다. 먹는 것도 극도로 피했는데, 하루에 한 집에서 단 한 입 먹을 분량만을 얻는 것이 전부였다. 그것마저도 보름에 한 번 찾아가는 것으로 대신할 때도 많았다.

고행은 6년 간 지속되었다. 하지만 싯다르타는 깨달음에 이르지 못했다.

깨달음

결국 싯다르타는 강변에 쓰러졌다. 그의 몸은 뼈밖에 남지 않았다. 마을 사람들은 그를 먼지귀신이라고 불렀다. 정신을 차렸을 때 싯다르타는 생각했다. 고행으로는 깨달음에 이를 수 없다. 극도의 쾌락도, 반대로 극도의 고통도 깨달음에 이르는 길이 아니다. 싯다르타는 쾌락과 고통의 중도(中道)로서 자신만의 길을 가기로 한다.

마을에 사는 소녀가 우유죽을 공양했다. 싯다르타는 이미 고행을 끝내기로 결심했으므로 우유죽을 받아서 맛있게 먹었다. 그리고 강으로 내려가서 몸을 씻었다. 맑은 정신 속에서 그는 생각했다. 우유죽을 담았던 이 그릇을 물에 띄웠을 때, 그릇이 물을 거슬러 올라간다면 오늘 깨달음을 얻게 될 것이다. 그릇을 물에 던졌다. 그릇은 천천히 물살을 거슬러 올라갔다.

싯다르타는 적당한 크기의 보리수나무 아래 편안한 자리를 마련했다. 그리고 평온한 몸과 마음으로 깊은 명상에 들었다. 깨달음을 얻지 못하면 결코 이 자리에서 일어나지 않으리라. 그는 다짐했다.

깊은 선정에 들었을 때, 욕계의 왕 마라(Mara)가 찾아왔다. 마라는 세계를 다스리는 자로서 아름다운 외모의 세 딸이 있었다. 그들은 각각 탐욕, 성냄, 욕망을 의미한다. 마라는 세 딸을 보내어 싯다르타를 유혹하게 했다. 하지만 싯다르타는 조금의 흔들림도 없이 그들을 깨우쳐 물리쳤다. 이번에는 마라가 위협적인 군대를 보내어 싯다르타를 위협했다. 하지만 그 어떤 것도 싯다르타의 선정을 방해할 수 없었다. 마라는 떠났다.

싯다르타는 점점 더 깊은 선정에 들었다. 깨달음을 얻기 직전이 되었다. 싯다르타는 땅의 신들을 불렀다. 이제 곧 탄생할 붓다를 지켜보게 하기 위해서였다. 깨달음의 순간이 이른 것이다. 초저녁이 되었다. 싯다르타는 자신의 전생을 기억해내는 능력을 얻는다. 수천 번에 이르는 자신의 윤회 과정을 회상한다. 한밤중이 되었다. 이러한 윤회가 스스로 행한 선행과 악행이 업이 되어 발생하게 됨을 알게 된다. 그리고 새벽이 되었다. 사성제(四聖諦)를 깨닫는다.

사성제는 불교의 가장 근본이 되는 교리다. 고(苦), 집(集), 멸(滅), 도(道)라는 네 가지 진리로 구성되어 있다. 우선 '고'제는 고통을 말한다. 세상이 고통으로 가득함을 직관하는 것을 의미한다. '집'제는 집착을 말한다. 고통이 발생하는 원인이 집착과 욕망에 있다는 것이다. '멸'제는 소멸을 말한다. 집착을 멈춤으로써 고통을 없애는 깨달음의 목표를 의미한다. 마지막으로 '도'제는 이러한 깨달음에 이르기 위한 수행방법을 제시한 것으로, 구체적으로 팔정도(八正道)를 말한다.

> **사성제** : 고집멸도 (苦集滅道)
>
> **팔정도** : 정견 (正見), 정사유 (正思惟), 정어 (正語),
> 정업 (正業), 정명 (正命), 정정진 (正精進),
> 정념 (正念), 정정 (正定)

팔정도는 여덟 가지의 수행 방법인데, 세부 내용은 다음과 같다. 바르게 보고, 바르게 생각하고, 바르게 말하고, 바르게 행동하고, 바르게 생명을 유지하고, 바르게 노력하여 마음을 닦고, 바른 신념을 갖고, 바르게 정진하는 것이다.

사성제와 팔정도는 세계의 본질을 설명하고, 이를 극복하는 방안을 제시한 것으로, 석가 초기의 가르침인 초전법률(初轉法輪)에 속한다.

이렇게 보리수나무 아래에서 싯다르타는 드디어 스스로 눈뜬 자, 붓다가 되었다. 그의 나이 35세 때의 일이다. 붓다는 깨달음의 기쁨을 노래로 불렀다.

"집 지은 자를 찾아 여러 생을 달려왔지만 보지 못했네. 모든 것은 고통이었다. 집 짓는 자여. 이제 그대를 찾았네. 그대 다시는 집 짓지 못하리. 마룻대는 부서졌고, 서까래는 주저앉았다. 업은 멈추었다. 갈망과 집착은 부서져버렸다."

붓다는 고민한다. 그대로 열반에 이를 것인가, 아니면 세상에 나아가 깨달은 바를 전할 것인가. 스스로 깨닫지 못한다면 이러한 가르침을 이해할 수 있을지 회의적이었기 때문이다. 하지만 붓다는 사람들에 대한 연민으로 가르침을 전파하기로 결심한다.

가르침의 전파

붓다는 옛 스승이었던 칼라마와 라마풋타에게 가서 가르침을 전하려 했다. 하지만 그들은 이미 세상을 떠난 뒤였다. 그래서 붓다는 다섯 명의 고행자들을 찾아갔다. 고행자들은 붓다의 가르침을 받아들여 제자가 되었다.

그들에게 행한 첫 번째 설법 이후, 붓다는 45년 동안 인도 북동부 지역을 중심으로 가르침을 전파했다. 그의 가르침은 사후에 수많은 문서로 기록되어 지금까지 전해지고 있다. 붓다가 중생들에게 전달하고자 하는 바는 명확했다. 이것이 붓다의 궁극적인 가르침이다.

'어떤 죄도 짓지 말고 모든 선을 행할 것. 스스로 자신의 마음을 정화할 것.'

붓다는 우리에게 말한다. 세상과 자아에 대한 인식을 바꾸라고 말이다. 우리는 보통 고정된 세계관과 고정된 자아관을 가지고 있다. 세상이 영원할 것이라 믿고, 나의 영혼도 불변할 것이라 믿는다. 그런 믿음은 나로 하여금 세상에서 영원한 부를 쌓게 만들고, 내 영혼의 영원한 안식을 찾아 종교에 매달리게 만든다.

하지만 실제 세상과 자아는 그렇지 않다. 그것들은 끝없는 변화의 상태에 놓여 있다. 세상은 고정되지 않고 '무상(無常)'하다. 그리고 불변하는 영혼은 존재하지 않는다. 붓다는 '무아(無我)'를 말한다.

	믿음	진실
세계 :	항상함	– 무상
자아 :	영원한 영혼	– 무아

무상과 무아는 세계의 엄밀한 진실이다. 이러한 사실을 받아들이지 못할 때, 우리는 세계와 자아에 집착하게 되고 여기서 고통이 생겨난다. 변화하는 세계에 집착하는 것은 흐르는 강물을 움켜쥐려는 것처럼 슬픔을 낳는다. 세계와 자아의 끝없는 변화를 받아들일 때, 집착과 욕망은 소멸하고 고통은 사라진다. 윤회의 고리는 끊어지고 우리는 깨달음에 이를 것이다. 붓다는 이를 위해 부지런히 정진할 것을 당부한다.

열반

붓다 생애의 마지막 석 달은 《대반열반경》에 자세히 기록되어 있다. 오랜 기간의 가르침을 펼치고 붓다는 쿠시나라 지역을 향해 최후의 여정을 떠났다. 붓다의 상태는 위독했다. 제자들은 걱정했다. 그들은 파바라는 지역에 잠시 멈추었다. 그곳에는 붓다를 따르는 대장장이

춘다가 살고 있었다. 그의 망고나무 숲에서 붓다와 제자들은 머물렀다. 춘다는 훌륭한 요리로 그들을 대접했지만, 붓다는 그의 음식을 먹고 상태가 더욱 악화되었다.

여행 끝에 쿠시나라에 도착했을 때, 붓다는 매우 위독한 상태였다. 마지막임을 깨달은 붓다는 목욕을 했다. 제자들에게 사라나무 숲속에 누울 자리를 깔게 했다. 그곳에 바르게 누워, 붓다는 밤늦게까지 제자들에게 최후의 가르침을 전했다.

"자신이 자신의 등불이 되어라. 자신이 자신의 의지처가 되어라. 진리를 등불로 삼고, 진리를 의지처로 삼아라."

슬퍼하는 제자들에게 붓다는 마지막으로 이렇게 말했다.

"모든 생겨난 존재는 없어지게 되어 있다. 부지런히 정진에 힘써라."

이후 선정에 든 붓다는 그대로 완전한 열반에 이르렀다.

두가지 길

듣고 싶던 대답이었다. 구원이 반드시 타자에게 의존해야만 하는 것은 아니다. 신을 비롯한 그 어떤 무엇에도 의지하지 않는, 나 스스로에 의한 깨달음도 가능하다. 붓다의 가르침은 나로 하여금 사람을 향하게 했다. 보이지 않는 하늘 위 그 무엇인가를 좇는 일은 그만두고, 자신의 내면에 주목하게 했다.

나는 종교적 구원에 이르는 두 가지의 길이 있음을 배웠다. 첫 번째 길은 그리스도와 함께 걷는 길이다. 두 번째 길은 붓다를 뒤에 두고 홀로 걸어가는 길이다. 묻고 싶다. 당신은 어떤 길이 더 마음에 드는가? 나는 두 가지 길이 모두 마음에 들었다. 두 방법 모두를 간직하기로 했다.

물론 이런 대답은 어떤 사람들을 화나게 할 수 있다. 평생 하나의 관점이 옳다고 믿어온 사람에게 이런 불분명한 선택은 불경하게 보일 수 있다. 하지만 반대로 이렇게 묻고 싶다. 왜 하나의 길을 고집스럽게 걸어가야 하는가? 왜 하나의 길을 선택하는 것을 서둘러야 하는 것인가? 물론 세상에는 제한된 시간 내에 빠르게 결정해야 하는 문제도 존재한다. 하지만 아무리 곰곰이 생각해봐도 이건 그런 종류의 문제가 아니다.

모든 결정의 권한은 나에게, 사람에게 있다. 심지어 구원에 이르는 길을 선택하는 것까지도 말이다. 붓다를 통해 나는 신이 아니라 사람에 대해서 생각하게 되었다. 주체적이고 의지적인 존재로서 건강한 인간에 대해서. 그리고 인간에 대한 관심은 자연스럽게 철학에 대한 관심으로 이어졌다.

나는 다음 계단을 오를 준비를 마쳤다.

세 번째 계단, 불교

네 번째 계단,
철학

차라투스트라는 이렇게 말했다

'구원에 이르는 두 가지 길'이라는 주제는 나를 사로잡았다. 예수라는 '정'과 붓다라는 '반'은 나의 내면에서 구원이라는 주제로 종합되었다. 세상이 명확해졌다고 생각했다. 하지만 그런 기대가 무너지는 데는 오랜 시간이 걸리지 않았다.

$$\text{종교} - \text{철학}$$
$$\text{예수} \uparrow \text{붓다}$$

철학은 내가 보지 못한 절반의 세계가 있음을 알려주었다. 그것은 구원의 문제에 집중하느라 외면해왔던 구체적인 '현실'과 실존하는 '인간'의 존재였다. 특히 니체의 도움이 컸다. 근대 서구의 철학, 종교, 도덕의 해체라는 니체의 작업은 형이상학적 세계를 둥둥 떠다니던 나의 머리채를 잡아 대지에 뿌리 내리게 했다.

동해 여행

혼자 여행을 다녀와야겠다는 생각이 들었다. 여름방학의 무덥던 어느 날이었다. 시간은 한낮을 넘기고 있었다. 오랜만에 찾아온 맑은 정신이었다. 며칠 째 방에 누워 더위를 견디고 있었던 것이다. 머릿속은 구원에 대한 생각으로 가득했다. 인간은 어떻게 구원에 이르는가. 나는 구원의 조건을 충족했는가. 예수 그리스도와 붓다 그리고 로쟈를 생각했다.

그러다 밑도 끝도 없이 이런 생각이 들었다. 여행을 떠나야겠다. 내면의 고민으로 침잠하기에 나는 너무도 젊고 건강하니까. 그대로 일어나서 가방을 가져왔다. 가벼운 옷가지를 챙겼다. 몽골에서 사용했던 챙이 넓은 모자를 썼다. 이 모자는 영화《인디아나 존스》의 주인공이 쓴 모자와 비슷했는데, 왜인지는 기억나지 않지만 나는 이 모자를 무척이나 아꼈다. 그리고 혹시나 하는 마음에 책도 하나 챙겼다. 심심할 수도 있으니까. 대학 수업의 부교재로 사용하던 책이다.

그렇게 뜬금없이 출가가 결정되었다. 머릿속이 맑아지면 돌아오겠다. 서울역으로 향하는 지하철에 앉아서 나는 그렇게 다짐했다. 그러자 걱정이 밀려왔다. 영원히 머릿속이 정리되지 않으면 어쩌나. 그렇다면 나는 이렇게 영원히 떠돌게 되는 것은 아닌가. 지하철에 앉아 인디아나 존스 모자를 쓴 청년은 그렇게 혼자 진지한 마음으로 서울역에 도착했다.

뭐부터 해야 할지 엄두가 나지 않았다. 편의점에서 삼천 원을 주고 지도를 하나 샀다. 색색으로 지역이 구분되어 있는 전국 지도였다. 무작정 지도를 훑었다. 어디를 가볼까. 그러다 '동해'라는 지명이 눈에 들어왔다. 특히 초록색으로 칠해져 있는 것이 마음에 들었다.

"동해로 간다."

발권을 위해 창구로 갔다. 동해역으로 가는 표를 달라고 했다. 서울역에서는 동해로 가지 않는다는 말을 들었다. 처음에는 그게 무슨 말인지 이해하지 못했다. 대학생이 될 때까지 기차표도 혼자 끊어본 적이 없었던 것이다. 역무원의 안내에 따라 다시 청량리역으로 가는 지하철을 탔다. 잠시 후 나는 동해역으로 가는 기차에 앉아 있었다. 아무 준비도 하지 않았지만, 아무 걱정도 없었다. 차창 밖으로 노을이 질 무렵에는 노래를 흥얼거릴 정도였다.

동해역에 도착했을 때는 이미 밤이었다. 그곳은 내가 상상하던 곳이 아니었다. 막연히 바다와 해안선이 펼쳐진 대자연의 풍경을 생각했다. 그러나 막상 와보니 공장지대에 도착한 느낌이었다. 실제로 큰 굴뚝을 가진 공장들이 있었고 넓은 도로는 잘 정비되어 있었으며,

돌아다니는 사람은 아무도 없었다. 우선 오늘 밤을 보낼 곳을 찾아야 한다. 당시 나는 숙박시설에 대한 개념이 없었다. 뭘 어떻게 해야 하나. 정처 없이 걸었다. 기찻길을 따라 걷다가 '감추사(甘湫寺) 00미터'라고 적힌 표지판을 발견했다. 화살표를 따라 좁은 산길로 들어섰다.

작은 절의 입구가 나타났다. 문을 두드렸다. 뭐라고 말을 해야 하나. 잠시 후 문이 열리고, 흐릿한 불빛 아래 얼굴은 구분되지 않지만 조폭과 같은 실루엣을 가진, 순간적으로 잘못 왔다는 판단을 하게 만드는 덩치 큰 남성이 나타났다. 지금은 정확히 기억이 나지 않는데, 그렇게 한동안 서서 논쟁을 했던 것 같다. 하루만 재워 달라. 여긴 그런 곳이 아니다. 이 정도의 이야기가 반복됐다.

이제 와서 생각해보면, 자기 소개를 듣지는 못했지만 주지스님이셨던 것 같다. 그분이 안내해준 곳은 암벽을 파서 만든 작은 방이었다. 허리를 구부리고 들어가서 누우면 머리부터 발끝까지가 딱 맞는 정말 작은 공간이었다. 어린 스님들이 공부하시던 방이라고 했다. 시간이 늦기도 했고 경황도 없어서, 나는 바로 자리에 누웠다.

얼마나 누워 있었을까. 잠이 오지 않았다. 불현듯 생각이 들었다. 이렇게 낯선 공간에 나는 혼자 와 있는 것이구나. 가슴이 뛰었다. 그리고 알게 되었다. 멀리서 파도 소리가 들리고 있었음을. 나는 관 속같이 평온한 작은 방에 누워 눈을 감고 멀리서 들려오는 파도 소리에 오래도록 귀를 기울였다.

새벽의 푸른 빛 속에 드러나는 감추사는 놀랍도록 아름다운 곳이었다. 지난밤에 이런 곳에서 밤을 보냈다는 것이 믿기지 않았다. 푸르른 바다, 그 바다와 맞닿은 낮은 암벽, 그 위에 감추사는 소박하게 올라앉아 있었다. 아침을 먹고 가라는 말씀에 부엌과 맞닿은 마루에 그대로 앉았다. 주지스님이라고 의심되는 조폭 같은 외모의 남성과 도대체 누구인지 알 수 없는 여성과 작은 상에 둘러 앉아 함께 아침을 먹었다. 호박이 들어 있는 된장찌개와 호박전 그리고 나물 반찬.

감사하다는 말도 제대로 못하고 감추사를 나섰다. 아침식사 후에는 어디 계신지 도통 보이지 않았기 때문이다. 지난밤에 걸어 올랐던 산길을 천천히 내려갔다.

철학에 대한 관심

잠은 절이나 교회의 문을 두드려서 해결했다. 거절당하기 일쑤였지만, 다행히도 받아주는 곳이 있었다. 동해시를 중심으로 돌아다녔다. 목적지 없는 여행은 마음을 가볍게 했다. 해변이나 계곡이나 편해 보이는 자리가 있으면 그대로 앉아 시간을 보냈다. 끝없이 밀려오는 파도, 시간에 따라 변해가는 하늘 빛깔, 바람에 따라 몸을 흔드는 나뭇잎을 천천히 주시했다.

그리고 사람들을 구경했다. 항구에 정박한 어선을 손질하는 중년의 남성들과 생선을 널어놓고 손님을 부르는 할머니들을 보았다. 울창한 숲길을 걸어가는 종아리와 계곡 물로 땀이 닦이는 건강한 목덜미를 보았다. 고요히 예불을 들이는 거친 손등을 보았고, 예배당에 앉아 내면으로 침잠해가는 얼굴의 깊은 주름을 보았다.

오래 앉아 있었다는 생각이 들면, 가방에서 책을 꺼내 읽었다. 니체의 '차라투스트라는 이렇게 말했다'라는 책이었다. 직전 학기에 수강했던 철학 수업의 부교재였다. 왜 하필 이 책을 집어 왔는지는 기억나지 않는다. 다만 그 무렵이 철학을 전공하기로 결심한 시점이었다. 《차라투스트라는 이렇게 말했다》뿐만 아니라 거의 모든 철학 책은 무엇을 말하는지 도통 이해할 수가 없었다. 그런데도 철학과 관련된 책들을 꾸역꾸역 읽어갔다. 기대 때문이었다. 당시 나에게 철학이라는 분야는 막연하고 손에 잡히지 않는 미지의 대상이었지만, 그럼에도 그 속에는 진리가 숨어 있을 것만 같았다.

그렇게도 가고 싶었던 국문과였으나, 나는 수업에 적응하지 못했다. 대학과는 점점 멀어지고 주변부만 맴돌았다. 내가 적응하지 못한 책임은 온전히 나에게 있었다. 내가 국문과를 선택했던 이유는 문학 때문이었다. 문학만이 내 삶을 구원할 것이다. 문학을 하기 위해서는 국문과에 가야만 한다. 이것이 내 선택의 논리적 흐름이었다. 그런데 실제 국문과는 그런 곳이 아니었다. 문법의 구조, 국어의 변천 과정

등 언어에 대한 전반적인 공부를 하는 곳이었던 것이다. 문학 수업이 없었던 것은 아니지만, 수업의 비중도 작을 뿐 아니라 수업을 들을수록 반발심만 커져갔다. 왜냐하면 문학은 해석의 다양성을 추구하는 학문이었기 때문이다. 스스로는 인지하지 못했지만, 당시의 나는 하나의 단일하고 보편적인 진리를 찾고 있었다.

대학 수업을 포기할 뻔했던 나를 구한 건, 우연히 청강한 철학 수업이었다. 철학 수업은 놀랍고 재미있었다. 그것은 세계가 해체되고 재구성되는 존재론적인 재미였다. 수업을 듣고 강의실을 나설 때마다 기존에 내가 알던 세계는 철저히 무너지고 새로운 질서를 토대로 재구성되었다.

철학을 전공하기로 결심하게 된 상징적인 사건이 있었다. 국문과의 문학 비평 시간의 일이었다. 교수님이 들어오셨고, 수업이 시작되었다. 교수님은 담담하게 주의사항을 전달하셨다. "여러분, 문학에 정답이란 없습니다. 하지만 치열하게 토론해봅시다."

나는 당혹스러웠다. 어떻게 정답이 없는데 열띤 토론을 할 수 있다는 말인가? 무엇인가 옳은 견해가 존재하고 그른 견해가 존재해야 주장과 반박이 가능한 게 아닌가? 내가 수업 내내 이런 생각에 빠져 있을 때에도 다른 학생들은 열심히 자신의 생각을 발표하고 토론을 이어갔다. 자신이 느낀 점과 이해한 방식에 대해 분명하고 자신 있게 발표를 했다. 나는 참을 수가 없었다.

며칠 후 철학과 수업이 있었다. 교수님이 들어오셨고, 수업이 시작되었다. 교수님이 주의사항을 말씀하셨다. 그리고 나는 정신이 번쩍 들었다. 그때 철학을 전공해야겠다고 다짐했다. "우리가 아무리 토론을 해도 진리에 도달하지 못할 수도 있습니다. 하지만 그렇다고 진리가 없는 것은 아닙니다."

물론 지금의 나에게 이렇게 묻는다면, 아직도 세상에 보편적이고 절대적인 단일한 진리가 존재한다고 믿는지를 묻는다면, 나는 그렇다고 이야기하지 못할 것이다. 이제는 안다. 인간의 삶의 형태는 보편적 진리라는 이름으로 단순화하기에 너무도 구체적이라는 것을. 그러므로 삶의 다양성과 해석의 주관성을 받아들여야 한다는 것을 말이다.

하지만 아쉽지 않은가. 이제 배움을 시작한 가슴 뜨거운 청년들이 오랜 시간 연륜을 쌓은 어른들처럼 세상에 정답이나 진리가 없다고 달관한 듯 이야기하는 것이 말이다. '살다 보니 보편적 진리는 없었다'라고 선언할 기회는 청년들에게 너무나 많이 남아 있다.

동해 여행은 일주일을 넘겼다. 계곡의 그늘에 앉아 《차라투스트라는 이렇게 말했다》의 마지막 페이지를 덮었다. 머릿속이 정리된 건 아니었다. 하지만 사람이 너무 그리웠다. 나는 돌아가기로 했다.

네 번째 계단

여행을 통해 내가 보고 배운 건, 현실을 살아가는 사람들의 구체적인 삶이었다. 감추사에는 붓다가 아니라 주지스님이 있었고, 교회에는 신이 아니라 신자들이 있었으며, 시장에는 상품이 아니라 사람들이 있었다. 세상은 형이상학적인 무엇인가로 채워져 있는 공간이 아니라, 처음부터 구체적인 삶으로 가득했다. 나는 그 자명하고 단순한 진실을 보지 못하고 있었던 것이다.

눈을 뜨고 있어도 보지 못하는 사람이 있다. 현실에 발붙이고 있으면서도 현실을 살아가지 못하고 현실 너머의 그 무엇에 정신을 쏟는 사람이 있다. 혹시 내가 그런 사람은 아니었을까. 여행을 마치고 돌아왔을 때, 나는 처음으로 눈을 떴다. 그리고 내가 지금까지 대지 위에 발을 딛고 있었음을 깨달았다.

이런 생각에 불을 붙인 책이 《차라투스트라는 이렇게 말했다》였다. 비유와 상징으로 가득한 니체의 이 책은, 단적으로 말해서 잃어버린 절반의 세계에 대한 책이라고 할 수 있다. 서구 역사 2000년 동안 철저하게 배제되고 잊혔던 절반의 세계. 현실과 신체라는 구체적 세계를 복원해내는 것이 니체의 계획이었다. 니체는 차라투스트라의 입을 통해 우리에게 말한다. 플라톤주의의 형이상학적 이원론을 극복하고 건강한 정신과 육체로 돌아올 때, 우리는 인간을 극복한 초인이 될 것이다.

낯설고 불편한 니체의 이야기에 귀 기울여보자. 여기서는《차라투스트라는 이렇게 말했다》를 이해하기 위한 두 가지 측면을 다뤄보려고 한다. 그것은 '역사적 배경'과 '주요 개념'이다. 우선 역사적 배경을 알아본다. 일반적으로 니체는 근대를 마무리하고 현대라는 새로운 시대를 여는 데 중요한 역할을 한 철학자로 평가받는다. 니체가 해체하고자 했던 근대의 본질은 무엇인지 그리고 현대라는 새로운 시대의 특징이 무엇인지를 확인한다.

다음으로는 주요 개념들을 알아본다. 특히 니체 철학의 주요 개념 중에서《차라투스트라는 이렇게 말했다》와 깊은 관계가 있는 세 가지 개념, 즉 '신의 죽음', '초인', '영원회귀'에 대해서 확인해본다. 이러한 과정은 접근하기 어려운 책인《차라투스트라는 이렇게 말했다》에 한걸음 다가가게 할 것이다. 그리고 이를 통해 우리는 하나의 계단을 더 오르게 될 것이다.

서구 역사의 변화

실제로 읽어봤나 모르겠다. 안 읽힌다. 걱정할 거 없다. 원래 안 읽히는 책이다. 니체가《차라투스트라는 이렇게 말했다》의 3부를 마무리했을 무렵, 그의 친구 하인리히 폰 슈타인이 찾아온다. 그리고 책의 내용을 한마디도 이해하지 못했다고 말한다. 니체도 인정한다. 그리고 이렇게 말한다. 이 책의 여섯 문장을 이해했다는 것은 이미 이 책을 온 몸으로 체험한 것과 같다.

총 4부로 구성된 이 책이 독해하기 어려운 이유는 시적인 비유와 상징 그리고 선언적인 명제들로 서술되어 있기 때문이다. 주인공 차라투스트라가 등장하지만, 소설보다는 산문시에 가깝다. 이러한 형식적인 특성 이외에도 이 책에 접근하기 어려운 근본적인 이유가 두 가지 있다.

첫 번째는 니체의 작업이 서양 철학의 흐름 속에 있기 때문이다. 니체는 당시까지의 유럽 사상에 대한 반발과 해체를 자기 철학의 기반으로 삼았다. 따라서 니체를 이해하려면 그가 무엇에 반발했고 무엇을 해체했는지 알아야만 하고, 이를 위해서는 앞서 존재했던 서양 철학 전반에 대한 대략적인 선이해가 필요하다. 그러니 동양의 우리가 니체의 철학을 낯설게 느끼는 것은 어쩌면 당연한 일이다.

두 번째는 《차라투스트라는 이렇게 말했다》가 니체 철학의 입문서라기보다는 완성에 가깝기 때문이다. 니체는 이 책을 오랜만에 찾아온 맑은 정신 속에서 집필했고, 자신의 결과물에 대단히 만족했다. 스스로 이 책을 '인류에게 주어진 가장 큰 선물'이라고 평가하거나 '제5의 복음서'라고 칭찬할 정도였다. 이런 기쁨에 도취되어 니체는 자신의 철학 전체를 체계화하는 궁극적인 저서를 집필하려고 마음먹었다. 하지만 결국 이 기획은 실현되지 못했다. 이로 인해서《차라투스트라는 이렇게 말했다》가 그의 성숙한 후기 철학을 대표하는 저서가 된 것이다. 따라서 니체의 철학에 입문하기 위해서《차라투스트라는 이렇게 말했다》를 읽는 것은 괜찮은 방법이 아니다. 괜찮은 니체 입문서를 우선 보거나, 니체의 다른 책인《이 사람을 보라》를 먼저 읽는 것을 추천한다.《이 사람을 보라》는 니체가 직접 자신의 저서들에 대해 설명한 그나마 친절한 책이다.

아니면 지금부터의 이야기를 잘 따라오는 것도 좋겠다.

프리드리히 빌헬름 니체는 독일 작센 지방의 뢰켄에서 1844년에 태어나 1900년에 죽었다. 그가 1900년, 즉 19세기의 마지막 해에 죽었다는 사실은 매우 상징적이다. 왜냐하면 그는 근대의 문을 닫고 현대의 문을 열어젖힌 사상가이기 때문이다. 일반적으로 마르크스, 프로이트, 니체를 묶어서 현대 사상의 출발점으로 평가한다. 그것은 이들이 공통적으로 근대를 장악하고 있었던 합리주의를 극복했기 때문이다. 인간의 이성을 강조한 합리주의는 근대의 전형적인 특징이다.

여기서 잠시 인류 역사의 각 시대가 갖는 특징들을 살펴보자. 인류 역사는 보통 고대, 중세, 근대, 현대로 구분한다. 구분의 기준은 무엇인가? 그것은 당시 사람들이 가졌던 '진리'에 대한 관점이다. 당시 사람들이 무엇을 믿고 어떤 세계관을 공유했는지가 시대를 구분하는 기준이 된다.

〈서구 역사의 변화〉

진리 = 신화 유일신 이성 반이성
(고대 중세 근대 현대)

　구체적으로 서구의 역사는 진리관에 따라 다음과 같이 변화했다. 고대는 기원전 5세기부터 기원후 4세기까지다. 이때의 사람들이 공유하던 세계관으로서의 진리는 '신화'였다. 고대 그리스인과 로마인은 실제로 그리스의 신들과 함께 살았다. 현대인에게 신화는 단지 문학일 뿐이지만, 당시의 그리스인에게 그것은 엄연한 사실이었다.

　다음으로 중세가 되면 진리의 기준은 신화에서 '유일신'으로 바뀐다. 아브라함 계열 종교의 신인 야훼, 여호와, 알라, 하느님이 진리의 자리를 차지한다. 중세는 기원후 4세기부터 대략 14세기 혹은 17세기 무렵까지 이어진다.

　이러한 중세의 세계관은 현대인들에게도 익숙하다. 오늘날에도 그리스도교와 이슬람교, 유대교의 유일신을 믿는 사람들은 전 세계 인구의 50퍼센트를 넘는다.

　중세가 끝나고 근대가 되면 과학과 기술의 발전이라는 가시적인 성과로 진리의 기준은 인간의 '이성'으로 대체된다. 특히 인간 이성의 합리성에 대한 무한한 신뢰가 사회를 장악한다. 근대인들은 과학과 기술로 사회가 진보할 것이고, 세계는 현실의 문제점들을 합리적으로 해결해가면서 더 나은 세계로 나아갈 것이라고 믿었다.

이러한 근대 합리주의 세계관 역시 우리에게 익숙하다. 오늘날 대다수의 사람들이 옳고 그름을 판별할 때 가장 신뢰하는 것은 과학적 방법, 기술적 성과, 수학적 통계다. 오늘날에는 종교를 가진 사람이라 할지라도 과학의 성과에 의심을 갖지 않는다.

근대는 17세기부터 시작하여 20세기 중반에 이르는 시대를 말한다. 특히 제2차 세계대전이 종식되는 1945년까지를 일반적으로 근대로 구분한다. 그런데 조금 이상하지 않은가? 시기적으로 근대가 끝난 21세기에도 대부분의 사람들은 과학적 성과가 진리에 가장 가깝다고 믿고 있지 않은가? 맞는 말이다. 그래서 시대적으로는 현대에 들어섰지만, 우리는 근대에 산다. 근대 합리주의가 드리운 거대한 그림자가 여전히 우리의 발밑까지 드리워져 있는 것이다.

그렇다고 오늘날 신을 믿거나 과학을 신뢰하는 것이 반드시 잘못된 것은 아니다. 시기적으로 오래된 진리관은 이미 거짓으로 규정되었기 때문에 부끄러운 것이고 최신의 진리관은 가장 진보했으므로 자랑스러운 것이 아니다. 진리에 대한 관점은 변화해가는 것일 뿐, 무엇이 옳고 그른지는 단정하기 어렵다. 현대인도 신앙을 가질 수 있고 과학과 기술의 발전을 신뢰할 수 있다.

그렇다면 현대는 어떤 세계인가? 고대의 신화, 중세의 유일신, 근

141

대의 이성, 그 다음에 올 진리의 기준은 무엇인가? 답부터 말하면 아쉽게도 그런 것은 없다. 세계대전과 함께 근대가 마무리되며 인류는 깨달았다. 종교나 이성과 같은 단일한 진리에 대한 믿음이 인류를 파멸의 길로 이끈다는 것을 말이다. 그래서 현대는 새로운 진리의 기준을 세우는 대신, 지금까지 우리가 진리라고 믿었던 기준들의 폭력성을 드러내는 데 몰두한다. 현대는 근대의 이성중심주의에 반대하며 '반이성'을 주장하고, 근대의 합리주의에 저항하며 '비합리성'을 추구하고, 근대를 벗어났다는 의미에서 '탈근대성'을 말한다.

여기서 알아두면 편리한 개념이 있어서 잠시 정리하고 넘어가려고 한다. 앞으로 철학 서적을 읽을 계획이라면 매우 유용할 것이다. 그것은 바로 '근대성'과 '탈근대성'이라는 개념이다. 서양의 사상과 관련된 책들이 잘 안 읽히는 이유 중 하나는, 저자들이 이 정도는 독자가 구분할 거라고 생각하고 어휘를 혼용해서 사용하기 때문이다. 근대성과 탈근대성도 마찬가지다. 정리해보자.

우선 '근대성'은 근대 시대의 이념적 특성을 말한다. 누군가 '근대'라는 용어를 사용했다면, 그것은 객관적인 하나의 시대를 말한다기보다는 근대성을 염두에 두고 말한 것이라고 생각해야 한다. 근대성은 구체적으로 이성과 합리성을 기반으로 한다. 그리고 이성과 합리성에 대한 믿음은 사람들에게 다음과 같은 것을 신뢰하도록 만들었다. 발전, 진보, 성장, 과학, 기술. 이러한 개념들은 근대라는 단어와 혼용된다.

근대 : (근대성) – 이성, 중심, 발전, 진보, 성장

현대 : (탈근대성) – 반이성, 탈중심, 해체

다음으로 '탈근대성'은 현대의 이념적 특성을 말한다. 탈근대성은 근대성과 대비된다. 쉽게 말해서 근대의 이성중심주의에 대한 반대, 합리주의에 대한 저항과 벗어남을 의미한다. 그래서 현대를 대표하는 개념은 다음과 같다. 반이성, 탈중심, 해체, 다원성. 이러한 개념들은 탈근대라는 단어와 혼용된다.

서구 역사에서 니체의 위치

그렇다면 서구 역사에서 니체는 어디에 위치하는가? 바로 다음 그림과 같다. 니체는 근대의 끝과 현대의 시작 그 사이에 있다. 실제로 탈근대성의 탄생은 니체에게 많은 빚을 지고 있다.

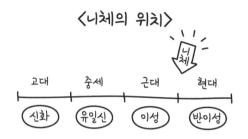

<니체의 위치>

니체

고대　　중세　　근대　　현대

신화　　유일신　　이성　　반이성

　니체는 자신과 동시대를 살고 있는 근대의 유럽인들이 병들었다고 진단했다. 병명은 나약함과 왜소함이다. 그에 따르면 중세와 근대의 2천년을 지나오면서 유럽의 문화와 사상은 타락했고 퇴폐했다. 그리고 결론적으로 그러한 질병을 가져온 직접적인 요인은 바로 그리스도교와 이성중심주의다.

　이러한 과격한 진단 때문일까? 니체의 주장과 사상은 불편하고 마음에 와 닿지 않는다. 도덕적인 그리스도교와 주체적인 이성중심주의가 도대체 왜 문제란 말인가? 혹시 니체는 부패한 그리스도교나 이성중심주의 부정적 측면을 비판하는 것인가? 그렇다면 납득할 수도 있을 것 같다. 하지만 그렇지 않다. 니체가 비판하는 것은 그리스도교와 이성중심주의 그 자체다. 보통 사람들의 눈에는 이상적으로 보이는 이 두 가지 요인이 인류를 타락하게 만들었다는 것이다.

　그렇다면 그 근거는 무엇일까? 우선 니체는 그리스도교와 이성중심주의가 사실은 본질적으로 동일함을 밝힌다. 그 본질이란 '플라톤주의'다. 플라톤주의의 가장 큰 특징은 두 가지다. 첫째는 세상을 둘로 나누기. 둘째는 둘로 나뉜 세계 중에서 형이상학적 세계를 강조하기. 실제로 고대 그리스의 철학자 플라톤은 세계를 양분한다. 그것은 이데아라는 개념으로 우리에게 잘 알려져 있다. 플라톤은 우선 근본적인 세계인 이데아의 공간을 상정한다. 다음으로 이데아의 모방이자 그림자인 현상세계를 분리해낸다. 이데아의 세계는 본질로서 불변하고 영원하며 모든 것의 원인이 되는 실체다. 반면 우리가 존재하는 현상세계는 변화하고 유한한 부수적인 결과물일 뿐이다.

플라톤은 세계를 둘로 구분하는 것에서 멈추지 않는다. 이분법의 문제는 필연적으로 구분된 두 항 중에 하나의 항은 가치를 갖고, 나머지 항은 가치를 갖지 않는다는 데 있다. 실제로 플라톤에게 가치 있는 세계는 초월적인 이데아의 세계였다. 구체적인 현상세계는 무질서하고 변화하는 임의적인 세계일 뿐이다.

니체는 이 지점을 공격한다. 플라톤주의의 형이상학적 이분법이 서구 사상의 주류가 된 것이 문제라는 것이다. 니체에게 그리스도교는 대중화된 플라톤주의에 다름 아니다. 천국과 인간 세계의 이분법적 구분의 토대는 이데아와 현상세계의 구분을 정확하게 반영한다. 천국은 유일하게 가치를 갖는 본질적 공간이 되었지만, 현상세계는 원죄와 타락으로 가득한 가치 없는 공간이 되었다.

근대 이성중심주의도 마찬가지다. 근대적 정신의 시작은 르네상

스였고, 르네상스는 고대 그리스 정신의 부활이었다. 특히 근대에 이르러 플라톤은 서양 철학의 중심으로 자리 잡는다. 그래서 근대는 인간의 이성과 합리성만이 강조되었다. 반대로 이성적이지 않은 모든 것은 배제되고 억압되었다. 감정, 욕망, 신체, 현실, 여성, 동양은 반이성적인 것들로 평가 절하되었다. 그리고 이러한 존재는 이성적인 존재의 상징인 남성, 서양의 지배를 받는 것이 당연시되었다.

정리해보자. 무엇이 문제인가? 플라톤주의가 절반의 세계를 억압한 것이 문제다. 현실에 존재하지 않는 형이상학적 이념, 사유, 종교, 도덕만을 추구한 나머지 구체적인 현실을 망각한 것이다. 다시 말해서 인간은 하늘의 가치만을 추구하다가 대지를 더럽히고 말았다.

더 이상은 안 된다. 건강하고 생명력 넘치는 새로운 시대정신이 필요하다. 니체는 근대를 끝내려고 한다. 플라톤주의를, 그리스도교를, 이성중심주의를, 형이상학적 이분법을 끝내려는 것이다. 그래서 니체는 이렇게 선언한다. "신은 죽었다."

주요 개념 1 : 신의 죽음

차라투스트라는 실존했던 인물이다. 기원전 6세기 무렵에 고대 페르시아에서 조로아스터교를 창시한 예언가다. 영어로는 조로아스터

(Zoroaster), 독일어로 차라투스트라(Zarathustra)가 된다. 조로아스터교는 유일신 '아후라 마즈다'를 믿는 종교로, 선악 이원론을 기본 세계관으로 한다. 즉 선과 악의 기원은 아후라 마즈다의 두 가지 속성을 반영한다는 것이다. 그래서 사실 서구사상의 이원론을 비판한 니체가 차라투스트라를 주인공으로 내세운 것은 아이러니하다. 실존하는 인물이 아니라 현자의 대명사로서 차라투스트라를 불러왔다고 보는 것이 맞겠다.

《차라투스트라는 이렇게 말했다》는 서른이 된 차라투스트라가 고향의 호수를 떠나 산으로 들어가는 장면에서부터 시작한다. 동굴에서 십 년의 세월 동안 정신적 수양과 고독을 즐기며 깨달음을 추구했던 차라투스트라는 어느 날 심경의 변화를 겪는다. 그리고 사람들에게 자신이 쌓은 지혜를 베풀겠다고 다짐하고 사람들의 세계로 내려간다. 차라투스트라는 이를 '몰락'이라 말한다. 그것은 마치 저녁마다 바다 저편으로 떨어져 아래의 세계를 비추는 태양과도 같고, 넘쳐흐르는 잔을 다시 비우는 행위와도 같다. 혼자만의 시간 속에서 가득 채워진 자는 세상으로 나아가 스스로를 비워내는 몰락의 시간을 가져야 한다는 것이다.

산을 내려가던 차라투스트라는 숲에서 성스러운 노인을 만난다. 성자는 곧 차라투스트라를 알아본다. 십 년 전에 자신의 타고 남은

재를 산으로 날라 올라가던 그를 말이다. 하지만 성자는 차라투스트라가 변했다는 것도 알아본다. 그는 이렇게 말한다.

"차라투스트라는 변했다. 아이가 되었어. 각성한 자가 된 거야. 그런데 이제 잠든 사람들에게로 가서 무엇을 전하려는 것인가?"

차라투스트라가 대답한다.

"인간들을 사랑하기 때문입니다."

성자는 자신도 인간을 사랑했기 때문에 숲과 황야를 헤매고 다녔었다고 말한다. 하지만 그는 이제 인간 대신 신을 사랑한다. 왜냐하면 인간이 너무도 불완전한 존재임을 깨달았기 때문이다. 성자는 차라투스트라에게 경고한다. 인간에 대한 사랑은 자아를 파멸시킬 뿐이라고.

성자와 헤어지고 난 후 차라투스트라는 산을 내려가며 이렇게 말한다. "저 늙은 성자는 숲 속에 있느라 신이 죽었다는 소식조차 듣지 못했구나."

'신의 죽음'은 니체의 여러 저서에서 찾을 수 있다. 최초의 언급은 《즐거운 학문》에서였다. 대낮에 등불을 든 광인이 그를 비웃는 사람들을 향해, 우리가 신을 죽였음을 선언하는 것이다. 그렇다면 니체가 말하는 신의 죽음이란 도대체 무엇인가? 자신의 철학을 문학적인 방식으로 서술한 까닭에 니체의 철학 개념을 단정적으로 정의하기는 쉽지 않다. 신의 죽음도 마찬가지다. 다만 일반적으로는 신의 죽음이 극단적인 허무주의를 의미한다고 알려져 있다.

하지만 서구 역사의 맥락 속에서 니체의 작업을 고려하면, 신의 죽음을 단순히 허무주의로 규정하는 것은 충분해 보이지 않는다. 대신 근대성의 종말을 의미하는 것으로 파악해야 한다. 즉 플라톤주의의 형이상학적 이분법의 종말, 그리스도교와 이성중심주의의 거부로 이해할 수 있다.

그렇다면 신의 죽음을 선언하는 것. 다시 말해서 플라톤주의의 형이상학적 이분법의 종언을 선언하는 것은 오늘날의 우리에게 어떤 의미가 있을까? 그것은 내가 발 딛고 있는 구체적 현실로 돌아오라는 니체의 제안이다. 이상적이고 불변하는 본질의 세계 같은 것은 없다. 초월적 세계의 잡히지 않는 그 무엇만을 추구하다가 현실의 건강함을 짓밟고 있었던 것은 아닌가? 그래서 니체는 신의 죽음을 선언한 것이다. 신의 죽음은 필요하다.

주요 개념 2 : 초인

차라투스트라는 가장 가까운 도시로 들어선다. 그 도시의 이름은 '얼룩소'다. 그는 시장으로 향한다. 시장에는 줄타기 광대의 공연을 보기 위해 군중이 모여 있었다. 차라투스트라가 군중을 향해서 외친다.

"나는 그대들에게 초인을 가르치려고 한다."

군중이 그를 본다. 그는 말을 잇는다.

"인간은 극복되어야 할 그 무엇이다. 그대들은 자신을 극복하기 위해 무엇을 했는가?"

그리고 차라투스트라는 군중에게 간절하게 호소한다. 대지에 충실하라. 하늘나라에 대한 희망을 말하는 자들을 믿지 말라.

하지만 군중은 차라투스트라의 말을 이해하지 못하고 오히려 그를 비웃는다. 광대가 줄타기 공연을 시작하자 거기에 집중한다.

초인은 무엇인가? 니체는 차라투스트라의 입을 통해 이렇게 말한다. 인간이란 짐승과 초인 사이에 놓인 밧줄이라고. 인간은 스스로 몰락해야 한다. 왜냐하면 초인으로 건너가야 하기 때문이다.

초인은 독일어 '위버멘쉬(Übermensch)'를 번역한 말이다. 영어로 슈퍼맨(Superman) 또는 오버맨(Overman)으로 번역하는데, 한국에서는 영어 번역은 잘 사용하지 않는다. 왜냐하면 슈퍼맨이나 오버맨은 마치 초인이 어떠한 초월적 능력을 갖춘 듯한 인상을 주기 때문이다. 그냥 '위버멘쉬'라고 읽거나 '초인'이라고 번역해서 사용하면 된다.

초인은 삶의 태도를 바꿈으로써 자기 자신을 극복한 존재를 말한다. 특히 다음과 같은 특징을 갖는다. 그는 형이상학적이고 초월적인 세계에 사로잡히지 않은 존재다. 그는 대지에 속해 있으며 건강하고 생명력이 넘치는 존재다. 그리고 신이 죽은 세상의 허무를 긍정하는 주체적인 존재다.

니체는 차라투스트라의 목소리를 통해, 인간이 어떻게 초인이 되는지를 상징적인 비유로 알려준다. 그것은 낙타와 사자와 아이의 비유다. 인간의 정신은 세 가지 차원으로 변화한다.

〈정신의 세가지 변화〉

낙타 → 사자 → 아이

첫 번째. 정신은 낙타가 된다. 낙타가 된 정신은 내면이 외경심으로 가득한, 인내심 많은 강인한 정신이다. 이 정신은 무거운 짐을 잔뜩 지고 있다. 낙타의 정신은 이렇게 외친다. "무엇이 무겁단 말인가?"

그는 사회, 종교, 도덕, 관습이 주는 의무에 순종하고 고통을 인내한다. 스스로를 금욕적으로 담금질한다. 무겁기 그지없는 짐을 짊어지고 사막을 달려간다.

두 번째. 고독한 사막 한 가운데서 정신은 이제 사자가 된다. 자유를 쟁취함으로써 사막의 주인으로 서고자 한다. 이제 마지막 주인만 쓰러뜨리면 된다. 그것은 신이다. 신은 거대한 용의 모습으로 나타난다. 사자는 용에게 달려든다. 용의 이름은 무엇인가? 차라투스트라는 이렇게 대답한다. "정신이 더 이상 주인으로서 섬기지 않는 거대한 용은 무엇인가? '너는 해야 한다' 이것이 거대한 용의 이름이다. 사자의 정신은 이에 대항하여 말한다. '나는 원한다'라고."

'너는 해야 한다'와 '나는 원한다'에는 어떤 차이가 있는가? 앞의 것이 의무라면, 뒤에 것은 권리다. 노예에게 주어진 의무와 주인에게 주어진 권리. 정신이 사자가 된다는 것은 종속적인 노예가 주체적인 주인으로 일어서려는 저항을 의미한다.

하지만 사자도 새로운 가치는 창조할 수 없다. 사자가 자신의 힘으로 할 수 있는 일은 새로운 가치를 창조하기 위한 조건을 획득하는 것뿐이다. 사자는 그 조건으로써 자유를 획득해낸다. 이제 자유를 획득했으니, 새로운 가치를 창조해야할 때다. 이를 위해서 마지막으로 정신은 아이가 된다.

"형제들이여, 사자도 하지 못한 일을 어떻게 아이가 할 수 있단 말인가? 강탈하는 사자가 이제는 왜 아이가 되어야만 하는가?"

차라투스트라는 말한다. 아이는 순진무구함이고 망각이다. 새로운 출발, 놀이, 스스로 도는 수레바퀴. 그리고 최초의 움직임이며 성스러운 긍정이다. 왜 새로운 가치의 창조는 아이만이 할 수 있을까? 그것은 창조의 과정은 하나의 유희이고 동시에 긍정이기 때문이다. 도대체 무엇을 긍정해야 하는가? 그것은 신이 죽은 허무한 세상에서 자신과 자신의 삶을 긍정하는 것이다.

정신의 세 가지 변화에 대한 해석은 다양하다. 당신은 어떤가? 이러한 상징이 무엇을 의미한다고 생각하는가? 우리가 앞서 이야기했던 역사적 측면을 여기에 적용하면 하나의 적절한 해석을 찾을 수 있다. 그것은 중세, 근대, 현대를 의미하는 것일 수 있다. 낙타의 인내가 중세 그리스도교의 도덕관을 반영한다면, 사자의 자유는 근대 이성의 주체성을 상징한다. 하지만 이것은 아직 새로운 시대의 창조라고 하기에는 부족하다. 플라톤주의의 그림자가 드리워져 있기 때문이다. 그래서 아이가 필요하다. 아이는 탈근대, 현대를 의미한다. 니체에게는 아직 오지 않았던 시대. 형이상학적 이원론을 극복한 새로운 시대를 맞이할 초인이 바로 아이인 것이다.

이제 우리는 초인이 긍정해야 할 신이 죽은 세상, 허무한 세상의 실체를 알아보려고 한다.

주요 개념 3 : 영원회귀

이후 차라투스트라는 고독과 성숙을 위해 동굴로 돌아간다. 하지만 다시 사람들을 위해 세상에 내려오기를 반복한다. 이러한 과정 속에서 그의 신체는 점점 건강해지고, 초인으로의 변신이 임박한다.

신이 죽은 세계. 천국도 없고 지옥도 없고 세계의 창조 목적이나 방향성이 사라진 이 허무한 세계는, 그렇다면 어떤 모습을 하고 있을까. 니체는 하나의 세계를 제안한다. 그것은 '영원회귀'의 세계다. 목적도 이유도 없이 팽창과 수축을 무한히 반복하는 세계. 영원회귀는 시작도 끝도 없이 똑같은 것이 그 상태 그대로 영원히 돌아가는 상태를 의미한다.

"모든 것은 가고, 모든 것은 되돌아온다. 존재의 수레바퀴는 영원히 굴러간다. 모든 것은 죽고, 모든 것은 다시 꽃피어난다. 존재의 세월은 영원하게 흘러간다. 모든 것은 꺾이고, 모든 것은 새로이 이어진다. 존재의 동일한 집이 영원히 세워진다. 모든 것은 헤어지고, 모든 것은 다시 인사를 나눈다. 존재의 둥근 고리는 영원히 자기 자신에게 충실하다."

차라투스트라는 이어서 말한다.

"나는 다시 온다. 이 태양과 더불어, 이 대지와 더불어, 이 독수리와 더불어, 이 뱀과 더불어. 그러나 하나의 새로운 삶, 또는 보다 나은 삶, 또는 비슷한 삶으로 다시 돌아오는 것은 아니다."

영원회귀로 인해 우리는 새로운 세계관을 하나 더 갖게 되었다. 기존에 우리가 가진 세계관은 다음의 세 가지 정도다. 첫째, 그리스도교의 세계관. 이 세계관은 영원히 지속하는 시간성을 기반으로 한다. 탄생과 성장 그리고 노화와 죽음 이후에도 우리의 영혼은 사후세계에서 영원히 지속될 것이다. 둘째, 베다와 불교의 세계관. 이 세계관은 영원히 반복하는 시간성을 기반으로 한다. 우리는 탄생하고 성장하고 죽은 이후에 새로운 삶으로 다시 시작하게 되는 것이다. 마지막으로 세 번째는 과학과 유물론의 세계관이다. 이 세계관은 단절된 시간성을 기반으로 한다. 우리는 죽음의 순간에 단절과 끝을 경험할 것이지만, 그 이후에는 아무것도 존재하지 않는다.

니체는 하나의 세계를 더 제시한다. 영원하고 조금도 변화하지 않는 반복의 세계. 예를 들어 1980년에 서울에서 태어난 당신은 대입시험을 치르고 회사에 취직하고 결혼하고 아이를 갖고 늙어서 결국 죽게 될 것이다. 그 다음은 어떻게 되는가? 영원회귀에 따르면 당신은 어떠한 변화도 없이 자신의 삶을 반복하게 된다. 다시 1980년에 서울에서 태어나 대입시험을 치르고 회사에 취직하고 결혼하고 늙고 죽게 되는 것이다. 그 이후에는 어떻게 되는가? 다시 1980년에 서울에서 태어나 지금의 삶을 그대로 반복하게 될 것이다.

여기에는 어떠한 이유나 목적도 없다. 성장도 없고, 휴식이나 끝도 없다. 다만 영원히 같은 삶을 반복할 뿐이다. 어떤가? 당신은 영원회귀의 진실이 어떻게 받아들여지는가? 끔찍한가? 아니면 그럼에도 불구하고 지금 당신의 삶을 긍정할 수 있는가?

이런 영원회귀는 인간이 상상할 수 있는 허무주의의 최고 형태다. 이러한 극단적인 허무를 인정하고 나의 삶을 끌어안을 수 있는 존재. "이것이 인생이라면 그래, 한 번 더!"라고 외치며 허무의 깊은 심연 속으로 뛰어들 수 있는 존재. 그가 바로 초인이다.

155

《차라투스트라는 이렇게 말했다》의 마지막은 다음과 같다.

많은 밤이 지나고, 아침이 왔다. 차라투스트라는 침상에서 일어나 힘차게 동굴 밖으로 걸어 나왔다. 마지막으로 그는 이렇게 외치고 힘차게 그의 동굴을 떠났다.

"자! 사자가 왔다. 나의 아이들도 가까이 있다. 차라투스트라는 성숙했다. 나의 때가 왔다.

이것은 나의 아침이다. 나의 낮이 시작된다. 자, 솟아오르라, 솟아오르라, 위대한 정오여!"

차라투스트라는 이렇게 말했다.

대지와 순간을 살기로 하다

어느 날. 당신이 좌절한 그 어느 날 밤, 인생 전체를 통틀어 가장 고통스러운 순간에, 악마가 찾아온다. 그리고 당신의 귀에 대고 속삭인다. 이 순간은 영원할 것이다. 너의 삶은 어떤 목적이나 이유도 없이 영원히 반복될 것이고, 이 고통의 순간은 영원히 너에게 되돌아올 것이다.

당신에게 묻고 싶다. 그럼에도 불구하고 당신은 "그래!" 하고 외칠 수 있는가? 무의미하게 반복되는 고통스러운 당신의 삶 전체를 앞에 두고, "이것이 인생이라면, 그래, 다시 한 번!"이라고 긍정할 수 있는가?

나는 두려웠다. 초월적인 구원의 세계를 쫓느라 내팽개쳤던 구체적인 삶의 시간들이 나를 원망하는 것만 같았다. 이제 나는 어떻게 해야 하는 걸까. 일요일 아침. 한산한 캠퍼스를 걸으며 나는 고민했다. 도서관으로 향한 오르막을 천천히 올랐다. 전날 밤에 내린 비에 교정은 물기를 머금고 있었다. 아스팔트의 회색빛은 짙어졌다. 가로수의 녹음은 깊어졌다. 화단에는 보라색과 다홍색의 꽃들이 생명력을 뽐내고 있었다.

놀랍지 않은가. 이 싱그럽고 건강한 순간을 나는 무한히 경험해왔던 것이다. 내가 이 삶을 다시 선택한 이유, 한 번 더 나로서 살아보기로 결심한 이유는 바로 이 순간을 그렇게도 다시 보고 싶었기 때문인지 모른다. 찰나의 순간은 무한히 중첩된 내 삶의 한 지점을 강하게 꿰뚫고 있었다.

사람들은 신을 찾아 교회로 향한 시간. 신도 없고 사람도 없는 이 비어 있는 일요일 오전의 캠퍼스에서 나는 대지의 기쁨으로 가득한 영원의 순간을 자각한 것이다.

하늘이 아니라 대지를 걸어가야겠다. 걸어가면서 만나는 모든 것과의 영원한 순간을 긍정할 수 있는 그런 삶을 살아야겠다. 나는 그렇게 다짐했다.

다섯 번째 계단,
과학

우주

철학은 나의 시선을 대지로 향하게 했다. 하늘과 대지, 신과 인간, 종교와 철학 사이에서 균형을 잡고자 노력했다. 나는 영원히 순환하는 세계라는 니체의 제안에 빠져 있었다. 그 전제에서부터 세계와 나의 존재 의미를 찾으려 했다.

하지만 다시 의심이 시작되었다. 종교와 철학에 대한 나의 신뢰는 매우 주관적인 것이 아닌가. 종교와 철학이 말해주는 세계란 하나의 가정인 것은 아닌가. 나는 실재하는 세계가 아니라 내가 상상하고 만들어낸 이야기 속에서 머물고자 하는 것은 아닌가.

객관적 세계가 필요했다. 내가 나의 주관에 매몰되지 않을 수 있는 무게감 있는 대척점이 필요했다. 그리고 과학은 그러한 역할을 충실히 수행해주었다.

과학

(주관) ── (객관)

종교 ↑ 철학

도서관

옷을 샀다. 어울리는 운동화를 사고, 예쁘게 머리를 자르고, 아르바이트를 하고, 연애를 했다. 버스 창가에 앉아 음악을 들으며 사람과 거리를 구경했다. 대지를 걷는 시기가 찾아왔다. 돈은 항상 부족했지만, 마음은 여유로웠다. 졸업이 가까워지면서 시간은 더 많아졌다. 취업 걱정이 없었기 때문이다. 졸업을 하면 군대에 가야 했다. 학사장교로 40개월의 군복무가 예정되어 있었다. 다른 친구들은 취업이나 영어시험 준비로 분주할 때, 혼자만 다른 세상에 사는 듯 천천히 걸을 수 있었다.

도서관에서 살았다. 아침 일찍 도서관에 가서 저녁 늦게까지 책을 읽었다. 가장 좋아하는 시간은 창밖으로 노을이 질 때였다. 도서관 창으로 비친 노을이 실내를 붉은 빛으로 가득 물들이는 게 좋았다. 그 따뜻한 빛은 도서관의 고요와 어우러져 마음을 차분하게 했다. 나는 노을 가운데 앉아 붉게 물든 책장을 천천히 넘겼다.

그렇게 3년 가까운 시간을 도서관에서 보냈다. 하루에 한 권 정도를 읽었다. 두꺼운 책이면 더 길게 걸리고, 얇은 책이면 더 짧게 걸렸다. 이 시기에 대해서 이야기하면 가끔 묻는 사람들이 있다. 어떻게 하루에 한 권을 읽을 수 있었느냐고 말이다. 빨리 읽는 비법이나 어떤 요령이 있는지를 궁금해 한다. 사실 그런 건 없다. 굳이 이유를 생각해보면 시간은 많고 할 일은 없었기 때문은 아니었을까. 특별히 할 게 없었다. 돈은 없고 시간은 많고. 누구나 그렇게 하루 종일을 쥐어주면, 아무리 천천히 읽는 사람이라도 보통 두께의 책 한 권은 충분히 읽을 수 있다.

책을 읽는 목적도 없었다. 자기를 계발하거나 지식을 습득해야겠다는 생각은 하지 않았다. 그저 재미있었다. 마음이 가는 책을 산책하듯 읽어나갔다. 책들이 빼곡하게 꽂힌 서가 사이를 천천히 둘러보는 게 좋았다. 서가가 만든 그늘, 적절한 온도, 오래된 책 냄새, 표지의 감촉이 좋았다. 아침 도서관의 한산함을 사랑하지 않을 수 있는 사람은 없다. 철학, 종교, 사회, 과학, 문학 서가를 가리지 않고 배회했다. 마음에 드는 제목과 적절한 두께의 책들을 골라, 대여섯 권 정도가 되면 자리에 앉아 읽었다.

선택한 모든 책을 읽은 것은 아니다. 잘 읽히지 않는 책이면 고민하지 않고 옆으로 제쳐두었다. 아무리 노력해도 잘 읽히지 않는 책이 있다. 그럼 굳이 읽으려 애쓸 필요는 없다. 잘 읽히지 않는다는 건 내가 그 책을 읽을 준비가 덜 되었거나, 반대로 그 책이 나를 설득할 준비가 충분히 되지 않았기 때문이다. 세상에는 당신이 노력하지 않아도 당신의 흥미를 끌고 당신을 깨우치기 위해 기다리고 있는 책들이 무수히 많다. 읽히지 않는 책을 가볍게 지나치지 못하고 집착할 필요는 없다.

여행하는 영혼

본격적으로 불편한 책들을 쫓던 시기가 이때였다. 첫 번째 계단을 오르기 전에 우리가 나눴던 대화를 기억하는지 모르겠다. 책을 선택하는 두 종류의 사람이 있다는 이야기를 했다. 첫 번째 사람은 자기에게 익숙한 책을 선택한다. 하나의 책을 읽고 지식을 쌓으면, 다음에는 지식을 더 깊게 하기 위해 비슷한 분야의 책을 다시 선택한다. 하나의 분야에서 그의 지식은 깊어지고, 그는 그 분야의 전문가가 되어간다. 이 사람은 우물을 파는 영혼을 가졌다.

두 번째 사람은 자기를 불편하게 만드는 책을 선택한다. 하나의 책을 읽고 그 지혜로 세상을 보게 되었다면, 다음에는 앞선 책에서 얻은 세계관을 뒤흔드는 책을 선택한다. 그에게는 불편함을 감수하는 강인함이 있다. 또 기존에 움켜쥐었던 세계를 미련 없이 내려놓을 수 있는 용기도 지니고 있다. 세계의 지평은 점차 넓어진다. 이 사람은 여행하는 영혼을 가졌다.

당신은 어떤 영혼을 소유했는가? 당신이 지금까지 만들어온 세계는 어떤 모습인가? 깊은 지식의 심연인가, 아니면 광활한 지혜의 대지인가? 정답은 없다. 그 무엇을 선택해도 괜찮다. 어떤 길도 당신의 영혼을 성장하게 할 테니까.

하지만 나는 당신이 여행하는 영혼을 가졌으면 좋겠다. 여행하는 영혼들은 대체로 숨어 있다. 왜냐하면 그들은 자본주의 사회에서 환영받지 못하기 때문이다. 반대로 우물을 파는 영혼은 비교적 사회에서 환영받는다. 그래서 여행하는 영혼의 소유자도, 우물 파는 영혼의 소유자도, 모두 자신이 우물을 파는 영혼인 것처럼 행동한다. 실제로 그렇지 않은가? 우리는 전문가가 되려고 한다. 평생을 거쳐 하나의 분야를 파내려가고자 한다. 당신의 부모도, 사회도, 국가도 마찬가지다. 그들은 당신이 한 분야의 전문가가 되라고 충고한다. 그러나 아무도 의심하지 않는다. 왜 누구나 전문가가 되어야 하는지, 왜 평생을 소진하여 하나의 전문 분야를 가져야만 하는지를 말이다.

그 이유는 현대 자본주의 특성, 즉 산업화에서 찾을 수 있다. 산업화의 본질은 기계화와 분업이다. 특히 분업은 노동의 형태를 변화시켰다. 산업화 이전의 사람들은 자신이 하는 일을 전체적으로 조망했다. 농사를 짓거나 구두를 만들거나 베를 짜서 옷을 만들었다. 노동의 결과물은 노동의 주체를 소외시키지 않았다. 하지만 산업화 이후 분업화된 환경에서 노동의 결과물은 노동자를 소외시킨다. 현대사회의 노동자는 일의 전체적인 전망을 가질 필요가 없다. 대신 세분화된 특정 분야에 숙달되어 있으면 충분하다.

효율성 때문이다. 노동의 주체로서의 '사람'이 아니라, 한 분야에 특화된 '전문가'가 필요한 이유는 생산량의 극대화 때문이다. 각 분야의 노동자가 자신의 업무를 전문적으로 반복할 때, 사회의 전체 이익은 증대된다. 자본주의 사회에서 한 명의 개인에게 전문성을 요구하는 이유는 그 사람의 영혼을 고려해서가 아니다. 효율성과 전체 생산량 증대. 이것 때문이다.

하지만 어쩌겠는가. 전문성 획득은 현실적으로 필요하지 않은가. 나의 전문성은 나를 한 명의 어른으로 사회 안에서 자립하게 하고, 내 가족의 생계를 유지할 수 있게 한다. 먹고사는 문제만큼 중요한 게 또 어디에 있겠는가. 누구나 떠나고 싶다. 우물을 걷어차고 도망치고 싶다. 현실적으로 그럴 수 없을 뿐이다. 사랑하는 배우자와 아이들을 위해서 우리는 얼굴에 미소를 띠고 지친 몸을 이끌고 우물가로 돌아가야만 한다.

그래서 비극이 시작된다. 그 비극은 부모로부터 아이에게로 전달된다. 소중한 가정을 위해 스스로 하나의 노동자로, 하나의 전문가로 살아가기를 결심한 부모는 결국 자녀의 가슴에 슬픔을 남긴다. 자신의 날개와 다리를 자르고 우물을 파 내려가는 부모의 영혼은 거울 같은 자녀의 영혼에 깊은 잔상을 남긴다. 만약 인간에게 원죄라는 것이 있고, 그 원죄가 인간의 영혼을 갉아먹는 것이라면, 원죄의 본질은 자녀의 영혼에 깊이 새겨진 부모의 잔상이다. 날개와 다리를 스스로 꺾은 채 우물을 파내려가는 부모의 뒷모습. 그 뒷모습은 자녀가 자신의 날개와 다리를 스스로 꺾어야 할 당위와 필연을 제공한다.

우리는 다시 여행자가 되어야 한다. 자녀도, 부모도, 모든 우물을 파는 영혼은 다시 여행길에 올라야 한다. 사회, 국가, 종교, 가정, 학교, 직장이 요구하는 의무와 평가에 저항해야 한다. 그들이 당신에게 전문성을 강요하고, 당신이 할 수 있는 일로만 당신을 평가하려 한다고 해서 그것을 삶의 목표로 삼고, 그것이 전부인양 맹목적으로 살아가서는 안 된다. 사회와 국가는 당신의 영혼에 관심을 기울이지 않는다. 사회와 국가는 오직 당신의 노동력에만 관심을 기울인다. 분명히 기억해야 한다. 당신은 노동자로 살기 위해 이곳에 태어난 것이 아니다.

전문성의 요구에 저항해야 한다. 그때 우리는 비로소 노동자가 아니라 나 자신으로, 국가와 사회가 규정해주는 존재가 아니라 스스로를 규정해나가는 주체적인 존재로 변모하게 될 것이다. 당신이 먼저 여행을 시작해야 한다. 당신이 주체적인 존재로 일어설 때, 당신의 자녀도, 가족과 친구도 부러뜨린 다리를 일으키고 꺾었던 날개를 힘차게 펼칠 것이다.

다행히도 나에게는 시간이 주어졌다. 3년의 짧은 시간 동안 나는 여행자가 되어볼 수 있었다. 도서관에 앉아 현실세계와 현실 너머의 세계를 떠돌았다. 끝없이 펼쳐진 사유의 대지 위에서 우연히 만나는 풀꽃과 동물들을 관찰하고, 마을의 골목길을 돌고, 펼쳐진 게르 안에서 밤을 지새웠다.

다섯 번째 계단 앞에서

도서관의 창밖으로 계절이 천천히 지나갔다. 시간이 얼마 남지 않았다. 입대가 가까웠다. 어머니의 잔소리로 종합검진을 받았다. 영양실조가 의심된다는 진단이 나왔다. 장교 임관을 위해서는 체력 측정에 통과해야만 했다. 걱정이 되었다. 밤이 되면 동네를 뛰기 시작했다. 타박타박 동네를 돌았다. 숨이 차면 벤치에 앉아 쉬었다. 여름이 가까운 봄의 끝자락은 늦은 시간이면 다행히도 아직 선선했다. 가끔은 고개를 들어 하늘을 올려다보았다. 별 하나 보이지 않는 서울의 하늘은 막막했다. 저 막막한 공간 끝에는 무엇이 있을까.

닿을 수 없을 것이다. 인간으로 운명 지어진 이번 삶 안에서, 우주의 경계에 닿는 경험은 결코 찾아오지 않을 것이다. 놀랍지 않은가. 그럼에도 불구하고 인간은 자기 집 의자에 앉아 우주의 규모를 생각

169

하고 우주의 탄생과 종말을 상상한다. 실제로 그리스도교는 지구를 중심으로 창조된 정적인 우주를 말하고, 붓다는 깊은 선정 속에서 수축과 팽창을 반복하는 무수히 많은 우주를 조망한다. 그리고 니체는 무의미하게 끝없이 되돌아오는 영원회귀의 우주를 제시한다.

어쩌면 첫 단추부터 잘못 꿰어진 것인지 모른다. 종교와 철학의 모든 논의는 디딜 수 있는 그 어떤 기반도 갖지 못한 채 어설프게 쌓아 올린 상상의 성일지도 모른다. 그래서 어떤 사람들은 종교와 철학을 강하게 비판한다. 검증할 수 없는 것들에 대해서는 말하지 말라. 20세기 초, 논리실증주의자들은 이렇게 주장했다. 그들에 따르면 종교적 문제, 혹은 철학적 문제가 발생하는 이유는 단순하다. 그것은 객관적으로 검증할 수 없는 것들에 대해서 이야기하고 있기 때문이다. 신, 영혼, 자유, 형이상학적 주제, 윤리적 가치는 의미 없는 헛소리에 불과하다. 이것들은 우리 세계에서 발견되지 않는다. 논리실증주의자들은 그래서 과학을 중요시했다. 모든 학문은 과학처럼 검증 가능한 것에 대해서만 이야기해야 한다고 생각한 것이다.

과학 서적들을 읽어갔다. 종교와 철학을 포함한 인문학에 마음을 쏟을수록, 과학은 내 믿음의 근거 없음을 물고 늘어졌다. 나는 과학과 우주의 계단 앞에 섰다.

과학은 믿을 만한가

당신은 어떻게 생각하는가? 과학은 믿을 만한가? 오늘날 대부분의 사람들은 다른 분야에 비해 과학을 더 신뢰한다. 당신은 과학이 철학이나 종교, 혹은 사회학 등의 학문에 비해서 더 객관적이고 진리에 가깝다고 생각하는가? 이에 대해서는 두 가지 입장이 있다.

첫 번째 입장은 과학도 하나의 견해일 뿐이라는 생각이다. 다양한 철학적 견해들과 마찬가지로 과학도 오류의 가능성을 내포하는 하나의 방법일 뿐이다. 이를 주장하는 사람들은 그 근거로서 과학적 방법론의 한계를 제시한다. 과학적 방법론이란 과학을 연구하는 방법을 말한다. 구체적으로 말하면 '실험'과 '관찰'이다. 근현대 역사에서 과학이 이토록 가시적인 성과를 발휘할 수 있었던 이유는 실험과 관찰이라는 과학적 방법론을 선택해서다.

그러나 실험과 관찰로부터 이론을 도출하는 방법은 필연적인 한계를 갖는다. 왜냐하면 그것은 단지 귀납적인 종합이기 때문이다. 우리는 잘 알고 있지 않은가? 개별적인 '특수한 사례'들로부터 일반화된 '보편 이론'을 도출하는 귀납법은 명백히 논리적 비약을 내포한다는 사실을 말이다.

귀납법의 오류는 영국 출신의 철학자인 데이비드 흄이 정확히 지적했다. 흄은 불쌍한 거위를 예로 든다. 어느 날 농부가 거위에게 모이를 준다. 신중한 거위는 바로 받아먹지 않고 주저하며 생각한다. '뭔가? 왜 이 거대한 동물은 나에게 먹을 것을 주는가?' 하루 이틀, 한 달두 달이 지나며 거위의 의심은 사라져간다. 백 일째가 되던 날, 거위는 지금까지의 경험적 자료들을 정리해본다.

첫 번째 날, 거대한 동물은 나에게 먹을 것을 주지만 공격하지 않음.
두 번째 날, 거대한 동물은 나에게 먹을 것을 주지만 공격하지 않음.
세 번째 날, 네 번째 날, 다섯 번째 날….
백 번째 날, 거대한 동물은 나에게 먹을 것을 주지만 공격하지 않음.

백 번의 관찰을 토대로 지혜로운 거위는 다음과 같은 하나의 일반적인 법칙을 정립하고 이것으로 학위를 받는다. "모든 날에 거대한 동물은 나에게 먹을 것을 주지만 나를 공격하지 않는다."

학위 수여식이 예정되어 있던 부활절의 아침. 농부는 도끼를 들고 거위를 찾아온다.

정리해보자. 과학 역시 철학이나 종교 같은 여러 학문 분야 중에 하나라는 입장이 있다. 이들에 따르면 실험과 관찰이라는 과학적 방법론은 절대적인 진리를 결코 보장할 수 없다. 과학은 단지 실용적이고 임의적인 방법일 뿐이다.

이에 대비되는 두 번째 입장이 있다. 이 입장은 과학을 다른 학문 분야와 구별하려고 한다. 특히 과학적 방법론은 하나의 견해가 아니라 모든 학문 분야의 기본 토대가 된다는 것이 이들의 주장이다. 고대와 중세에 인류의 진보가 더뎠던 것, 반대로 근현대에 이르러 인류가 급격한 발전을 이룩할 수 있었던 것은 모두 과학적 방법론의 유무 때문이었다. 특히 전근대 시대의 철학과 종교는 실험과 관찰이라는 기초적인 검증조차 거치지 않았기 때문에 오류 가득한 결론으로 인류를 혼란에 빠뜨렸다.

예를 들어 철학의 시원으로 말해지는 아리스토텔레스는 가벼운 물체보다 무거운 물체가 먼저 낙하한다고 주장했다. 놀랍게도 오늘날까지 이렇게 믿는 사람들이 있는데, 이것은 전혀 사실이 아니다. 무게가 다른 물체라 하더라도 같은 높이에서 떨어뜨렸다면 언제나 동시에 바닥에 닿는다. 그렇다면 위대한 철학자였던 아리스토텔레스가 이런 기초적인 주장에도 오류를 범했던 이유는 무엇일까? 그것은 그가 실험과 관찰을 중요하게 생각하지 않았기 때문이다. 아리스토텔레스는 우주를 지배하는 모든 법칙을 순수한 사고만으로 충분히 밝혀낼 수 있다고 생각했고, 더 나아가서는 그것이 더 고귀한 방법이라고 여겼다.

철학이 이 정도인데, 종교는 말할 것도 없다. 과학의 아버지로 불리는 갈릴레이가 로마 카톨릭으로부터 지동설을 포기할 것을 강요받은 일화는 너무도 유명하다. 갈릴레이가 과학의 아버지로 불리는 건 실험과 관찰이라는 과학적 방법론을 사용해서 이론을 정립한 첫 번째 인물이기 때문이다. 갈릴레이가 아리스토텔레스의 생각이 틀렸음을 입증하기 위해 피사의 사탑에서 추를 떨어뜨리는 실험을 했다는 이야기는 잘 알려져 있다. 물론 이 일화의 사실성 여부는 의심스럽지만, 확실한 것은 그가 실제로 비슷한 실험의 절차를 거쳤다는 것이다. 그는 피사의 사탑에서 직접 추를 떨어뜨리는 쇼맨십을 발휘하는 대신, 매끄러운 경사면에서 무게가 다른 공을 굴리는 실험을 통해 다음과 같은 결론을 얻었다. '낙하하는 모든 물체는 그 무게와 관계없이 같은 비율로 속도가 증가한다.'

하지만 과학적 방법론이 당시의 종교적 분위기에서 통할 리가 없었다. 갈릴레이는 카톨릭 교회의 강요에 의해 자신의 지동설을 포기해야만 했다.

갈릴레이의 포기는 어쩌면 합리적이다. 당시에 자신의 주장을 견지하려고 했던 의지적인 인물들은 죽음을 면치 못했다. 대표적으로 비슷한 시기에 활동했던 부르노는 자신의 신념을 지키려다가 로마 교황청에 의해 이단으로 판정받고 화형에 처해졌다. 부르노의 주장은 다음과 같았다. 우주는 무한하다. 그리고 우리의 태양은 하늘 위에 무수히 떠 있는 별들과 동일한 하나의 항성일 뿐이다. 왜 죽었는지 안타까울 정도로 오늘날에는 상식적인 주장이다.

물론 부르노가 과학적인 방법을 거쳐 그러한 주장에 도달한 것은 아니었다. 다만 우리가 주목하고자 하는 것은 그 시대의 분위기다. 실험과 관찰을 통한 객관적 검증 절차가 아니라 신의 말씀이나 종교적 교리 혹은 개인의 사유만으로 개진되는 주장이 얼마나 많은 오류를 만들어내고 사람들을 억압하는가에 주목하려는 것이다.

정리해보자. 과학을 옹호하고자 하는 사람들은 과학적 방법론이 모든 학문의 기초가 되어야 한다고 생각한다. 왜냐하면 실험과 관찰만이 객관성을 담보해주기 때문이다. 이들은 과학적 방법론이 사이비 학문들을 걸러낼 수 있다고 믿는다. 그렇지 못할 때, 진리는 억압되고 사회는 오류에 빠지게 된다. 이것이 과학을 옹호하는 사람들이 가진 신념이다.

처음 질문으로 돌아가보자. 당신은 어떻게 생각하는가? 과학은 믿을 만한가? 과학이 다른 학문보다 진리에서 더 우위를 점한다고 생각하는가? 나는 그렇다고 생각한다. 다만 그렇다고 해서 두 번째 입장을 온전히 지지하는 것은 아니다. 다시 말해서, 실험과 관찰이라는 과학적 방법론 때문에 과학이 우위를 점한다고는 생각하지 않는다. 과학적 방법론에 대한 주장에서는 차라리 첫 번째 입장, 즉 귀납의 오류가 발생하게 된다는 주장이 더 타당하다고 생각한다.

그럼에도 내가 과학을 신뢰하는 이유는 수학 때문이다. 과학이 진

175

리의 왕좌를 차지할 수 있었던 이유는 과학이 자신의 방법론으로써 두 가지를 모두 받아들였기 때문이다. 그것은 귀납으로서의 '경험'과 연역으로서의 '수학'이다.

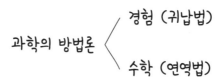

과학의 방법론 〈

경험 (귀납법)

수학 (연역법)

과학의 역사와 수학

고등학교 시절, 공부를 시작하게 된 계기가 문학 때문이었다고 앞서 밝혔다. 하지만 사실 국어 점수는 기대에 비해서 좋지 못했다. 반대로 뒤늦게 시작한 수학, 물리 과목의 점수가 좋았다. 수학과 물리는 나에게 너무나도 신비하고 흥미로운 학문이었다. 그건 물리 수업 시간에 얻은 작은 깨달음이 계기가 되었다.

평소와 같이 '도대체 무슨 말인가?' 하는 생각으로 물리 수업을 듣고 있었다. 당시 나에게 물리는 단지 암기 과목의 하나일 뿐이었다. 칠판에는 위치와 속도에 대한 그래프와 숫자들이 빼곡히 적혀 있었다. 영혼이 빠져나가는 것만을 간신히 부여잡은 상태로 칠판의 글자들을 삐뚤빼뚤 노트에 옮겨 적고 있던 찰나. 불현듯 수업의 내용이 눈에 들어왔다. 그건 위치, 속도, 가속도가 미분, 적분과 맺고 있는 관계였다. 시간 t에 대한 위치 함수를 미분하면 속도 함수가 되고, 속도 함수를 미분하면 가속도가 되었다. 그 반대도 마찬가지였다. 가속도를 적분하면 속도가, 속도를 적분하면 위치가 되는 것이다. 갑자기 모든 것이 놀라웠다. 도대체 왜? 공간으로서의 위치가 어떻게 속도가 되고, 또 위치와 속도가 어떻게 시간과 수학적으로 연결될 수 있단 말인가?

내가 이 내용을 신기하게 여겼던 이유는 마치 이런 것과 같다. 각각 다른 곳에서 나와 알고 지냈던 두 사람이 어느 날 같은 공간에 함께 있는 것을 목격했을 때의 충격. 나에게 물리는 실제 세계의 물체와 관련된 학문이고, 수학은 현실에는 존재하지 않는 추상적인 숫자들의 학문이었을 뿐이다. 그런데 실제 세계의 구성요소인 공간, 시간, 속도가 수학을 통해 기술되고 있는 것이다. 세계가 이런 것이었다니! 세계는 수학이었다!

인류 역사의 오래 전 어느 날에도 사람들은 불현듯 세계와 수학의 관계를 깨우쳤을 것이다. 특히 르네상스가 태동하던 시기에 활동했던 갈릴레이는 세계를 수학으로 기술하려고 했다. 1564년 이탈리아에서 태어나 1642년에 죽은 갈릴레오 갈릴레이는 근대 물리학의 아버지, 또는 근대 과학의 아버지로 평가받는다. 그것은 로마 교황청의 탄압에 맞서 과학적 진리를 추구했다는 정치적인 이유 때문이기도

하지만, 더 근본적으로는 그가 이룬 업적 때문이다. 오늘날 과학이 두 가지 방법론, 즉 귀납과 연역을 동시에 사용하게 된 기원은 갈릴레이에게서 찾을 수 있다. 여기서의 귀납이란 관찰과 실험을 말하고, 연역은 수학적 적용을 말한다.

우선 갈릴레이는 귀납적인 방법을 사용했다. 망원경을 개량하거나 실험 도구를 제작하는 등, 구체적인 측정과 관찰을 기반으로 이론을 정립해나갔다. 그리고 동시에 연역적인 방법을 사용했다. 자신의 이론을 수학의 한 분과인 기하학을 통해서 정립하려 노력한 것이다. 갈릴레이는 "자연은 수학의 언어로 쓰여 있다."라는 말을 남길 정도로 과학에서의 수학적 적용을 강조했으며, 실제로 1589년에는 피사 대학의 수학 교수직을 역임하기도 했다. 갈릴레이는 천체와 물리적 사물들을 원과 삼각형, 사각형 등의 기하학적 대상으로 기술했다. 갈릴레이에 이르러 사물은 기하학이 되었다.

이후 17세기가 되면 프랑스의 철학자 데카르트와 수학자 페르마에 의해서 해석기하학의 기초가 정립된다. 특히 데카르트는 1637년에 철학과 과학에 대한 저서인《방법서설》을 발표하는데, 여기에 붙은 세 가지 부록 중 마지막 〈기하학〉 부분에서 해석기하학의 기본적인 개념을 설명한다. 해석기하학은 이름이 어려울 뿐이지 실제로는 우리에게 익숙한 내용이다. 중고등학교 시절 배웠던 좌표평면 기억나는가? x축과 y축이 교차하는 두 개의 수직선. 이게 해석기하학이다. 별거 아닌 것처럼 보이지만, 좌표평면만 그릴 줄 알면 우리는 엄청난 능력을 갖게 된다. 기하학의 대상을 대수학, 즉 숫자와 문자로 된 방정식으로 바꿀 수 있는 것이다. 예를 들어 둥근 원을 숫자와 문자의 조합으로 변신시킬 수 있다. 어떻게 그럴 수 있나? 좌표평면 위에 원을 올려놓으면 된다. 원의 중앙이 원점(0, 0)에 있고, 반지름이 r이라고 하면, 원은 $x^2+y^2=r^2$처럼 문자로 서술할 수 있다.

이제 세계는 대수학이 되었다. 갈릴레이가 세계를 기하학으로 바꾸고, 데카르트가 기하학을 대수학으로 바꾸었으니, 세계는 대수학으로 서술될 수 있는 것이다.

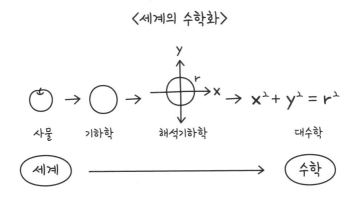

〈세계의 수학화〉

뉴턴에 이르러 세계의 수학화는 마무리된다. 뉴턴은 1642년 영국에서 태어나 1727년에 죽은 근대 과학의 선구자다. 뉴턴의 역학은 갈릴레이로부터 시작한 고전물리학의 완성을 의미했다. 뉴턴 역학에 매료된 18세기 프랑스의 과학자 라플라스 후작은 우리의 우주가 완벽히 결정되어 있다고 결론 내릴 정도였다. 라플라스는 만약 우리가 특정 순간에 우주의 완전한 상태를 알 수만 있다면, 우주의 과거와 미래 전체를 수학적으로 완벽히 예측할 수 있을 것이라고 생각했다. 그가 판단하기에 뉴턴 역학으로 서술될 수 없는 것은 우주에 남아 있지 않았다.

뉴턴이 대체 무슨 일을 했기에? 데카르트의 해석기하학으로 세계의 구체적 '존재'들은 수학적 대상이 되었다. 하지만 아직 수학화되지 않은 절반의 세계가 남아 있었다. 그것은 '관계'다. 세계란 존재와 관계로 구성되니까. 뉴턴은 물체들 사이의 보이지 않는 관계인 '힘'까지 수학으로 설명하려 했다. 즉 '만유인력'을 밝히고 그것의 작용을 수식으로 표현한 것이다.

〈세계의 수학화2〉

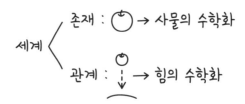

만유인력은 우주에 존재하는 모든 물체 사이에 작용하는 서로 끌어당기는 힘이다. 놀랍게도 세상의 모든 존재는 서로를 끌어당긴다. 어릴 적에 아무렇지도 않게 배운 내용이지만, 생각해보면 이상한 일이다. 태양은 지구를 끌어당기고, 지구는 사과를 끌어당긴다. 사과도 마찬가지다. 사과도 다른 사물을 끌어당긴다. 그렇다면 지금 내 앞에 있는 연필과 지우개도 서로를 끌어당길까? 이들은 책상 위에 가만히 멈춰 있는 것처럼 보이는데? 사실 이들도 서로를 끌어당긴다. 지구의 중력과 책상의 마찰력 때문에 정지해 있을 뿐, 다른 외부의 힘이 작용하지 않는 텅 빈 우주에 가져다 놓으면 아무리 멀리 떨어져 있어도 이들은 서로를 끌어당겨 결국 접촉하게 될 것이다.

뉴턴은 모든 존재가 서로를 끌어당긴다는 사실을 만유인력의 법칙으로 정리하고, 이를 수학적으로 서술한다. 그에 따르면 두 물체 사이에 작용하는 인력은 물체의 질량이 클수록 비례해서 커지고, 거리의 제곱에 반비례해서 작용한다. 생각해보면 상식적이다. 무거울수록, 가까울수록 끌어당기는 힘이 커지는 것이다. 이를 두 물체 M과 m, 그리고 거리 R에 대한 수식으로 나타내면 인력은 다음과 같이 표현된다.

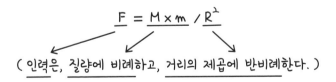

$$F = M \times m / R^2$$

(인력은, 질량에 비례하고, 거리의 제곱에 반비례한다.)

뉴턴의 역학이 의미하는 것은 무엇인가? 그것은 첫째, 우리가 우주의 보편법칙을 찾았다는 것이다. 연필부터 태양에 이르는 모든 물체는 만유인력이라는 동일한 법칙의 지배를 받는다. 둘째, 그 보편법칙은 수학으로 표현된다는 것이다. 갈릴레이에서 시작한 근대 과학은 뉴턴에 이르러 마무리된다. 우주 전체는 수학에 의해 빈틈없이 기술된다. 모든 물체와 힘, 다시 말해서 존재와 관계는 수학으로 환원된다.

우리는 질문에서 시작했다. 과학을 믿을 수 있는가? 과학은 다른 학문들에 비해 더 진리에 가까운가? 결론부터 말하면 그렇다고 해야 할 듯하다. 왜냐하면 과학은 과학적 방법론으로써 실험과 관찰을 토대로 할 뿐만이 아니라, 수학을 통해 기술되기 때문이다. 이것은 철학적으로도 큰 의의를 갖는다. 서구 근대 인식론 철학의 두 뿌리가 되는 경험론과 합리론의 방법론이 각각 귀납과 연역이라 할 때, 과학은 이 두 가지 모두로부터 자신의 정당성을 확보한다. 과학이 진리의 왕좌를 차지한 것은 우연이 아니다.

우리는 과학의 역사를 따라가며 수학이 미친 영향을 살펴보았다. 과학의 역사는 어쩌면 세계의 수학화 과정이라고 정의할 수 있을 것이다. 갈릴레이에 의한 존재자의 기하학화, 데카르트에 의한 존재자의 대수학화, 뉴턴에 의한 관계의 수학화 과정은 인류가 우리의 우주를 빈틈없이 이해할 수 있게 했다. 근대의 과학적 세계관은 이렇게 완성되었다. 20세기 이후의 현대 물리학도 마찬가지다. 과학은 수학의 발전과 함께한다. 현대 과학의 양대 산맥이라 할 수 있는 상대성원리와 양자역학도 수학으로부터 정당성을 확보한다.

세계의 이면

나에게 세계는 신비로 다가왔다. 그것은 고등학교 시절, 물리 수업 시간에 얻은 작은 깨달음에서 시작되었다. 세계에는 보이지 않는 이면이 있다. 눈으로 보이고 만져지는 것이 전부가 아니다. 내 방안에 우연히 놓여 있는 것처럼 보이는 연필과 컵과 책과 가구는 그저 아무렇게나 던져져 있는 것이 아니다. 그것들은 수학적 규칙에 따라 움직이고 존재한다.

지금 돌이켜보면 세계의 이면에 대한 이해는 내가 사유라는 것을 시작하게 된 계기가 되었던 것 같다. 왜냐하면 사유의 시작은 분절에서 시작되기 때문이다. 세계에 대해서 질문을 하고 세계를 이해하기 위해서는 우선 단일했던 세계를 둘로 잘라야 한다. 세계를 표면과 이면으로 자르고, 현상과 본질로 자르고, 형이하학과 형이상학으로 자르고, 대지와 하늘로 잘라내야 한다. 이러한 이분법적 구분은 사유의 시작을 위한 최소한의 조건이 된다. 수학은 나에게 그러한 역할을 했다. 수학으로 나는 세계에 이면이 있음을 깨달았다. 단일했던 세계는

잘라졌다. 이제 세계는 가시적인 물질의 세계와 비가시적인 법칙의
세계가 중첩된 상태로 나에게 드러났다.

표면, 현상, 형이하학, 대지, 물질, 경험
세계 ——————————————————————————
이면, 본질, 형이상학, 하늘, 법칙, 수학

그래서 과학 서적을 읽는 게 좋았다. 현대 물리학의 성과들을 읽
어가는 과정은 마치 세계의 숨겨진 비밀을 엿보는 것만 같았다. 대
학에 와서는 상대성이론이나 양자역학 혹은 대통일이론에 대한 책
들을 읽었다. 현대 물리학은 우리의 우주가 놀랍고 신비하다는 것을
알려주었다.

그래서 직접 만나보기로 했다. 우주를 불러서 그 이면의 진실에 대
해 한번 이야기해보기로 했다. 세 가지를 묻고자 한다. 첫째, 중력과
시공간에 대한 문제. 둘째, 우주의 미래에 대한 문제. 셋째, 우주에 대
한 철학적 고찰이다.

첫 번째 질문

중앙 도서관을 나서자 햇살에 눈이 부셨다. 초여름의 태양은 강렬했
다. 입대가 며칠 앞으로 다가왔다. 이 더위를 견딜 수 있을까. 계단

을 내려가 나무 그늘이 드리운 벤치로 몸을 피했다. 그늘 아래는 아직 시원했다. 근처 자판기에서 청량음료를 샀다. 벤치에 앉았다. 우주가 옆에 앉았다.

입대 예정자 상대성이론에 대한 책을 읽다 왔어. 복잡한 수식은 전혀 알 수 없었지만, 어렴풋이 이해할 수 있었어. 왜 많은 사람이 상대성이론을 아름답다고 말하는지를 말이야. 특히 중력에 대한 설명은 놀라워. 일반 상대성이론에 따르면 중력은 뉴턴이 이야기한 것처럼 끌어당기는 힘이 아니야. 시공간의 휘어짐이지. 나처럼 보통의 사람들에게 상대성이론은 멀게 느껴질 수밖에 없어. 기존의 상식에서 너무나 동떨어져 있으니까. 보통은 이렇게 생각하지. 시간과 공간이라는 건 뭔지는 잘 몰라도 어떤 배경과 같은 것이라고 말이야. 이런 배경 위에 사람도 있고, 나무도 있고, 물체들의 상호작용도 있고. 이들은 시공간과 영향을 주고받지 않아. 그런데 일반 상대성이론에서는 중력이 시공간의 휘어짐이라고 해. 배경이 휘어져 있다니. 우주에서 시공간이 휘어져 있다는 게 도대체 무엇을 말하는 거야?

우주 말 그대로야. 중력은 특정한 힘이 아니라, 시공간의 휘어짐이야. 예를 들어볼게. 아무것도 없는 텅 빈 우주의 공간을 상상

185

해봐. 거기에 볼링공이 하나 생겼어. 아무것도 없으니 그저 제 자리에 정지해 있겠지.

먼저 뉴턴의 중력 개념에 의하면 이 볼링공은 어떤 중력도 갖지 않아. 왜냐하면 뉴턴 역학에서 중력은 두 대상 사이에서 발생하는 힘이니까. 지금은 이 우주에 볼링공 하나밖에 없잖아. 게다가 뉴턴 역학은 도대체 왜 그러한 끌어당기는 힘이 존재하는지 설명하지 못해. 이 질문에 해답을 제시하는 게 아인슈타인의 일반 상대성이론이야.

상대성이론에 따르면 텅 빈 우주에 홀로 떠 있는 볼링공이라 해도 중력을 가져. 중력은 하나의 장(field, 場)으로서 작용해. 그래서 상호작용 해야 하는 또 다른 물체를 필요로 하지 않지. 이제 이 중력장을 상상하기 쉽도록 시각화해보자. 여기 매우 얇고 탄력이 뛰어난 사각형의 커다란 고무막이 있어. 이 고무막은 펼쳐져 있고, 네 귀퉁이는 팽팽하게 당겨져 고정되었어. 이 고무막 위에 볼링공을 올려보자. 그러면 어떻게 될까? 볼링공의 질량으로 고무막이 아래로 오목하게 휘어질 거야.

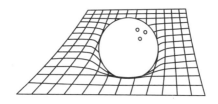

우리의 시공간도 마찬가지라고 생각하면 돼. 질량을 가진 물체 주변의 시공간은 마치 고무막처럼 휘어지게 돼. 이게 중력장이지. 물론 차이가 있어. 고무막은 2차원의 평면이고, 실제 중력장은 공간의 3차원과 시간의 1차원이 합쳐진 4차원의 시공간을 휘어지게 하니까. 다만 고무막의 비유를 통해서 우리는 대략적인 상태를 상상해볼 수 있어.

이제 볼링공 근처로 야구공을 굴려볼 거야. 그럼 어떻게 될까? 굴리는 방향과 속력에 따라서 야구공은 볼링공 근처를 지나치면서 고무막의 곡률에 의해 진행 방향을 바꾸거나, 혹은 고무막의 곡률을 따라 빙빙 돌다가 볼링공에 가서 붙을 수도 있어.

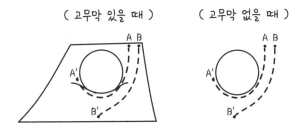

(고무막 있을 때)   (고무막 없을 때)

만약 고무막이 완전히 투명해서 우리의 시각이 고무막을 포착하지 못한다면 볼링공과 야구공의 운동은 어떻게 보일까? 마치 볼링공이 힘을 뻗어서 야구공을 끌어당긴 것처럼 보이지 않을까? 뉴턴의 중력 개념처럼 서로를 끌어당기는 것으로 보이겠지. 하지만 실제로는 그런 게 아니야. 볼링공은 아무것도 하지 않았어. 다만 볼링공의 질량이 시공간을 휘어지게 하고, 직선으로 움직이려는 야구공은 그 곡률을 따라서 최단거리로 움직였을 뿐이야.

입대 예정자   신기한데. 그렇다면 중력이 강하다는 건 시공간의 곡률이 그만큼 커진다는 것을 의미하는 건가?

우주   그렇지. 물체의 질량이 시공간의 곡률을 결정하고, 이것이 중력의 크기를 결정해. 예를 들어 볼링공이 놓여 있는 자리에 태양을 대신 놓는다면, 혹은 태양보다 더 무거운 항성을 가져다 놓는다면 그 주위의 시공간의 곡률도 커지게 될 거야. 그럼 어떤 일이 벌어질까? 우선 그 주위를 지나가는 우주선은 그 별의 중력장을 빠져나가기 위해서 더 많은 에너지가 필요할 거야. 예를 들어, 지구 표면에서 중력을 거슬러 탈출하기 위한 속도는 초속 약 11킬로미터가 돼. 하지만 태양 표면에서 탈출하기 위해서는 초속 600킬로미터 이상이 되어야 하지.
다음으로 시공간의 곡률이 커지면 시간도 크게 휘어져. 즉 시간도 천천히 흘러가게 돼. '공간'의 곡률이 아니라, '시공간'의 곡률이잖아. 상대성이론 이후에 시간은 공간의 상태와 연관되어 있어. 객관적이고 절대적인 배경으로서 존재하는 독립된 시간이나 독립된 공간은 없는 거야. 참고로 이러한 4차원의 시공간을 다루는 수학적 세계를 '민코프스키 시공간'이라고 해.

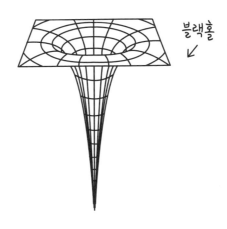

블랙홀

이렇게 극단적인 시공간의 곡률을 실제로 가진 천체가 블랙홀이야. 다시 고무막으로 돌아와서, 고무막 위에 올려 있는 볼링공의 밀도를 점점 높인다고 상상해봐. 고무막은 볼링공과 함께 점점 밑으로 급격하게 구부러질 거야. 이제 볼링공의 질량이 무한대가 됐다고 가정해봐. 시공간의 곡률도 무한대가 되겠지. 결국 그 곡률은 너무나 커져서 그 어떤 것도 한번 빠지면 나올 수 없게 돼. 빛조차 말이야. 멀리서 그 볼링공이 위치한 곳을 본다면 어떻게 될까? 볼링공은 거기 있겠지만, 우리는 그걸 볼 수 없을 거야. 왜냐하면 본다는 것은 무엇인가 반사되는 것을 측정한다는 것인데, 거기에서는 아무것도 반사되어 나오지 않거든. 우리에게는 그저 깊은 어둠만이 보일 거야. 그래서 이러한 천체를 '블랙홀(Black hole)'이라고 이름 붙인 거지. 하나의 천체가 블랙홀이 되기 위해서는 질량에 대비한 특정 크기로의 수축이 필요해. 이때 기준이 되는 건 슈바르츠실트 반지름이야. 쉽게 말해서 지구의 슈바르츠실트 반지름은 대략 1센티미터 정도가 돼. 지구를 이 정도의 크기 안에 구겨 넣으면 지구도 블랙홀이 되는 거야.

두 번째 질문

입대 예정자 두 번째로 묻고 싶은 건, 우주의 미래에 대해서야. 특히 방금 이야기한 중력의 문제가 우주의 미래와도 연관되어 있다고 들었어. 오늘날의 사람들은 누구나 우주가 특정 시점에서 팽창을 시작해서 지금도 팽창을 지속하고 있다는 걸 알아. 문제는 미래에도 팽창을 지속할 것인가에 대해서야. 이를 결정하는 것이 우주 전체의 질량과 이에 따른 중력이라던데, 앞으로 우주는 어떻게 되는 거야?

우주 그에 대해서 답하기 전에, 그 질문은 그 자체로 흥미로워. '앞으로 우주는 어떻게 되는가?'라는 질문. 이 질문의 전제는 우주가 변하고 있다는 거야. 방금 너는 우주의 크기가 변한다는 믿음이 오늘날 사람들의 상식이라고 이야기했지만, 이러한 생각이 상식이 된 건 사실 얼마 되지 않았어. 100년도 되지 않았지.

구체적으로 우주 팽창의 결정적 증거가 측정된 건 1929년에 이르러서야. 미국의 천문학자 에드윈 허블은 은하들의 적색편이를 관측함으로써 지구에서 보이는 거의 모든 은하가 지구로부터 멀어지고 있다는 것을 보여줬어. 여기서의 적색편이란 은하들이 내는 빛의 파장이 늘어져서 관측되는 현상을 말해. 빛의 파장이 늘어진다는 것은 그만큼 빛을 내는 대상이 빠르게 멀어지고 있다는 것을 의미하니까. 이상하지? 모든 은하가 지구로부터 멀어지고 있다니. 그전까지 사람들은 우주가 정적일 거라고 생각했거든. 실제로 밤하늘을 보면 그렇게 보이잖아. 정적인 우주에서 은하들이 움직인다면 은하들의 움직임은 제각각 불규칙적이어야만 해. 어떤 은하는 지구로 접근하고, 다른 은하는 지구에서 멀어지고.

하지만 실제 관측 결과, 예외 없이 모든 은하는 지구로부터 멀어지고 있었어. 그것이 의미하는 건 무엇일까? 둘 중에 하나지. 지구가 우주의 중심이거나, 아니면 우주가 팽창하고 있거나. 하지만 전자는 아닐 거야. 지구가 세상의 중심이라는 사고를 극복해온 것이 근현대 과학의 성과잖아. 우주는 팽창하고 있는 거야. 마치 부풀어 오르는 식빵 속에 건포도들이 모두 서로 멀어지는 것처럼.

사실, 우주가 동적일 것이라는 생각은 허블의 관측이 최초는 아니야. 1915년에 발표된 일반 상대성이론에서도 예견되는 것이었어. 일반 상대성이론의 아인슈타인 방정식을 풀면 우주가 팽창한다는 결론이 도출되었거든. 엄밀히 이야기하면 아인슈타인 이전의 뉴턴의 중력 이론에서도 우주가 동적일 것이라는 사실이 추론돼. 왜냐하면 중력은 서로를 끌어당기는 방향으로만 작동하니까. 궁극적으로는 수축할 수밖에 없는 거야. 하지만 뉴턴도 아인슈타인도 자신의 이론에 의해 예견됨에도 불구하고 우주의 크기가 변한다는 예측을 받아들이지 못했어. 그만큼 사람들 사이에는 정적인 우주 모델에 대한 믿음이 강하게 자리 잡고 있었지. 아인슈타인은 우주가 팽창한다는 결론을 막기 위해서 자신의 방정식을 임의로 손보기까지 했어. 우주상수를 추가해서 정적인 우주가 되도록 수식을 조정했던 거지. 무엇인가 우리가 알지 못하는 특정한 원천에서 나오는 힘이 있어서 우주의 팽창을 막을 거라고 생각한 거야. 이후 아인슈타인은 허블의 관측 결과를 확인하고서 자신이 완전히 틀렸음을 깨달았어. 그래서 우주상수를 도입했던 것이 자신의 인생에서 가장 큰 실수임을 시인했지.

다시 허블의 관측 결과로 돌아와 보자. 은하들은 지구로부터 멀어지고 있어. 중력에 의한 수축을 극복하고 말이야. 이것이 의미하는 것은 무엇일까? 시간을 되돌려보면 은하들은 하나의 지점에 모이게 될 거고, 이러한 고밀도의 상태로부터 폭발이 있었을 것임을 추측해볼 수 있어. 그리고 실제로 1964년. 미국의 전파 천문학자 아르노 펜지아스와 로버트 윌슨이 우주 전체에 고르게 퍼져 있는 우주배경복사를 관측하게 되면서 우주가 초기의 뜨거운 고밀도 상태로부터 대폭발을 겪었다는 빅뱅 우주론의 결정적 근거를 제공하게 되었지.

입대
예정자   그럼 앞으로의 우주는 어떻게 되는 거야?

우주   세 가지의 논리적 가능성이 있어. 그걸 결정하는 건 두 요소야. 우주 전체의 질량에 의한 중력의 세기 그리고 우주의 현재 팽창 속도야. 우선 첫 번째 가능성은 우주의 팽창속도가 생각보다 느리고 우주의 밀도가 충분히 높을 때야. 그러면 어느 순간 은하들 사이의 중력이 팽창에 영향을 미쳐서 마침내 우주를 정지하게 만들 거야. 그 시점부터 우주는 수축하는 거지. 그때가 되면 은하들의 적색편이가 아니라 청색편이가 관측될 거고, 모든 은하는 지구를 향해 가까워지는 것으로 보일 거야. 그리고 결국 붕괴를 맞이하게 되겠지. 이러한 우주의 대붕괴를 '빅크런치(Big Crunch)'라고 부르기도 해. 이는 닫힌 우주의 전형적인 모습이야.

두 번째 가능성은 우주의 팽창속도가 생각보다 빠르고 우주의 밀도가 충분히 높지 않을 때야. 그러면 은하들 사이의 중력은 팽창속도를 줄이기는 하겠지만, 정지에 이르게는 하지 못해. 은하들은 영원히 멀어지고 우주의 모든 별은 수소 연료를 모두 소진하고 결국 아주 낮은 온도로 식어갈 거야. 이는 열린 우주의 모습이야.

마지막 세 번째 가능성은 적절한 균형을 이룬 상태에서 멈추는 거야. 우주가 재수축을 간신히 면하는 정도의 속도로 팽창을 지속하고 동시에 우주의 밀도가 이를 유지할 정도인 상태야. 은하들 사이의 거리가 최대치에 도달한 상태로 멈추는 거지. 이를 '평탄 우주'라고 해.

그렇다면 이 세 가지 가능성 중에서 궁극적으로 맞이하게 될 미래는 무엇일까? 현재까지 발견된 자료들을 기반으로 하면 우주의 팽창을 정지시키는 데 필요한 우주 전체의 질량이 많이 부족해. 관측 가능한 은하들과 별들의 질량을 모두 더해도, 우주의 팽창을 정지시키는 데 필요한 양의 1퍼센트에도 미치지 않아. 여기에 관찰할 수는 없지만, 인력의 영향을 근거로 존재할 것이라고 추측되는 '암흑물질'의 질량을 포함시

켜도 필요한 양의 10퍼센트밖에는 얻지 못하지. 그러니 현재까지는 우주의 미래가 '열린 우주'의 형태일 거라는 전망이 우세해. 하지만 우리는 아직 우주에 대해 아는 것이 많지 않으니까. 가까운 미래에 우주 전체를 균일하게 채우고 있는 미지의 물질을 발견할 가능성을 완벽하게 배제할 수는 없어.

세 번째 질문

입대 예정자 우리는 우주의 끝에 대해서 이야기했어. 그렇다면 반대로 시작은 어떤 모습이었어? 사실 더 궁극적으로 알고 싶은 건 우주의 시작보다 더 앞선 시간이야. 우주의 시작 그 이전. 그때에도 우주는 존재했을까?

우주 빅뱅 이전에 무엇이 있었는지는 알 수 없어. '빅뱅 이전'이라는 말 자체가 성립이 안 되는 걸. 그 지점에서는 인류가 발견한 모든 이론과 법칙이 붕괴해. 시간과 공간이라는 개념 자체가 가능하지 않을 거고, 존재라는 개념이 적용 가능한지도 의심스러워. 그렇다고 이때를 단순히 혼돈 정도로 치부하는 것도 정당하지 않아. 이렇게 어려운 문제를 해결하기 위해 과학자들은 지금도 노력하고 있지. 이러한 노력의 첫 번째 목표는

195

대통일이론(Grand Unified Theories)을 만드는 거야.

대통일이론은 우주에 존재하는 네 가지의 기본 힘인 강력, 약력, 전자기력, 중력을 통합적으로 다루는 이론이 될 거야. 현재는 강력, 약력, 전자기력은 양자역학에서 다루고, 중력은 일반 상대성이론에서 다루고 있어. 즉 과학자들은 양자역학과 일반 상대성이론을 통합하고자 하지. 하지만 여러 가능성만 타진되고 있을 뿐, 아직까지 확실한 건 없어. 언젠가 인류가 대통일이론을 완성하게 되면 인류는 빅뱅 직후의 우주를 완벽에 가깝게 기술할 수 있을 거야. 그 이후에야 인류는 비로소 빅뱅 이전에 대한 탐구를 시작할 수 있겠지.

하지만 어쩌면 인간이라는 종은 우주의 기원에 대한 답을 찾지 못한 채 사라지는 운명에 처해 있는 것일지도 몰라. 우주 이전에 또 다른 우주가 있었는지, 어떤 힘이 빅뱅을 가능하게 했는지, 우주의 시작은 정말 우리가 전혀 알지 못하는 법칙에 의해서 일어난 것인지. 지구에 발붙이고 있는 인간이라는 종의 진화적 한계는 태생적으로 우주의 기원에 대한 이해 자체가 원천적으로 차단되어 있는 것인지도 모르니까.

입대 예정자 그렇지만 나는 니체의 영원회귀를 생각하고 있어. 중앙도서관 테이블에 놓인 작은 의자에 앉아서 머릿속으로 무한히 반복하는 우주의 탄생과 소멸을 상상해. 그리고 이러한 반복이 가져오는 존재의 의미에 대해서도 생각하지. 지금 내 옆에 우주를 불러와 앉힌 것도 나 자신이고. 인류가 사라진다면, 다시 말해서 우주에 대해서 생각할 수 있는 지적인 존재가 사라진다면, 그럼에도 불구하고 그 우주는 존재한다고 말할 수 있는 걸까? 우주의 시작과 끝 그리고 우주의 존재 자체는, 어쩌면 인간의 의식에 종속되어 있는 것은 아닐까 하는 생각을 하곤 해.

우주　어쩌면 그럴지도 몰라. 최근 물리학계에서도 인류원리(Anthropic principle)를 통해 우주의 존재 방식을 설명하려는 시도가 있어. 인류원리란 현재의 우주가 왜 이러한 모습을 하게 되었는지에 대한 해명을 인간의 존재 가능성으로부터 찾으려는 시도야. 예를 들어, 우주에는 지금 현재의 모습을 갖추기 위해 아주 정교하게 조정된 물리량들이 있어. 도대체 왜 이런 값을 가지고 있는지를 설명할 수 없는 미세 조정된 상수값들이지. 대표적으로 양자역학의 기본 상수 중 하나인 플랑크상수나, 아인슈타인이 폐기했지만 우주 가속 팽창을 설명하기 위해 양자론에서 다시 도입한 우주상수 등이 있어. 우주에 왜 이러한 특정한 값들이 존재하는지를 설명하기는 어려워. 하지만 반대로 인간의 존재 가능성에서부터 출발하면 쉽게 답을 도출할 수도 있지.

우선 무수히 많은 우주가 존재한다는 다중 우주의 개념을 전제해야 해. 이렇게 수많은 우주는 완벽히 독립되어 있고, 나름대로의 다양한 물리 상수들을 가져. 그 중에서 거의 대부분의 우주들은 적절하지 않은 물리 상수 값으로 너무나 급격히 수축하거나 팽창하여 파괴될 거야. 혹은 간신히 유지되더라도 지적인 생명체를 발생시키지 못할 수도 있어. 하지만 극소수의 우주는 안정적으로 유지되고, 결국 지적인 생명체를 발생시키겠지. 그리고 어느 날 그 지적인 생명체는 이렇게 생각할 거야. 우리 우주는 왜 특별한 상수값으로 미세 조정되어 있는 것일까? 하고 말이야.

이러한 인류원리를 더 확장해보면 이런 생각으로 나아갈 수 있어. 20세기 미국의 물리학자 존 휠러는 우주가 존재하기 위해서는 반드시 관찰자가 필요하다고 생각했어. 이 말에 대해서 고전 물리학자들은 격렬하게 반대할 거야. 왜냐하면 고전 역학에서의 우주는 인간의 존재와 무관하게 이미 존재하는 실체니까. 하지만 생각해볼 만한 문제야. 지적인 존재들로부터 완벽하게 은폐된 동시에 자기 충족적이고, 그 안에 어떠한 지적인 생명체도 보유하지 않은 우주를 과연 존재한다고 말할 수 있을까? 만약 그렇다고 대답한다면, 도대체 그 대답을 할 수 있는 존재는 누구인가?

나무 그늘이 길어졌다. 우주를 돌려보내고 그렇게 벤치에 조금 더 앉아 있었다. 우주는 어디에 있을까. 학교 정문을 향해 천천히 걸어 내려가며 생각했다. 우주비행사가 아니라면, 엄청난 배기가스를 밀어내며 지구의 중력을 거슬러 오르는 로켓의 탑승자가 아니라면, 대다수의 인류는 밤하늘 너머에 있는 우주의 민낯을 평생에 걸쳐 단 한 번도 마주하지 못할 것이다. 하지만 나와 당신은 우주에 대해 말하고 생각하고 예측한다. 한 명의 인간을 안과 밖으로 나눈다면, 혹은 내면의 세계와 외부의 세계로 나눈다면, 우리는 어디에서 우주와 대면하고 있는 것일까. 인간은 자신의 안에서, 자신의 내면세계 속에서 우주와 만난다. 너무나도 연약한 신체로 의자에 앉아 무한히 반복하는 우주의 탄생과 소멸을 상상하는 것이다.

그래서 입대는 걱정되지 않았다. 개인 소지품은 가져갈 수 없겠지만, 머릿속에 우주를 넣어가는 건 금지되지 않을 테니까.

여섯 번째 계단,
이상

체 게바라

이상적인 인간을 만났다

철학이라는 주관과 과학이라는 객관. 주관과 객관 사이의 세계를 탐험하며 나는 이상주의자로 성장했다. 내가 주목한 건 언제나 현실 너머에 있는 세계였다. 가려진 세계의 이면, 그 다가갈 수 없는 아득함에 늘 마음을 빼앗겼다. 현실의 구체성은 눈에 들어오지 않았다. 나는 옳음과 정의의 눈으로만 현실을 이해하려 고집을 부렸다. 현실의 부조리와 부당함에 민감하게 반응했다. 깨어지지 않는 이상을 찾아 헤매었던 것이다.

이상
철학 ↑ 과학

이 시기는 오랜 군 생활 동안 지속됐다. 군대라는 제한되고 차단된 공간은 차라리 나의 유리 같은 내면을 보호하는 데 도움이 되었다.

안 병장

이상적인 인간이 있다. 그런 이는 보통 숨겨져 있다. 극한의 상황이 찾아왔을 때, 타인의 시선 때문에 허세를 부리던 사람들마저도 지쳤을 때, 누가 진짜 이상적인 인간이었는지가 밝혀진다. 그는 상황을 핑계 삼지 않고, 부조리에 불평하지 않으며, 자기 삶의 임무를 소홀히 하지 않는다. 말이 아니라 실천하는 이상적인 인간. 자기 삶의 입법자. 안 병장은 그런 사람이었다.

안 병장을 알게 된 건 내가 소위 계급장을 달고 부대로 막 배치를 받았을 때였다. 나는 잘 적응하지 못했다. 당시의 내 눈엔 부대 안의 모든 것이 낯설고, 사람들의 행동이 기이하게 느껴졌다. 그들은 허위의식으로 가득 차 보였다. 획일화된 통제와 복종 그리고 불필요한 절차들에 넌덜머리가 났다.

내가 꿈꾸던 군대는 이런 것이 아니었다. 내가 포병 장교로 지원했던 이유는 이상적인 것이었다. 비트겐슈타인 때문이었다. 현대 언어분석 철학의 거장인 비트겐슈타인은 순전히 새로운 사람이 되겠다는 신념에 따라 세계대전에 참전하고 포병 장교로 복무했다. 그는 적들의 1차 타격 목표가 될 수 있다는 사실을 알면서도 최전방의 관측소에 지원했고, 빗발치는 포탄과 죽음의 공포 속에서 《논리철학논고》를 완성했다. 대학 시절 나는 그의 삶을 동경했고, 나 역시 그런 사람일 거라고 생각했다. 극단적인 상황 속에서도 나는 초연하게 스스로를 이겨낼 것이다. 나는 그렇게 믿었다.

그러나 현실의 군대는 그런 종류의 공간이 아니었다. 부대는 그저 생활의 공간이었다. 나는 불평하기 시작했다. '이곳에서 대의, 신념, 용기 같은 고결한 가치들은 기대할 수 없다. 모든 인간 군상은 현재의 상태를 유지하고 책임을 회피하는 데에만 편집증적으로 매진한다. 이곳에서 3년이 넘는 시간을 보내야 한다는 것은 지옥 같은 일이다. 이들로부터 나의 이념적 순수성을 보호할 거다. 나는 임시로 이곳에 온 것처럼 행동할 거다. 나를 욕하지 말라. 내가 이렇게 행동하게 한 모든 책임과 원인 제공은 형편없는 군대에 있다.' 나는 혼자 이렇게 분노했다.

이런 생각으로 생활하다 보니 문제가 끊이질 않았다. 나는 필사적으로 숨으려고만 했고, 이 때문에 윗사람에게 깨지기 일쑤였다. 그럴 때면 비실비실 웃으며 상황을 모면하려고만 했다. 그리고 돌아서서 그들의 보잘 것 없음을 욕했다. 힘든 시기였고, 그건 부대에게도 마찬가지였다. 나는 부대에서 짐스러운 존재였다. 결국 나는 나의 병과와

는 무관하게 업무량이 가장 적은 정훈장교의 업무를 담당하게 되었
다. 차라리 잘되었다고 생각했다. 특별한 임무가 없었다.

몇 개 되지 않는 나의 업무 중에는 병사들이 부대로 반입하려는 책
들을 허가해주는 일이 있었다. 병사들이 휴가를 나갔다가 책을 구입
해오면 우선 정보과에 맡겼는데, 나는 종종 정보과에 들러 그 책들이
불온서적이 아닌지만 검열하면 되었다. 당시에는 상급부대에서 내려
온 불온서적 명단이 있었다. 왜 이런 책이 불온서적으로 분류되었는
지 이해하기 힘든 명단이었다. 뭐 어쨌거나 상관없다. 나는 병사들의
책이 이 명단에 해당하는지만 확인하면 됐다. 사실 명단을 꼼꼼히 대
조해볼 필요도 없었다. 반입이 요청되는 책들은 대부분 남성 잡지나
판타지 소설 또는 각종 자격증 관련 문제집이었다.

안 병장과의 인연은 정보과에 앉아서 책들에 반입 허가 스티커를
붙이고 있을 때 시작되었다. 아무런 의욕 없이 책의 제목들을 하나씩
확인하고 있었다. 무슨 이런 책을 읽나 싶은 다양한 책들이 있었다.
그러다 나는 정신이 번쩍 들었다.《칼 마르크스》. 왜 이런 책이 여기
에 있나? 함정인가? 나는 죄라도 진 사람처럼 순간적으로 주위를 둘
러봤다. 정보과 사람들은 자기 업무에 열중이었다. 그 뒤에 있는 책
들의 제목도 빠르게 확인했다.《프로이트》,《서양 철학 입문》그리고
《니체》. 기분이 묘했다. 마치 오랜 타향 생활에 지쳐 초라해진 자신의
모습을 우연히 고향친구에게 들켰을 때의 기분 같았다. 누가 이런 책

을 읽는 걸까. 우선 나는 네 권 모두에 반입 허가 스티커를 붙였다. 참고로 마르크스의 《자본론》이나 《공산당 선언》 같은 고전은 불온서적 명단에 포함되지 않았다. 추측해보건대 당시에 군에서 설정한 불온 서적의 기준은 북한의 현실을 긍정적으로 평가하거나, 미국과의 동맹을 부정적으로 평가하거나, 혹은 한국 노동문제의 현실을 제시하는 것 정도가 되었던 것 같다.

늦은 오후가 되었을 때, 정보과로 병사 두 명이 찾아왔다. 그 중에서 병장이 브라보 포대에서 맡긴 책을 찾으러 왔다고 말했다. 나는 상자에 담은 책들을 넘겨주며 넌지시 물었다.

"이건 누가 신청한 책이야?"

마르크스와 프로이트의 책을 가리켰다. 병장이 말했다.

"제가 신청한 책입니다."

나는 그를 봤다. 큰 키, 비쩍 마른 몸매, 햇볕에 그을린 새까만 피부 그리고 주걱턱에 꽉 다문 입이 다부져 보였다. 안 병장을 처음 만난 순간이었다.

"밖에서 뭘 했길래 이런 책을 읽어?"

안 병장이 대답했다.

"밖에서 일러스트 그리다 왔습니다. 그런데 그림 그리다 보니 철학을 알아야 할 것 같다는 생각이 들어서, 뭐부터 시작해야 할지 몰라, 이것저것 읽어보고 있습니다."

나중에 알게 되었는데, 부대 도서관에 붙은 그림들은 안 병장이 이 등병일 때 그린 것들이었다. 나는 부대에 전입해서 처음으로 도서관에 들어갔을 때를 기억한다. 도서관의 벽에는 손바닥만 한 크기의 작은 그림들이 붙어 있었다. 유심히 살펴보았다. 아무렇지도 않게 쓱쓱 그려진 가로등 그림들. 그림 속의 가로등은 비를 맞으며 어둠 속에 홀로 켜 있었다. 그 작은 공간 속으로 펼쳐진 막막함의 깊이가 느껴졌다. 나는 이런 그림이 도대체 왜 여기에 있는지 궁금했었다.

안 병장과는 그렇게 알게 됐다. 내가 철학을 공부했다는 사실을 알고 안 병장은 기뻐했다. 일과를 마치고 별 일이 없으면 안 병장은 종종 정보과를 찾아왔다. 서구 역사에 대해서, 근현대 철학에 대해서, 현대 미술에 대해서 이야기했다. 안 병장은 나로부터 서양 철학의 궁금증을 해소했고, 나는 안 병장으로부터 마음의 위안을 얻었다. 아쉬운 건 안 병장의 전역이 얼마 남지 않았다는 것이었다.

전투화

안 병장은 누드모델이 될 거라고 했다.

"왜?"

"그냥 해보고 싶었습니다."

나는 이유를 캐묻지 않았다. 이유가 궁금하지 않았다. 그보다는 단조로운 군 생활 속에서도 자유를 품고 있는 그의 내면이 궁금했다.

"안 병장같이 자유로운 영혼이 어떻게 군 생활에 적응했는지 궁금해. 통제되고 억압된 환경이잖아."

"에이, 아닙니다. 군 생활 엉망으로 했지 말입니다."

"무슨. 분대원들은 잘 따르고 포대장님은 칭찬하시던데."

"에이, 아닙니다."

안 병장이 웃었다.

나는 진지했다. 실제로 그랬다. 안 병장은 포대에서 인정받는 사람이었다. 그의 선임들도, 후임들도, 안 병장을 좋아하고 따른다는 것을 잘 알고 있었다. 그런 그가 부러웠다. 어떻게 그럴 수 있는지 궁금했다.

내가 브라보 포대에서 일주일에 한 번씩 당직근무를 서게 되면서 안 병장을 만날 기회는 더 많아졌다. 당직근무는 밤을 새워야 하기 때문에 정신적으로나 육체적으로 피로한 일이었다. 보통 간부 한 명과 병장급 병사 한 명이 함께 선다. 가끔은 안 병장이 근무에 들어올 때가 있었다. 그러면 밤새 이야기가 이어졌다. 그는 그동안 책에서 읽었던 내용에 대해 물어봤고, 나는 그의 그림과 삶에 대한 태도에 대해서 물어봤다.

한 번은 그의 전투화에 대해서 이야기한 적이 있다. 안 병장의 전투화는 항상 깨끗했다. 당장 구보를 나갈 때도, 흙바닥에서 작업이 예정되어 있을 때도 그는 직전에 전투화를 닦았다. 내가 물었다.

"어차피 곧 더러워질 텐데, 너무 비효율적인 거 아닌가?"

안 병장이 경계근무명령서를 확인하며 덤덤하게 말했다.

"저도 예전에는 안 그랬지 말입니다. 그런데 어느 날인가 군 생활이 너무 힘들다는 생각이 들지 않았겠습니까? 사람들도 힘들게 하고, 되는 일도 없고. 왜 힘든지 생각했더랬지 말입니다. 생각하다 보니까 보람도 성취도 없기 때문이라는 생각이 들었습니다. 또 생각했습니다. 그럼 왜 보람도 성취도 없나. 그랬더니 제가 모든 걸 대충하려고 한다는 걸 알게 됐습니다. 군대 일이란 게 그렇게 인생에서 중요한 것도 아니고. 그러니 구색만 맞추려고 한 거지 말입니다. 그렇게 저는 군 생활 전체를 중요하지도 않은 일로 채우고 있었던 겁니다. 그리고 생각이 들었습니다. 전역해서 사회에 돌아가면 지난 2년은 버린 시간이 되겠구나 하고 말입니다. 그랬더니 걱정이 됐습니다. 그러면 안 되지 않겠습니까? 20대의 가장 소중한 시간을 하찮은 시간으로 채울 수는 없었습니다. 그래서 다짐했지 말입니다. 나한테 선물해야겠다, 군 생활의 2년을 의미 있는 시간으로 만들어서 스스로에게 선물해야겠다 하고 말입니다. 그래서 뭐, 구두부터 닦기 시작했습니다."

경계근무자들이 돌아왔다. 반사적으로 안 병장이 자리에서 일어났다. 따라 일어서기 전, 나는 내 전투화를 내려다보았다. 흙투성이의 전투화는 내 발에 임시로 신겨져 있었다.

부대 평가

대대 ATT 훈련이 다가왔다. ATT는 부대 평가다. 전술훈련 평가라고
도 하는데, 평가 결과가 간부들의 진급에 영향을 미치는 까닭에 모두
가 예민해진다. 그런데 인사과에 들렀을 때, 인사과장은 이번 평가는
어차피 별로 좋지 않게 나올 테니 사고만 안 나게 하면 된다고, 컴퓨
터로 작업을 하며 건성으로 내게 말했다.

"왜 그렇습니까?"

내가 물었다. 인사과장은 나와 동갑으로, 전역이 얼마 남지 않은
작은 키의 왜소한 사람이었다. 평소에 좋은 사람이긴 한데, 최근에 전
역 후 취업 걱정 때문에 스트레스를 받고 있다는 걸 다른 간부를 통
해 들었다.

"야. 넌 그런 것도 모르냐? 대대장님 진급 안 된 거 알아, 몰라?"

인사 과장이 물었다.

"듣긴 들었습니다."

"야. 그럼 상식적으로 생각해서, 결과 이미 나왔는데, 상급부대에
서 우리 부대에 좋은 평가를 주겠냐? 진급 가능성 있는 다른 대대장
들 있는데, 그쪽 밀어줘야 할 거 아니야."

"아······."

나는 이해했다. 내가 물었다.

"그런데 말입니다. 지난번에 대대장님이 전체 장병들 모으시고 이

번 ATT 잘 받아야 한다고 신신당부하지 않으셨습니까? 그러면 왜 그렇게 말씀하신 겁니까?"

인사과장이 한심하다는 표정으로 말했다.

"야. 당연한 거 아냐. 그럼 거기다 대고 어차피 나 좋은 평가 못 받으니까 설렁설렁 하라고 말하리?"

나는 안 병장이 생각나서 시무룩해졌다. 내가 말했다.

"대대장님 말씀 듣고서 전역 직전인데 훈련에 참가하겠다고 자원한 병사들도 있지 않습니까?"

"아. 얘기 들었어. 브라보에 안 병장인가. 훈련 다음 날이 전역이라며? 브라보 포대장이 대대장님한테 얼마나 어필하던지. 내가 다 안쓰럽더라. 브라보 포대장도 이번이 진급 마지막이잖아."

"그럼 안 병장한테 말해줘야 하는 게 아닐까요?"

"뭘?"

"이번 ATT 참가할 필요 없다고 말입니다."

"야. 신경 꺼. 지 인생 지가 사는 거지. 너는 너 살 거나 생각해. 너 전역하면 서른 아니야? 지금 군 생활 한참 남은 거 같지? 전역 닥쳐서 취업 준비하면 아무 데도 못 간다. 너도 말뚝 박을 거 아니면, 지금부터 토익이라도 준비해."

인사과를 나오며 생각했다. 인사과장 말이 맞을지도 모른다. 군대는 잠시 거쳐 가는 공간일 뿐이다. 이곳에서는 자신의 미래를 차근차

여섯 번째 계단, 이상

근 준비하면 된다. 안 병장에게 말해줘야겠다. 하지만 안 병장을 만나지 못 했다. 이후에 시간은 정신없이 흘러갔다. 나에게는 첫 번째 부대평가였다. 나는 허둥대었다. 그렇게 훈련이 시작되었다.

2박 3일간 우리 부대는 진지를 돌았다. 정해진 위치에 포를 방열하고 지휘에 따라 사격을 진행했다. 군대 특유의 오랜 대기와 피로감이 지속되었다. 상급부대에서 파견된 평가관들이 함께 따라 다녔다. 저녁이 되면 평가관들은 돌아가고, 부대는 텐트를 치고 숙영을 준비했다. 숙영지에서의 당직근무 순번이 정해졌다. 나는 근무 시간이 새벽에 잡혔다. 얼마나 잤을까. 전 근무자가 깨워 어렵게 눈을 떴다. 흙먼지에 입은 텁텁하고 몸은 천근만근 무거웠다. 근무 복장을 챙겨서 텐트 밖으로 빠져나왔다. 산 속의 서늘한 공기에 정신이 들었다. 짙푸른 하늘 아래 나무들의 검은 실루엣이 시야에 들어왔다. 나는 달빛에 희미하게 반사되는 좁은 길을 따라 걸었다. 몇 개의 텐트를 지나 근무 장소 앞에 도착했다. 입구 천막을 손으로 들췄다. 희미한 랜턴에 밝혀진 텐트 내부가 나타났다. 그리고 자리에 앉아 있던 안 병장이 벌떡 일어나 경례를 했다.

"안 병장!"

안 병장은 원래 오늘 근무가 없었으나, 내가 당직 사관으로 들어온다는 것을 알고 자원해서 근무자가 된 것이었다.

"이게 진짜 제 마지막 근무입니다."

안 병장이 웃었다.

"그렇겠네. 이제 내일이면 전역이구나."

"전역해도 정훈장교님 면회 오겠습니다."

"말이라도 고맙네."

나는 무심코 안 병장의 전투화를 봤다. 하루 종일 흙바닥 위를 뒹굴었을 텐데도 그의 전투화는 깨끗했다. 내가 물었다.

"이번 훈련 원래 참가 안 해도 괜찮았잖아? 브라보 포대장님이 하라고 한 거야?"

"에이. 아닙니다. 제가 자원했습니다."

"아니, 왜? 바로 전역인데, 그래도 뭐 준비도 하고 해야 하잖아."

"지금까지 분대원들이랑 같이 고생하지 않았습니까. 좋은 애들인데, 저는 나가도 애들은 남지 않습니까? 마지막으로 좋은 평가 받게 해주고 마무리하고 싶었습니다. 이번에 신병들 들어와서 손도 많이 갑니다."

"그래."

나는 아무 말도 할 수 없었다. 안 병장의 판단이 틀렸음을 증명하기 위해서 나는 무수히 많은 생각의 가지를 뻗었다. 자신의 시간을 포기할 만큼 군대라는 집단이 그렇게 윤리적인 집단이 아님을 생각했고, 한국의 군대문화가 만들어낸 관료주의와 권위주의를 생각했으며, 국수주의와 애국주의가 어떻게 전체주의적 폭력으로 귀결되는가

213

를 생각했다. 안 병장을 만나면 이런 것들을 말해주리라 생각했던 것이다. 하지만 그럴 수 없었다. 그는 그 모든 이유와 무관하게 옳다. 그는 자기 삶의 입법자이고, 자기 삶의 대지를 걸어가는 자가 아닌가.

이상적인 인간

"이번에 근무 자원한 거는, 정훈장교님께 인사드리려고 한 게 아니라, 여쭤보고 싶은 게 있어서 그랬습니다."

"뭐, 어떤 거?"

"이번에 책을 읽다가 이상적인 인간이라는 단어를 봤습니다. 그림만 그리면서 살다 보니 한 번도 생각을 안 해본 겁니다. 이상적인 인간이라는 생각 말입니다. 그러다가 정훈장교님은 어떤 생각을 하실까 궁금해졌습니다."

"이상적인 인간?"

"네. 정훈장교님은 어떤 사람이 이상적인 인간이라고 생각하십니까?"

상황실 텐트 안은 고요했다. 랜턴의 희미한 불빛만이 흙먼지로 범벅이 된 천막 안을 밝히고 있었다. 오래된 기름냄새, 흙냄새가 익숙했다. 그토록 오랜 시간 동안 찾아 헤매던 질문이 아닌가. 고등학생 시절 우연히 집어든 《죄와 벌》에서부터 시작된 질문. 이상적인 인간이란 무엇인가. 나는 최근에 이르러 혹시 내가 그런 사람을 본 것은 아닐까 생각하고 있었다. 문학 속에 있는 존재가 아니라, 지극히 현실적인 공간에 존재하는 이상적인 인간을. 그런데 놀랍게도 내가 찾은 이상적인 인간은 살면서 단 한 번도 이상적인 인간에 대해서 생각해보지 않았다고 말한다. 나는 니체의 어린 아이를 떠올렸다.

"이상적인 인간이 있지. 그런 이는 보통 숨겨져 있어서, 극한의 상황이 찾아왔을 때, 타인의 시선 때문에 허세를 부리던 사람들마저도 지쳤을 때, 누가 진짜 이상적인 인간이었는지가 밝혀져. 그는 상황을 핑계 삼지 않고, 부조리에 불평하지 않으며, 자기 삶의 임무를 소홀히 하지 않지. 말이 아니라 실천하는 이상적인 인간. 자기 삶의 입법자. 혹시 '체 게바라'에 대해서 들어봤어?"

안 병장은 눈을 반짝였다.

"못 들어봤습니다. 체 게바라가 사람입니까?"

"응. 20세기에 남미에서 활동했던 공산주의 혁명가야."

"왜 그 사람이 이상적인 인간입니까?"

"더 나은 세계를 꿈꾼 몽상가였고, 행동하는 실천가였으며, 그의 실천이 사람들의 마음을 움직였기 때문에."

우리는 길지 않은 근무 시간동안 체 게바라에 대해서 이야기했다.

어린 시절

20세기 공산주의 혁명가 체 게바라는 1928년 5월 14일 아르헨티나 로사리오에서 태어났다. 그의 본명은 에르네스토 라파엘 게바라 데 라 세르나(Ernesto Rafael Guevara de la Serna). 보통 '에르네스토'라고 불렸다. 그가 '체(Che)'로 불린 것은 혁명군에 가담할 무렵부터다. '체'는 아르헨티나 사람들이 습관적으로 붙이는 말로, '어이', '이봐', '친구', '동지' 정도가 된다.

에르네스토의 가정은 유복한 편이었다. 아버지는 건축가였고, 어머니는 스페인 귀족 출신으로 프랑스 문학에 심취한 교양 있는 여인이었다. 에르네스토는 두 살 때 찬물로 목욕하다 폐렴에 걸렸고, 이때 생긴 천식은 평생 그를 따라다녔다. 하지만 자신의 운명을 거스르기라도 하려는 듯, 자라면서 럭비, 축구, 수영 같은 거친 운동을 좋아했다. 별명은 스페인어로 새끼 돼지를 의미하는 찬초(Chancho)였다. 그건 잘 씻지 않는 에르네스토의 성향 때문이었는데, 그는 하나의 티셔츠를 선택해서 일주일 내내 입을 정도였다. 에르네스토는 찬초라는 별명을 좋아했다. 잘 씻지 않았지만, 정 많고 따뜻한 성격 때문에 모든 사람의 사랑을 받았다.

그는 또래들보다 눈에 띄게 성숙한 아이였다. 책 읽는 시간이 많았다. 호흡이 어려워서 잠이 오지 않는 밤이면, 새벽까지 책을 읽었다. 볼테르, 랭보, 보들레르의 시를 읽었고 네루와 간디의 책 그리고 존 스타인벡과 윌리엄 포크너의 소설을 읽었다. 열일곱 살 무렵에는 평생 지속될 일기 쓰기를 시작했다. 후에 밀림 속에서 게릴라 투쟁을 벌이는 가운데서도 그는 글쓰기와 독서를 멈추지 않았다.

청년이 된 에르네스토는 부에노스아이레스 대학교에서 의학을 전 공했다. 천식으로 고생한 어릴 적 경험이 진로를 결정하는 데 결정적 인 영향을 미쳤다. 대학의 마지막 학기를 남겨둔 1951년 1월. 24세 가 된 그는 선배이자 친구인 알베르토 그라나도와 함께 남아메리카 종단 여행을 계획한다.

결과적으로 이때의 여행은 '체 게바라'라는 혁명가의 삶에서 매우 중요한 사건이 되었다. 그것은 이 여행이 젊은 에르네스토로 하여금 현실에 눈뜨게 한 결정적인 계기가 되었기 때문이다. 에르네스토는 남미 토착민들의 비참함을 두 눈으로 확인했다. 그리고 이러한 비참 함의 근원이 미국의 침략적인 자본주의에 있음을 직시했다.

남미 여행

여행은 '포데로사'라고 이름 붙인 오래된 오토바이와 함께 시작되었 다. 아르헨티나에서 출발하여 칠레, 페루, 콜롬비아, 베네수엘라까지

7개월간 1만킬로미터에 달하는 기나긴 여정이었다. 하지만 칠레에 도착할 무렵 포데로사는 완전히 고장 났다. 그들은 오토바이를 버리고 걷거나 트럭과 기차를 얻어 타며 여행을 계속했다. 고된 길이었다. 그러나 그들은 젊었고, 세상을 보고자 하는 열정이 있었다.

예상치 못한 도보 여행이었지만, 남미 토착민들의 삶 깊숙이 들어서는 기회가 되었다. 구체적인 현실이 세밀하게 눈에 들어왔다. 에르네스토가 본 것은 조상들의 땅을 빼앗기고 떠도는 토착민들의 가난과 비참함이었다. 특히 추키카마에 위치한 거대한 구리 광산에서 행해지는 비인간적인 착취는 에르네스토를 분노하게 했다. 이곳은 미국 기업 브레이든 컴퍼니가 운영하는 곳으로, 현지의 인부들을 착취하는 거대 자본주의의 전형적인 공간이었다. 농민들의 삶은 무너졌다. 그들은 모든 것을 빼앗겼고, 아무것도 가진 것이 없었다. 에르네스토는 정치적 투쟁을 가슴 깊이 새겼다.

하지만 이것은 칠레만의 상황이 아니었다. 남아메리카의 전반적인 모습이었다. 당시 남아메리카의 여러 나라는 미국과 손잡은 군사 정권이 장악하고 있었다. 군사 정권들은 미국의 투자를 받아 경제를 빠르게 성장시켰으나, 동시에 미국의 경제에 종속되었고 미국계 기업에 의한 자국민들의 노동 착취와 인권 침해에 눈감았다.

7개월간의 여행을 마치고 돌아온 에르네스토는 그 전과는 다른 사람이 되어 있었다. 그는 스스로 알고 있었다. 다시는 예전의 삶으로 돌아갈 수 없으리라. 그는 억압과 착취의 현실에 눈 떴고, 평등의 의미에 대해 깊이 고민했다. 그는 다음과 같은 결론을 얻었다. 남아메리카의 문제는 미국의 제국주의에서 기인한다. 이를 해결하기 위해서는 공산주의 사회로의 이행이 필요하다. 유일한 방법은 무력을 통한 혁명뿐이다.

여행 이후

아르헨티나로 돌아온 에르네스토는 어머니와의 약속대로 의학공부를 마쳤다. 하지만 그는 다시 떠나야 함을 알고 있었다. 의사 자격증을 따기 무섭게 그는 과테말라로 떠났다. 1953년. 그의 나이 26세 때의 일이다.

그가 과테말라를 선택한 건 당시의 과테말라가 사회주의적 변화를 이뤄내고 있었기 때문이다. 민주적으로 선출된 아르벤스 대통령은 과감한 개혁 정책을 폈다. 농지개혁법이 시행되었고, 사회보장제도가 마련되었다. 많은 지식인과 민족주의자, 사회주의자가 이를 반겼다. 에르네스토도 이러한 진보적 정책을 지지하며 과테말라에 정착했다. 그곳에서 그는 혁명적인 젊은이들과 어울리며 마르크스주의를 학습해갔다.

하지만 곧 미국의 개입이 시작되었다. 그것은 농지개혁법으로 미국계 기업들이 피해를 입었기 때문이다. 특히 악명 높은 기업 '유나이티드 프루트 컴퍼니(UFC)'가 가장 큰 손실을 입었다. UFC는 미국 정부를 움직임으로써 과테말라 정부를 정치적으로 압박했다. 잠시 UFC에 대해 소개하면, 이 기업은 제3세계 국가의 농장에서 재배된 열대과일을 유럽과 미국에 판매하는 거대기업이었다. 문제는 UFC가 막대한 자금력을 동원해서 중앙아메리카 국가들의 정치를 좌지우지

했다는 것이다. 중남미의 부패한 독재 정권들은 UFC로부터 돈을 챙기고 그들이 자신의 나라를 경제적으로 종속시키는 상황을 방관했다. 이러한 국가들을 경멸의 의미로 '바나나 공화국(Banana Republic)'이라고 부른다. 구체적으로 당시의 엘살바도르, 온두라스, 그레나다, 과테말라가 대표적이었다.

과테말라의 아르벤스 대통령이 목표로 했던 것은 UFC와 미국의 경제적 종속으로부터 벗어나는 것이었다. 하지만 아르벤스 대통령의 과감한 정책은 결국 1954년 6월 18일, 미국의 폭격으로 되돌아왔다. 과테말라에 폭탄이 떨어졌고 화염이 치솟았다. 여기에 더해 미국 CIA의 사주를 받은 카를로스 대령의 주도로 쿠데타가 일어났고, 친미적 독재 정권이 들어서게 되었다.

에르네스토는 충격에 빠졌다. 하지만 그는 무엇이 문제인지 정확하게 인지했다. 미국의 제국주의적 자본주의. 이것이 문제다. 그는 이렇게 말한다. "미국은 인간성의 적이다." 무력 투쟁을 다짐하며 그는 멕시코로 떠난다.

당시 멕시코는 혁명적인 사람들의 집합소였다. 망명자들과 사회주의 지식인들이 활발히 교류하던 곳이었다. 에르네스토는 그곳에서 오랜 동지가 될 피델 카스트로를 만났다. 그는 쿠바 사람으로, 미국에 동조하는 쿠바 정부에 반대하다가 투옥되었고, 후에 석방되어 멕시코로 도피해온 상황이었다.

피델은 쿠바 정권을 공격할 부대를 조직하고 있었다. 에르네스토는 피델과 뜻을 같이 하기로 했다. 쿠바에서 혁명이 성공하면 그것을 시작으로 남아메리카 전체의 해방이 가능할 것이라고 생각했던 것이다.

당시 쿠바의 정치 상황은 중남미의 다른 국가들과 유사했다. 군부인 바티스타 정부는 정권을 유지하기 위해 친미적인 정책을 폈고, 미국의 아이젠하워 정부는 이에 대한 대가로 지원을 약속했다. 점차 쿠바는 미국에 경제적으로 종속되어갔다. 쿠바인들의 삶은 처참해졌다.

에르네스토는 멕시코에서 군사 훈련을 받았다. 쿠바 혁명군에 가담한 유일한 외국인이었다. 게릴라 훈련을 받기에는 충분한 시간이 아니었기 때문에 그는 군의관의 신분으로 참여하기로 했다. 결전의 날이 점차 다가오고 있었다. 이 무렵부터 에르네스토는 '체'라는 별칭으로 불리기 시작했다. 에르네스토 게바라는 이제 체 게바라가 된 것이다.

쿠바 혁명

1956년 11월 25일. 체의 나이 29세. 여든두 명의 혁명군은 작고 낡은 요트 그랜마 호를 타고 쿠바 상륙작전을 감행했다. 하지만 그들은 경험이 부족했고, 배는 바다를 표류했다. 상륙은 예정보다 일주일이나 늦어졌다. 그들이 쿠바 동부 해안에 상륙했을 때, 바티스타의 정부군은 이미 매복을 끝마친 상태였다. 해안에 발을 디디기 무섭게 정부군의 공격이 퍼부어졌다. 혁명군은 제대로 된 전투 한번 치르

여섯 번째 계단, 이상

지 못하고 추격당하며 뿔뿔이 흩어졌다. 그 과정에서 3분의 2의 병력이 사살되었다.

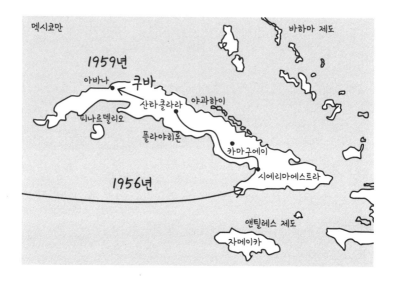

체는 목과 옆구리에 심각한 부상을 입었다. 정부군이 바짝 뒤를 쫓고 한 손으로는 목을 지혈해야 하는 상황. 체의 앞에는 탄약상자와 구급상자가 놓여 있었다. 다급한 상황에서 한 개만을 집을 수 있는 선택의 상황이다. 그는 후에 이 상황을 기록으로 남긴다. 그는 스스로에게 묻는다. "의약품인가, 탄약인가? 나는 누구인가? 의사인가, 혁명가인가?" 체는 주저하지 않고 탄약상자를 선택했다.

정부군을 따돌린 뒤 혁명군은 17명으로 줄어 있었다. 그들은 시에라마에스트라 산맥 깊숙이 숨어들었다. 피델 카스트로는 이곳을 게릴라 부대의 거점으로 삼았다. 이후 혁명군은 지역 농민들의 지지를 얻기 위해 그들을 설득하고 함께 생활했다. 피델은 농민들에게 혁명이 완수되면 농지개혁이 있을 것이며, 이를 통해 자신의 땅에서 직접 농사지을 수 있는 때가 올 것이라고 약속했다.

2개월 후, 혁명군의 첫 번째 전투가 벌어졌다. 게릴라들은 라 플라타 강 하구에 위치한 소규모 병영을 습격하고 승리를 거두었다. 이 첫 번째 승리는 두 가지 효과가 있었다. 우선 혁명군의 사기를 높였고, 다음으로 쿠바인들과 세계가 이들에게 주목하게 했다. 이어서 두 번째 공격을 감행했다. 체는 이 전투에서 처음으로 사람을 죽이는 경험을 했다. 적군과 대면하게 된 순간 적은 몸을 숙였고, 체가 그대로 총을 쏜 것이었다. 체는 담담했다.

미국은 바티스타에게 지속적으로 무기를 공급했다. 정부군의 압박은 거세졌다. 하지만 혁명군은 점차 세를 확장해갔다. 자체 신문을 제작하고, 라디오 방송으로 메시지를 전파했다. 피델은 〈뉴욕타임즈〉를 비롯한 미국의 미디어들을 불러 기자회견을 하기도 했다.

혁명군 내에서 체의 입지는 점차 강화되어갔고, 곧 사령관으로 임명되었다. 부대원들은 그를 멋진 남자라고 생각했다. 체는 어려운 환경에서도 냉철함과 강직함을 잃지 않았고, 매우 용감했다. 전투 중에 피델이 자신의 몸을 보호하려 애쓰는 것에 비해, 체는 항상 앞장서서

여섯 번째 계단, 이상

달려갔으며 용맹하게 싸웠다. 그는 죽음을 두려워하지 않는 사람처럼 보였다. 또 그의 외모도 한 몫을 했다. 지역 농민들이 보기에 체는 인상적이었다. 타지 사람에, 하얀 피부, 멋진 구레나룻 수염. 체의 비범한 행동과 타고난 외모는 범접할 수 없는 카리스마로 자리 잡았고, 점차 전설이 되어갔다.

시에라마에스트라 산맥에 정착한 지 18개월, 부대는 정착에 성공했다. 곧이어 혁명군은 전국적인 규모의 전투를 계획했다. 피델은 부대를 둘로 나눴다. 쿠바의 북쪽과 남쪽에서 동시에 전투를 치르려는 생각이었다. 피델은 체에게 북쪽을 맡겼다. 체는 부대를 이끌고 600킬로미터를 행군하여 라스 비아스에 도착했다. 본격적으로 전국적 규모의 전투가 시작된 것이다.

피델의 판단은 정확했다. 12월이 되면서 쿠바 전역에서 정부군은 무너져갔다. 결국 1958년 12월 31일. 바티스타는 측근 몇 명만을 데리고 급히 쿠바를 떠났다. 혁명군은 승리했다. 체와 피델은 쿠바인들의 환호 속에서 수도 아바나에 입성했다. 체의 나이 32세 때였다.

혁명 이후

체의 꿈은 명확했다. 궁극적으로는 인간성이 회복된 세계를 만드는 것, 구체적으로는 남아메리카를 사회주의로 통합하는 것이었다. 쿠바 혁명의 성공은 그러한 이상적 세계로 나아가는 첫 걸음이 될 것이다. 하지만 이상으로 나아가기 위해 밟아가야 할 실제 현실은 아름답지만은 않았다. 혁명 정부는 과거 청산에 들어갔다. 바티스타 정권과 결탁했던 수천 명의 범죄자, 정치범들을 처벌해야 했다. 피델이 스스로 수상 자리에 오르고 쿠바 통치를 위한 정치적 기반을 다져가는 동안, 체는 피델의 요청에 따라 숙청의 역할을 담당했다.

피델은 이후에 체에게 많은 역할을 맡겼다. 체는 쿠바 국립은행 총재, 산업부장관 등을 역임했다. 피델은 체에게 중요한 임무를 맡기는 동시에 그와 점차 거리를 두려고도 했다. 그것은 두 사람의 궁극적인 지향점이 달랐기 때문이다. 체는 세계적인 혁명을 원했지만, 피델은 쿠바의 안정적 통치를 원했다. 피델이 생각하기에 혁명 정부를 안착시키기 위해서는 어쩔 수 없이 미국을 비롯한 주변 국가들로부터의 인정이 필요했다. 문제는 체가 공산주의자인 동시에 급진파로 알려져 있다는 것이었다. 피델은 민족주의자이지 공산주의자가 아니었다.

하지만 이후 피델은 공산주의로 급격히 선회한다. 미국과의 관계가 악화된 이유가 크게 작용했다. 피델이 추진한 농지개혁법과 쿠바 내 미국계 기업들의 국유화 때문이었다. 담배농장, 정유회사, 은행 등 미국계 기업의 땅과 재산이 쿠바 정부의 소유가 되었다. 당시 미국계 기업들이 입은 손실은 1조 달러에 이르렀다. 대대적인 숙청과 미국계 기업의 재산 몰수는 많은 수의 쿠바인을 미국으로 망명하게 했다.

미국의 보복이 시작됐다. 미국은 쿠바와의 외교를 단절하고, 경제적 압박을 가했다. 동시에 쿠바 침공을 계획했다. 1961년 4월 17일. 미국에 망명한 1500명의 쿠바인들로 구성된 2506여단이 쿠바 남쪽 해안에 위치한 피그스 만에 상륙했다. 하지만 혁명 정부는 이미 이에 대한 대비를 마친 상태였다. 미국은 대패했다. 1113명이 포로로 잡혔다. 이 사건을 계기로 쿠바 내에는 반제국주의와 민족주의적 분위기가 높아졌다.

하지만 피델과 체는 미국의 재침공을 우려했다. 미국과 단독으로 맞서는 것은 역부족이다. 혁명 정부는 소련에 도움을 요청했다. 미국에 대항하기 위해서 소련의 핵미사일을 쿠바에 설치해줄 것을 요구한 것이다. 소련은 이에 응했다. 제3차 세계대전 직전까지 이르렀던 '쿠바 미사일 위기(Cuban Missile Crisis)'는 이렇게 시작되었다.

당시는 미국과 소련 중심의 냉전시대였다. 하지만 서서히 힘의 균형이 깨지고 있었다. 특히 핵무기 사용 능력에서 미국은 소련을 압도했다. 이러한 상황에서 쿠바의 중거리 탄도 미사일 설치 요청은 소련의 핵전력 열세를 극복할 수 있는 대안으로 떠올랐다. 소련은 미국의 턱 밑에서 미국을 압박할 수 있게 된 것이다.

1962년 7월부터 소련은 쿠바 내에 미사일 기지 건설에 착수했다.

하지만 10월 14일, 미국의 U-2 첩보기에 의해 건설 중인 미사일 기지가 발각되고 세부 사진이 공개되었다. 당시 미국의 존 F. 케네디 대통령은 강경하게 대응했다. 쿠바의 해상을 봉쇄하고, 소련이 미사일 기지 완공을 강행할 경우에는 제3차 세계대전도 불사할 것이라고 분명하게 밝힌 것이다. 전 세계가 세계대전의 공포에 휩싸였다. 10월 28일. 소련이 극적으로 쿠바 미사일 기지 철수를 발표함으로써 극단으로 치닫던 대규모 핵전쟁 위협은 해소되었다. 소련의 흐루시초프 서기장은 그 대가로 미국에게 두 가지를 요구했다. 첫째, 소련의 턱밑인 터키에 설치된 미국의 주피터 미사일을 철수할 것. 둘째, 쿠바를 침공하지 않겠다고 약속할 것.

제3차 세계대전의 위기는 넘겼지만, 공산권 국가들을 이끌던 소련의 지도력이 약해진 건 필연적인 귀결이었다. 피델과 체도 소련에 실망했다. 협상 과정에서 소련의 태도도 문제가 되었다. 미국과 소련의 협상 과정에서 당사자인 쿠바 혁명 정부가 완전히 배제되었던 것이다. 그것은 전쟁을 피하고 싶었던 소련이 판단하기에 피델과 체가 너무도 급진적이기 때문이었다. 실제로 체는 핵무기를 이용한 미국 본토 공격을 공공연하게 주장해서 소련을 난처하게 했다. 실망한 체는 소련 이외의 다른 공산주의 국가들과 협력해야 한다는 생각을 확고하게 다지게 되었다. 그러나 피델의 생각은 달랐다. 아무리 소련에 실망했다 하더라도 쿠바의 경제가 실질적으로 의존하고 있는 소련을 포기할 수는 없었다.

체는 피델과 쿠바가 처한 상황을 이해했다. 그리고 깨달았다. 남아메리카의 사회주의 혁명을 완수해야 할 임무가 자신에게 달려 있음을. 체는 떠날 때가 가까웠음을 느꼈다.

또 다른 혁명과 죽음

체의 가장 큰 장점이자 단점은 그가 이상주의자이며, 특히 인간에 대한 기대가 컸다는 점이다. 그는 사람들이 자신의 이윤 때문에 일하는 것이 아니라 노동의 신성한 의미를 깨달아 일하고, 타인을 위해 자신을 희생할 수 있는 이상적인 사회를 꿈꿨다. 노동과 헌신을 통해 유지되는 사회주의 낙원을 이룩하고자 했던 것이다.

이러한 목표 아래서 그는 절제를 강조했고 자신과 타인에게 엄격했다. 그는 구겨진 군복에 구멍 난 양말을 신고 다녔고, 일을 하다가 그 상태로 사무실 바닥에서 잤다. 쉬는 날이면 공장이나 사탕수수 농장에 나가서 직접 땀 흘려 노동을 했다. 자신의 아내에게도 자가용을 타지 못하게 했다. 비싼 선물은 그대로 돌려보냈다. 체는 동지들에게도 그렇게 할 것을 권유했다.

하지만 해를 넘길수록 쿠바의 경제 상황은 악화됐다. 체는 이것이

전적으로 소련에 의존하는 경제 환경 때문이라고 판단했다. 또 소련식 사회주의는 쿠바에 맞지 않는다고 생각했다. 소련의 공산주의는 공장 노동자와 군인들이 중심이 된다. 하지만 쿠바는 대다수가 농민이다. 그래서 체는 농민이 중심이 되는 중국 식 사회주의에서 쿠바의 미래를 찾고자 했다.

체는 전 세계를 향해 미국의 제국주의를 맹렬히 비판하는 동시에 소련 중심의 사회주의도 비판했다. UN총회와 알제에서의 연설이 대표적이다. 체는 소련 중심의 공산주의가 아닌 제3세계들 사이의 연대를 추구했다. 이러한 공개적인 비난은 소련의 심기를 건드렸고 쿠바 혁명 정부를 난처하게 했다. 피델은 점차 체를 멀리했다. 체에 의한 경제 정책의 실패와 소련에 대한 눈치 때문이었다.

체는 떠날 때가 되었음을 알았다. 그는 피델을 보호하기 위해 쿠바 시민권을 포기한다.

체는 그동안 아프리카를 눈여겨보고 있었다. 당시 아프리카에서는 사회주의 혁명의 분위기가 점차 뜨거워지고 있었다. 특히 콩고는 아프리카 대륙의 중심지로, 앞으로 사회주의 혁명의 거점이 될 만한 지역이었다. 콩고는 미국 CIA의 지원을 받는 조제프 카사부부 정권과 이에 저항하는 콩고민족해방운동이 대립하고 있었다. 미국은 카사부부 정권을 돕기 위해 1천 명의 의용군을 파병하여 반정부군을 진압했다. 체는 반정부군을 도와 콩고를 해방시키기로 결심한다.

그의 나이 38세 때인 1965년 4월. 체는 쿠바에서 자취를 감춘다. 소문이 무성했다. 자살, 피델에 의한 숙청, 소련에 의한 유배 등이 거론되었다. 하지만 체는 콩고로 향하고 있었다. 세계의 모든 억압받는 민중을 해방하기 위해 소수의 혁명군을 이끌고 게릴라로 돌아온 것이다.

그러나 콩고의 상황은 예상과 달랐다. 콩고민족해방운동의 지도자는 술과 매춘부에 빠져 있었고, 군대는 오합지졸에 불과했다. 상황은 더욱 악화됐다. 쿠바 혁명군이 입국했다는 사실을 안 콩고 정부군이 체의 캠프를 습격한 것이다. 체는 간신히 몸을 피했다. 피델은 특사를 파견해서 체에게 돌아올 것을 제안했지만, 체는 거절했다.

상황이 좋지 않았다. 결국 체는 다시 아메리카 대륙으로 돌아가기로 했다. 하지만 그건 쿠바가 아니라 볼리비아였다. 볼리비아에서 다음 혁명을 꿈꾼 것이다. 1966년 11월. 그는 변장한 채로 볼리비아에 입국했다. 머리카락과 수염을 잘랐다. 안경을 쓰고 양복을 입었다. 출장 중인 50대 세일즈맨의 모습으로 볼리비아의 수도 라파스에 도착했다. 그곳에서 볼리비아 공산군과 합류했지만, 문제가 발생했다. 소련에 대한 입장 차이와 지휘권에 대한 문제가 생긴 것이다. 결국 체의 혁명군은 따로 활동하게 되었다. 체에게는 결국 24명의 게릴라들만이 남았다.

메시코
벨리즈
온두라스
쿠바
자메이카
도미니카공화국
세인트루시아
그레나다
코스타리카
베네수엘라
콜롬비아
에콰도르
페루
브라질
볼리비아
1966년
파라과이
칠레
우루과이
아르헨티나

　더 큰 문제는 볼리비아 농민들의 지지도 얻지 못했다는 것이다. 쿠
바와는 상황이 달랐다. 당시 볼리비아는 10년 넘게 추진된 농지개혁
으로 자작농의 비율이 높았다. 그리고 민주제가 시행되고 있었고 어
느 정도의 언론의 자유도 보장된 상황이었다. 아무리 정부가 부패하
고 민중이 착취되고 있다 하더라도 자신의 재산이 조금이라도 보장
된 사회에서는 혁명이 설 자리가 없다. 볼리비아에서 공산주의 혁명

을 지지해줄 세력은 농민이 아닌 도시 노동자였지만, 체는 이런 정보를 얻지 못했다.

체의 혁명군이 입국했다는 사실은 볼리비아 정부와 미국 CIA에 알려졌다. 미국의 지원을 받아 볼리비아 정부군이 체를 압박해왔다. 체는 몇 안 되는 부대원을 둘로 나눠서 저항했다. 1967년 여름. 체는 열악한 상황에 처했다. 안데스 산맥을 통해서 탈출을 감행했다. 하지만 며칠 차이로 뒤따르던 후방이 지역 주민의 신고로 정부군에 의해 전멸되었다. 체가 이끄는 전방은 이제 생존을 위한 투쟁에 들어가야 했다. 체의 부대는 볼리비아의 밀림을 헤매었다.

1967년 10월 8일. 현지 농부가 체를 발견하고, 그의 위치를 신고했다. 정부군이 투입되고 교전이 시작되었다. 체는 허벅지에 총상을 입고, 결국 정부군에 잡히고 만다. 당시 체의 몰골은 말이 아니었다. 먹을 것이 극히 부족한 상태에서 진행된 10개월간의 밀림 행군은 그의 신체와 정신을 지치게 했다. 체가 붙잡혔을 당시, 그는 삶은 계란이 몇 개 들어 있는 반합을 손에 꼭 쥐고 있었다고 한다.

포획된 체는 정부군 병사에게 부축되어 근처의 작은 시골 학교로 끌려왔다. 그는 교실에 갇혔다. 그곳의 교사인 훌리아 코르테스라는 여성이 체에게 수프를 가져다주었다. 그는 기쁘게 마셨고, 금보다 귀하다며 고마워했다.

그 사이에 정부군은 사령부와 교신을 주고받았다. 정부군과 함께 있던 쿠바 출신의 CIA요원이 체의 신원을 확인하고 사령부에 이를 알린 것이다. 한 시간이 안 되어 사령부로부터 교신이 도착한다. 포로를 사살하라. 정부군은 당황한다. 정부군은 수신한 내용이 맞는지를 다시 확인한다. 답은 동일했다. 포로를 사살하라. 1967년 10월 9일. 학생들이 사용하는 나무 의자에 묶인 상태에서 체 게바라는 사살된다. 그의 나이 마흔이었다.

시신은 헬리콥터에 실려 바예그란데로 운구되었고, 곧 언론에 공개되었다. 상의를 탈의하고 눈을 뜬 채 누워 있는 그의 시신은 사진과 영상에 담겨 전 세계로 전파되었다. 미국은 쿠바가 그의 시체가 진짜가 아니라고 반박할 것을 사전에 막기 위해 그의 두 손을 잘라서 피델에게 보냈다. 그리고 체의 시신은 공개되지 않은 장소에 비밀리에 암매장했다. 그것은 체의 추종자들이 그의 시체를 찾아서 숭배할 것을 우려했기 때문이었다.

체가 사살된 지 10일 후. 피델은 쿠바인들 앞에서 다음과 같이 연설한다.

"우리는 체의 신념의 가치, 인간성의 가치, 사고의 가치, 도덕성의 가치, 정서의 가치를 의심해본 적이 없습니다. 체의 가치는 인류 보편의 가치입니다."

이상적인 인간의 조건

시계는 새벽 5시를 향하고 있었다. 근무 시간이 얼마 남지 않았다. 텐트 밖으로 나왔다. 하늘은 짙푸른 빛으로 서서히 밝아오고 있었다. 나와 안 병장은 텐트 가까이를 서성였다.

"안 병장은 그런 이상적인 사람이 될 수 있겠어? 타인의 시선이 아니라 자신의 신념에 따라 실천하는 사람."

"아닙니다. 저는 그렇게 멋진 사람은 죽어도 못 될 것 같습니다."

"아마 우리 모두 그럴 거야. 체 게바라 같은 강한 신념과 실천력을 갖기는 어려워. 사르트르도 체 게바라를 보고는 이렇게 이야기했어. '금세기의 가장 완벽한 인간이다.' 하지만 나는 우리 주변에도 이상적인 인간이 충분히 많이 존재한다고 생각해."

"우리 주변에 말입니까?"

"그래. 그런 이상적인 이들은 숨겨져 있어. 사람들은 그를 알아보지 못하지. 왜냐하면 사람들은 겉으로 드러나는 결과 외에는 타인을 평가할 줄 모르거든. 권력을 잡은 정치가나, 성공한 사업가나, 학벌이 높은 사람이나, 돈이 많은 사람이나. 사람들이 보기에 누구나 인정할 수 있는 가시적인 성과를 낸 사람들만이 칭송의 대상이 되지.

하지만 그렇지 않아. 이상적인 이들이 이상적인 이유는 그가 눈에 보이는 성과를 내서가 아니야. 그들의 내면이 우리에게 큰 울림을 주기 때문이지. 체 게바라도 마찬가지야. 우리가 그를 사랑하는 이유는 그가 쿠바혁명에 성공했기 때문이 아니야. 그는 성공보다 더 많은 실패를 했어. 콩고와 볼리비아에서는 참혹하게 패배했지. 마찬가지로 그가 높은 직책을 맡고 있었기 때문도 아니야. 그가 군의관의 신분으로 쿠바에 상륙했을 때, 혁명군들은 그의 지위가 아니라 그의 용기와 신념을 알아보고 그를 좋아했어. 이상적인 인간은 대중의 평가, 혹은 사회의 인정과는 무관해. 그런 사람은 각자 자기 세계의 범위 안에서 영웅이 되는 거야."

"그럼, 정훈장교님은 아무도 알아보지 못하지만 이상적인 인간, 시대의 영웅이 있을 수 있다고 생각하시는 겁니까?"

"응. 나는 그렇게 생각해. 그리고 나는 안 병장이 바로 그 이상적인 사람들 중 한 명이라고 확신해."

"예? 에이, 그건 아니지 말입니다."

안 병장은 손사래를 쳤다. 나는 더 이상 아무 말도 하지 않았다. 타자의 평가는 이상적인 인간에게 불필요하기 때문이다.

마지막 평가

대대 ATT는 조용히 끝났다. 부대는 오전 중에 철수 준비를 해서 점심 무렵에 부대로 복귀했다. 점심식사 후 부대원들은 교회 건물에 집합했다. 부대에는 실내 강연장 같은 게 없기 때문에 실내 집합은 항상 교회 건물을 이용했다. 2박 3일간 진행했던 부대 평가에 대한 결과 보고가 계획되어 있었다. 대대장님을 비롯한 전체 장병들이 집합했고, 곧 보고가 시작되었다. 결과 보고는 상급부대의 평가관들이 한 명씩 나와서 측정 결과에 대해 설명하는 방식이었다. 내 옆자리에는 인사과장이 앉았다. 나를 보고 눈을 찡긋해보였다. 나는 고개를 끄덕였다. 대대장님의 얼굴을 보았다. 평가가 시작되지도 않았지만, 눈을 감고 담담한 표정을 짓고 계셨다.

결과 보고가 시작됐다. 내 선입견 때문이었을까. 평가관들은 어느 정도 적정 비율은 문제점을 지적하기로 사전에 약속이라도 한 듯, 평가의 후반부는 항상 문제점들의 개선을 요구하며 끝이 났다. 주위를 둘러보았다. 훈련 직후의 피로와 평가에 대한 긴장 때문인지 분위기가 무거웠다. 나는 빨리 끝나기만을 기다리고 있었다.

그때였다. 안 병장이 손을 든 것은. 나는 그 장면을 뚜렷하게 기억한다. 안 병장은 어정쩡하게 일어섰다. 장병들이 모두 그에게 집중했다. 그가 했던 말의 내용이 무엇이었는지 지금은 선명하게 기억나지 않는다. 다만 안 병장이 손을 들기 직전에 평가관의 질타가 있었던 것만은 기억난다. 병사들의 정신 상태 불량, 의욕 없는 행동, 군인정신 부족에 대한 문제점들이 열거되었다. 손을 들고 일어선 안 병장의 심경은 복잡해 보였다. 평가가 정당하지 않음을 말하고 싶은 동시에 일개 병사로서 그런 말을 해도 되는지를 고민하는 것 같았고, 자신이 이렇게 말해서 무엇하나를 생각하는 동시에 자기 분대원들의 노력을 지켜주고 싶어 하는 것만 같았다. 그의 말은 잘 들리지 않고 어눌했다. 그는 몇 마디를 더 잇지 못하고 울었다. 남자들만 있는 군대에서 눈물을 보는 일은 흔치 않다. 평가관은 당황했다. 그는 대대장님의 얼굴을 봤다. 대대장님은 처음 표정 그대로 눈을 감고 있었다. 나는 안 병장을 보고 있었다. 그리고 생각했다. 이상적인 인간이 울고 있다. 아무도 알아보지 못하는 이상적인 인간이 저기서 울고 있다. 갑자기 그의 전투화가 보고 싶어졌다. 다닥다닥 붙어 앉은 장병들 사이에 있는 그의 전투화를 볼 수는 없었다. 하지만 보지 않아도 상관없다. 어차피 그의 전투화는 깨끗할 것이다.

전역 후에도 안 병장과 연락이 닿았지만, 한 해 두 해가 지나면서 연락은 자연스럽게 끊어졌다. 나의 군 생활은 길었다. 새로운 만남과 헤어짐에 나는 마음을 쓰느라 언제나 여유가 없었다. 그래도 가끔 안 병장이 생각나곤 했다. 그는 현실을 잘 걸어가고 있을까. 그곳에서도 자신의 삶을 스스로 만들어가고 있을까.

부대의 계절은 매번 반복되었다. 겨울에는 월동준비를 하고, 봄에는 진지공사를 하고, 여름에는 장마에 대비했다. 군 생활에 익숙해질수록 현실로 돌아가야 할 시간은 점차 가까워오고 있었다.

일곱 번째 계단,
현실

공산당 선언

현실적인 인간이 되었다

군을 전역하고 사회에 던져졌을 때, 나는 안 병장일 수 없었다. 군 생활동안 내가 배운 건 적응의 편리함이었다. 낯선 시스템에 던져진 초기에는 누구나 그 시스템의 단점과 문제점을 쉽게 발견한다. 열정적인 그는 저항하고 좌절하면서 내적인 갈등을 겪는다. 하지만 그런 시간은 오래 지속되지 않는다. 시간이 지나면 시스템에 적응하기 마련이다. 곧 시스템이 생각보다 효율적이었음을 이해하게 된다. 그는 말한다. 단점과 문제점이 없는 완벽한 시스템이 세상에 어디 있겠는가? 그때부터 그는 시스템의 흐름에 몸을 맡기고 규칙성 속에서 안정감을 느낀다. 새로운 신참내기가 시스템에 적응하지 못하고 저항하는 모습을 보면, 어느 정도의 연민과 안도감까지 얻는 것이다.

이상 — 현실

철학 — 과학

군을 전역하고 현실세계에 던져졌을 때, 그래서 나는 그다지 불안하지 않았다. 지금의 어설픔과 실수들이 오래 가지 않을 것임을, 성숙한 나는 잘 알고 있다고 생각했다. 먹고살기 위해 애쓰고 경쟁하는 자본주의 시스템의 낯설음을 나는 결국 극복할 것이다. 군대에서 적응했던 것처럼 현실에서도 나는 잘 적응할 것이다. 다짐했다. 그때까지 최선을 다하리라. 어떤 고민도 하지 않고, 어떤 책도 읽지 않으리라. 남들처럼 자본주의 시스템에 적응하고 말 것이다. 돈을 벌고, 경제적인 안정을 찾고, 가정을 이루고, 아이를 낳고, 행복한 노후를 맞을 것이다.

하지만 종종 서글펐다. 열심히 일하고 노력하는 성실한 청년이 되었다고 느낄 때마다, 나의 영혼은 이미 늙어버린 것은 아닐까 생각했다.

사회인

한 정거장 전에 내렸다. 지하철 1호선 제기동역에서 내려 청량리시장 방향으로 천천히 걸었다. 바람을 쐬고 싶었다. 서늘한 밤공기에 정신이 드는 듯했다. 오늘은 기분 좋은 날이었다. 고등학교 시절의 친구들이 모였다. 보자, 보자, 하면서도 시간 맞추기가 쉽지 않은 나이가 되었다. 친구 G가 중간에서 시간을 조율했다. 모두 아저씨 몸매가 되긴 했지만 옛날 그대로라며 서로를 반겼다. 소년들은 아저씨의 몸을 걸친 채, 대리가 되고 과장이 됐다. 영업을 하고 장사를 시작했다. 어떻게 우리가 이렇게 되었느냐며 친구들은 잔을 부딪쳤다. 이렇게 어른이 되어가는 것이었구나. 나는 많은 말을 하진 않았지만, 그 자리에 함께 있는 것만으로도 기뻤다.

변한 건 대화의 소재뿐이었다. 과거를 추억하기보다는 앞으로의 시간에 더 마음이 쓰일 나이였다. 우리는 사회생활을 하며 각자가 배워온 먹고사는 일에 대해 떠들었다. 누구는 얼마를 번다더라. 누구는 이번에 승진을 했다더라. 재테크, 보험, 투자에 대해서 이야기했다. 친구들은 그동안 자리를 잡았구나. 나는 이야기에 연신 고개를 끄덕이면서도 한편으로는 마음이 무거워졌다. 나는 아무것도 해놓은 게 없다. G가 너스레를 떨며 H에게 물었다.

"야야. 너 이번에 아파트 샀다며?"

친구들이 진짜냐며 H에게 집중했다. 평소 끼가 많은 H는 능청스럽게 말했다.

"사실, 차도 뽑았다."

대기업이라지만 대리 월급이 빤한데 어떻게 산 것이냐, 부모님이 사주신 것이냐, 질문이 쏟아졌다. H가 말했다.

"부모님이 도와주긴, 은행이 도와줬지."

G가 물었다.

"대출 많이 받았어?"

H가 답했다.

"대출 받고 전세 낀 거라 내 돈은 거의 안 들어갔어. 차도 할부로 산 거고."

당시에는 이게 무슨 말인지 이해하지 못했다. 나에게 집이나 차를 산다는 건 돈이 많은 어른들이나 할 수 있는 일이었다. 나는 절대로 할 수 없는 일이다. 그런데 친구들은 이미 어른들의 세계에 진입한 것처럼 보였다. 나는 놀랐다. 게다가 집을 사는 데 자기 돈은 안 들였다니. 실제로는 그렇지 않을 것이다. 돈을 많이 벌었을 거다. H가 겸손하게 이야기한 것뿐이다. 나는 다만 이렇게 생각하고 있었다.

홍겨운 시간이 끝나고 G가 지하철역까지 차로 데려다준 덕분에 막차를 잡아 탈 수 있었다. 한 정거장 전에 내렸다. 청량리시장을 천천히 가로질러 집을 향해 걸었다. 술집과 포장마차 몇 곳만이 불을 밝히고 있고, 가게들은 문을 닫았다. 과일을 파는 노점들은 리어카에 소쿠리를 뒤집어놓고 꽁꽁 싸맸다. 그 단단한 매듭에서 매일 반복되었을 노동의 시간들과 삶의 고단함이 느껴졌다. 어쨌든 오늘은 기분 좋은 날이다. 하지만 서글프기도 했다. 세상에 대한 우리들의 짝사랑이 서글펐다.

현관을 밀고 들어섰을 때, 불 꺼진 집안의 고요는 여전히 내 숨을 조여왔다. 긴 군 생활 동안 작은 집은 더 작은 집으로 옮겨졌다. 전역한 아들에 대한 반가움은 현실적인 궁핍 속에서 오래 지속되지 않았다. 밤이 깊을 때까지 방 한 구석에서 어머니는 기도를 했다. 그녀에게 도피처란 현실 공간에는 존재하지 않았다. 나는 화가 났다. 그딴 건 아무 소용도 없다. 종교는 현실을 구원하지 않는다. 신앙은 가난을 먹고살 뿐이다. 소리치고 싶었다. 하지만 아무 말도 할 수 없었다. 도망칠 곳이 없는 건 나도 마찬가지가 아닌가. 나는 감옥같이 작은 내 방의 문을 걸어 잠그고 잠을 청했다. 내 유일한 도피처는 꿈 속 뿐이었다. 나는 자고 또 잤다. 자다 보면 어느새 이번 인생도 끝나 있을 것이다.

이상과 현실

정오까지 잠을 잔 어느 날. 무거운 몸을 일으켜 이불 위에 앉았다. 불투명한 창은 햇살을 산란시켜 눈이 부시게 했다. 어쩐지 정신만은 너무나도 맑았다. 그리고 밑도 끝도 없이 다짐했다. 돈을 벌겠다. 떳떳한 어른이 될 것이다. 적응하고 말겠다. 나는 샤워를 했다. 그리고 집을 나섰다.

돈이 되는 일을 따라다녔다. 조금이라도 더 돈이 되는 일이 있으면 가차 없이 자리를 옮겼다. 작은 회사에 취업해서 일하기도 하고, 의류와 화장품 관련 창업을 하기도 했다. 노량진에서 학생들을 가르쳤고, 전업 주식투자자 생활을 했고, 부동산 투자에 대해서도 공부했다.

그러는 동안 책과는 점차 멀어졌다. 사회생활을 하는 시간 동안 나는 단 한 권의 책도 읽지 않았다. 시간이 없어서가 아니라 마음에 여유가 없었다. 아니, 여유가 있었다 해도 읽지 않았을 것이다. 지금 나에게 그런 책들은 어떤 도움도 되지 않는다. 어른이 되어가는 친구들에 비해 나는 너무 늦지 않았는가. 나는 하루하루가 조급했다.

지금은 안다. 이렇게 불안하고 조급한 시간들도 개인의 성숙을 위해 반드시 필요한 시간임을 말이다. 우리는 선입견이 있다. 내면의 성숙은 고결한 방식을 통해서만 이룰 수 있다는 선입견. 동서양의 고전을 읽고, 어려운 철학책과 씨름하고, 대학원에서 공부를 하고, 조용

일곱 번째 계단, 현실

한 공간에서 사색하는 아름다운 방법만이 우리를 성장시킬 것이라고 생각한다. 어떤 면에서는 옳은 말이다. 우리는 실제로 그러한 시간 속에서 성장한다.

하지만 그것만으로는 얻지 못하는 절반의 배움이 있다. 고결하지 않고 만나고 싶지도 않은 세계에서의 경험들. 부당함에 굴복하고, 부조리에 타협하고, 옳은 주장을 꺾고, 스스로의 초라함에 몸부림칠 때에만 얻게 되는 그런 배움이 있다. 슬프게도 우리에게는 이런 세계에 머무르는 시간이 필요하다. 그래야만 우리는 나와 타인의 한계를 정확하게 이해할 수 있고, 그때에야 비로소 나에게 엄격하고 타인에게 너그러운 성숙한 어른이 될 수 있다.

우리는 한 가지에만 집중한 사람들의 한계를 쉽게 본다. 책만 본 사람들과, 현실에 적응하기만 한 사람들의 한계. 우선 책만 본 사람들의 한계는 타인에게 엄격하다는 것이다. 이들은 세상이 쉽다. 왜냐하면 책의 울타리 속에서 안전하게 보호받으며 성장했기 때문이다. 이들은 실제 세상 밖으로 나가본 적이 없는 까닭에 현실의 폭력에 이리 치이고 저리 치이는 다른 사람들이 나약할 것이라고 상상한다. 그리고 자신이 그들을 가르칠 수 있는 사람이라고 믿는다. 하지만 막상 현실에 발을 디디면 이들은 자기 마음대로 되지 않는 현실에 당황한다. 그리고 스스로의 나약함을 부정하고 자신을 보호하기 위해 다음과 같은 사람이 된다. 모든 일에서 불평불만거리를 찾아내는 사람, 타인의 잘못에 예민하게 반응하는 사람, 선과 도덕과 정의를 습관적으로 강조하는 사람.

다음으로 현실에 적응하기만 한 사람들의 한계는 자신에게 너무도 너그럽다는 것이다. 이들은 세상이 어렵다는 것을 잘 안다. 내 뜻대로 되는 것은 하나도 없으며, 계획과 일정에 따라 정확하게 진행되는 일 따위란 애초에 존재하지 않음을 정확히 알고 있다. 그래서 이들은 문제에 봉착했을 때, 옳고 그름으로는 문제를 해결할 수 없으며, 타협과 조율을 통해서만 상황에 따라 문제를 봉합할 수 있다고 믿는다. 이들은 다음과 같은 사람이 된다. 선과 도덕에 대해 하찮게 여기는 사람, 모든 것을 손익으로 판단하는 사람, 심연의 깊은 대화가 불가능한 사람.

두 가지가 병행되어야 한다. 책과 삶이, 이상과 현실이. 하지만 나는 그렇지 못했다. 대학생 때까지는 전자에 치우쳤고, 사회생활을 시작하면서는 후자에 치우쳤다. 현실에 첫 발을 들여놓았을 당시에 나는 충격이 컸고, 이렇게 생각하게 되었다. 지금까지 내가 배우고 공부했던 것들은 모두 쓸모없는 것이다. 정의, 신념, 철학, 이념이란 헛소리에 불과하다. 나약했던 나는 현실의 냉혹함에 놀랐던 것이다. 철저하게 경제적인 인간이 되고자 노력했다. 돈을 벌고 남들처럼 살 것이다. 집을 사고, 차를 사고, 가정을 꾸리고, 어른이 될 것이다. 나는 다짐했다.

부동산 투자

점차 빚을 이용하는 방법을 알게 되면서 주식이나 부동산에 손을 대기 시작했다. 특히 자기 돈이 없어도 아파트를 구입할 수 있다던 친구의 말이 그다지 특별한 말이 아니었다는 것도 알게 되었다. 그것은 잠정적으로 부동산 가격 상승이 예상되는 국가나 지역에서 이루어지는 일반적인 방법이었다. 주택담보대출과 전세보증금을 이용하면 된다. 예를 들어, 3억 원짜리 아파트를 구입한다고 해보자. 우선 은행에서 절반에 해당하는 1억5천만 원을 연이자 3퍼센트로 대출받는다. 이후 반전세로 세입자를 구한다. 보증금 1억5천만 원에, 월세 40만 원으로. 그러면 모든 것이 해결된다. 대출금과 보증금으로 아파트를 구입하고, 은행 대출금에 대한 1년 이자인 450만 원은 1년간의 월세 480만 원으로 갚으면 된다.

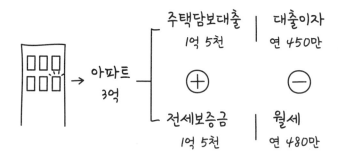

나는 내 돈을 한 푼도 들이지 않고 아파트를 매입하게 되는 것이다. 여기에 추가로 여유 자금을 포함시키거나, 혹은 신용대출을 이용한다면 안정적인 월 수익까지 얻을 수 있다.

사실 이런 방식의 주택 구입은 장기적인 측면에서 구매자에게 손해로 이어질 수 있다. 아파트가 노후되면서 발생하는 감가상각, 2년마다 발생하는 중개수수료, 취등록세와 재산세 등 추가 비용이 발생하기 때문이다. 하지만 아파트 가격 상승이 이 모든 비용을 상쇄하고 더 나아가 차익까지 보장한다면 문제는 달라진다. 그리고 실제로 한국을 비롯한 대다수의 자본주의 국가들에서는 주택과 토지의 지속적인 가격 상승이 이어져왔다. 그런 까닭에 빚을 이용한 부동산 매입은 자산 증식을 기대하는 사람들에게는 필수적인 방법으로 자리매김했다. 어떤가? 우리도 이번 기회에 아파트를 구입해보자.

하지만 예상과는 다르게 부동산 가격이 하락하면 문제는 심각해진다. 어떤 문제가 발생하는가? 아파트를 보유하고 있는 것만으로도 비용을 지불해야한다. 처음에는 아파트 가격 상승을 기대해 손해를 보더라도 보유하고 있겠지만, 시간이 지나도 가격이 회복되지 않으면 결국 매도해야 하는 시점이 온다. 하지만 그때가 되면 비슷한 상황의 매도 물량이 쏟아져 나오므로 낮은 가격에 손해를 보고 팔 수밖에 없다. 결국 그동안 부담했던 추가 비용들을 회수할 수 없을 뿐만이 아니라, 매도 금액으로는 대출금과 보증금도 갚을 수 없어진다. 큰 손해가 될 것이다.

　물론 주택 가격 하락으로 인한 투자 손실이 개인의 손해에 국한된다면 큰 문제는 아닐 수 있다. 자본주의 사회에서 리스크에 대한 책임은 이익을 기대하며 투자한 개인에게 있으니까. 진짜 문제는 집값 하락이 사회 구조적인 문제일 때 발생한다. 특히 한국과 같이 가계자산의 70퍼센트가 부동산에 묶여 있는 상황에서는 사회 전체의 집값 하락이 무수히 많은 가계를 파산시키고, 이로 인한 소비 저하를 일으켜 장기적인 경기침체와 금융위기를 낳는다.

　그나마 최근의 한국사회는 생산가능인구의 급감과 이로 인한 부동산 시장의 위축에 대해 어느 정도 인지하고 있는 것으로 보인다. 하지만 내가 부동산에 관심을 기울이기 시작하던 당시에는 그런 분위기가 아니었다. 부동산 투자는 실패하지 않는다. 땅과 주택의 가격은 지속적으로 상승하는 것이 정상이다. 이런 담론이 사회를 떠돌았다. 나는 빚을 이용한 레버리지를 찬양했다. 레버리지는 마치 자본주의 시스템의 정수인 것처럼 느껴졌다.

　누나는 연신 고개를 끄덕였다. 주식과 부동산 투자에 대한 동생의 열의를 응원해주었다.

　"하지만 모든 사람이 그렇게 할 수는 없지 않겠니."

"모든 사람?"

누나의 말에 내가 되물었다. 점심 무렵의 광화문은 어디나 회사원들로 붐볐다. 누나가 일하는 회사 앞으로 점심시간에 맞춰 찾아갔던 것이다. 간단한 식사 후, 우리는 카페에 들어왔다. 누나가 말을 이었다.

"투자를 통해서 누군가가 돈을 번다는 건, 다른 측면에서 누군가가 노동을 착취당하고 있는 것은 아닐까? 예를 들어, 네가 돈을 들이지 않고 아파트를 사고, 그에 대한 이자를 세입자의 월세로 지불하고 있다면, 그 월세만큼 세입자의 노동을 착취한 것일 수도 있잖아. 모두가 투자를 통해 돈을 벌 수는 없어. 누군가가 일하지 않고 이익을 얻는다면, 다른 어디에서 누군가는 자기 노력의 대가를 빼앗기고 있는 거야."

나는 답답했다. 이러니까 평생 노동자로 사는 거라고 생각하며 대답했다.

"내가 지금 말하는 건, 사회 전체에 대한 이야기가 아니야. 나 한 명에 대한 이야기지. 사회 시스템은 어차피 정해져 있어. 그건 누나나 내가 죽기 전에는 바뀌지 않아. 사회의식의 변화, 민중의 각성. 이런 어린애 같은 이야기는 그만할 나이가 됐잖아. 현실적으로 말해서 그런 건 가능하지 않다고. 시스템이 바뀌지 않는 거라면, 그 시스템을 이용할 줄도 알아야지."

누나는 연신 동생 말이 맞다고 고개를 끄덕였다. 내가 또 화를 낼까 봐 걱정하는 것 같았다. 언제부터인가 나는 화가 많아졌다. 어설픈 것들, 비현실적인 것들에 진절머리가 났고, 그런 것들에 불같이 화를 냈다. 화를 낸 다음 날이면 위경련에 시달렸다. 누나는 그걸 걱정하고 있었다. 내가 분을 삭이며 말했다.

"사람들은 변하지 않아."

누나가 대답했다.

"그래, 사람들은 변하지 않지. 그런데 우리 동생은 그동안 많이 변했구나."

누나를 보내고 혼자 광화문을 걸었다. 그리고 생각했다. 내가 변했나. 나는 지금 어떤 모습을 하고 있나. 어른으로 성장하는 길목에서 우리는 두 가지 선택을 할 수 있다. 첫째는 사회의 시스템에 적응하는 어른이 되는 길이다. 둘째는 사회의 시스템에 저항하는 어른이 되는 길이다. 당신은 어떤 어른으로 성장했는가?

이에 대해 답하기 위해서는 사회의 시스템이 무엇인지가 먼저 밝혀져야 한다. 우리가 지금 살아가고 있는 이 사회의 시스템은 무엇인가? 자본주의다. 질문은 이제 다음과 같이 바뀐다. 당신은 자본주의에 적응한 어른으로 성장했는가, 아니면 자본주의에 저항하는 어른으로 성장했는가?

질문은 또 다시 이어진다. 그렇다면 도대체 자본주의란 무엇인가?

이에 대해 답해줄 사람을 알고 있다. 나는 발걸음을 돌렸다. 지하철을 타고 안국역에서 내렸다. 도서관으로 향했다. 그를 만나서 오랜만에 차나 한 잔 해야겠다고 생각했다.

《공산당 선언》의 의미

얼마만인가. 뭐가 그리 바빠서 이곳에 잠시 들를 겨를도 없었을까. 서가 사이를 천천히 돌아서 사회과학 코너로 향했다. 그리고 금방 찾아내었다. 《공산당 선언》. 이 책은 공산주의자동맹의 강령을 목적으로 집필된 책으로, 1848년 1월에 마르크스와 엥겔스가 공동으로 작성했다. 당시 마르크스가 30세, 엥겔스가 28세였다. 이 혈기왕성한 두 청년이 작성한 30페이지도 안 되는 짧은 책자는 곧바로 세계 각국의 언어로 번역되어 광범위하게 읽히게 되었다. 오늘날에도 마찬가지다. 사회과학 서적들 중에서 이 책만큼 세계적으로 읽히고 있는 책은 없다.

그렇다면 무엇이 아직까지도 우리가 이 낡은 이념의 책을 읽게 하는 것일까? 그것은 이 책이 자본주의의 본질이 무엇인지, 자본주의의 한계가 무엇인지를 적나라하게 보여주기 때문이다. 《공산당 선언》은 자본주의에 대한 책이다.

당신이 이 책을 읽어봤는지 모르겠다. 낯선 경제 용어 때문에 조금 어렵게 느껴질 수도 있지만, 생각보다 재미있는 책이다. 왜냐하면 170년 전에 쓰인 이 책을 읽는 동안 오늘날 내가 왜 이렇게 살고 있는지를 너무도 정확하게 이해하게 되기 때문이다. 당신은 이상하게 생각해본 적이 없는가? 왜 내 월급은 이렇게 간신히 먹고살 만큼의 수준으로 정해져 있는지, 왜 사장들은 저렇게 돈이 넘쳐나는지, 왜 회사에는 노조가 있는지, 그리고 그들이 파업을 하면 왜 국가가 기업의 편에 서서 이를 막아주는지, 왜 주기적으로 경기가 침체하고 공황이 오는지, 왜 이렇게 세계화가 추진되는지, 왜 미국이 세계 경제의 패권을 쥐고 있는지, 원래 세상은 이런 모습인 건지, 더 괜찮아질 미래라는 게 정말로 가능한 건지, 그리고 그 모습은 어떨지. 당신은 궁금하지 않았었는가?

놀랍게도 《공산당 선언》은 일관되고 체계적인 원리를 통해 이에 대해 답변한다. 이 책은 마르크스주의에 대한 중요한 개념들을 압축적으로 제시하고 있다. 하지만 오해해서는 안 된다. 이 책을 읽는다고 한 사람이 공산주의자가 되는 것은 아니다. 가끔 주위에서 어리석은 사람들을 보게 된다. 이들의 특징은 한 권의 책이 갖는 영향력을 과대평가한다는 것이다. 이들은 특정 서적이 사회에 악영향을 미칠 수 있다고 생각하고 그것을 두려워한다. 그래서 어떤 책들을 읽어서는 안 될 책으로 상정하고, 자기 주변의 사람들이 이를 접할까 봐 노심

초사한다. 이들은 진보적인 책은 진보적이라고 욕하고, 보수적인 책은 보수적이라고 욕한다. 성경은 종교적이라고 욕하고, 과학은 유물론이라고 욕하고, 또 어려운 책은 어렵다고 욕하고, 쉬운 책은 쉽다고 욕한다. 이들은 평생 한 권의 책만 읽을 기세다. 이들은 대중이 자신보다 단순해서 쉽게 휩쓸릴 것이라 믿고 싶어 하는 것 같다. 하지만 분명한 것은 사회에 해악을 끼치는 존재는 책이 아니라, 이런 편협한 사고를 가진 단순한 사람들이다.

《공산당 선언》은 자본주의의 한계를 명확히 제시함으로써, 반대로 내가 발 딛고 서 있는 자본주의라는 체제가 무엇인지를 정확하게 이해하게 한다. 이 책은 총 네 개의 장으로 구성되어 있다.

〈공산당 선언〉의 구성

1장 – 부르주아와 프롤레타리아
2장 – 프롤레타리아와 공산주의자
3장 – 사회주의. 공산주의 문헌
4장 – 기존의 여러 반대파에 관한 공산주의자의 입장

크게 이론과 실천이라는 두 가지 내용을 다룬다고 생각하면 된다. 이론적 측면으로서 자본주의와 계급 갈등에 대한 내용을 분석하고, 실천적 측면으로서 투쟁의 방법을 구체적으로 제시하는 것이다. 구성의 치밀함과 내용의 완결성을 갖춘 책이다. 볼셰비키혁명의 중심인물이었던 블라디미르 레닌은 이 책에 대해 이렇게 평가한다.

"이 작은 책은 전집의 가치를 갖는다. 이 책의 정신은 오늘날까지도 모든 문명세계에서 투쟁하는 프롤레타리아를 지도한다."

우리는 이 중에서 제1장 〈부르주아와 프롤레타리아〉를 중심으로 이야기해보려 한다. 그것은 이 책을 통해서 알고 싶은 것이 자본주의이기 때문이다. 세 가지를 알아볼 것이다. 첫째, 자본주의 사회의 주인공으로서의 부르주아. 둘째 자본주의 이후 사회의 주인공으로서의 프롤레타리아. 셋째, 프롤레타리아가 승리한 세계의 모습. 이를 통해 우리는 자본주의 체제의 경계까지 걸어가서 자본주의를 돌아보게 될 것이다.

부르주아의 국가

소련이 붕괴하고 신자유주의가 전 세계를 완벽하게 장악한 지 25년이 넘었지만, 아직도 한국에서 '공산주의'라는 용어는 낙인처럼 사용된다. 복지 확대, 세금 인상, 평등, 형평성, 민주주의를 주장하는 집단을 공격하기 가장 쉬운 방법은, 잘 알려진 것처럼 그들을 공산주의자로 모는 것이다. 하지만 공산주의에 대한 적대감과 배척은 비단 오늘날만의 일은 아니다. 공산주의의 개념이 정립되기 이전부터도 이미 공산주의에 대한 거부는 일반적인 현상이었다. 이에 대한 상황은《공산당 선언》의 서두에 잘 제시되어 있다.

> "하나의 유령이 지금 유럽을 배회하고 있다. 공산주의라는 유령이. (중략) 구유럽의 모든 세력들이 이 유령을 몰아내기 위해 신성동맹을 맺었다. 집권당으로부터 공산당이라는 비난을 받아보지 않은 반대당이 있는가? 또 그 공산주의라는 비난의 낙인을 오히려 자기의 반동적 적들에게, 보다 진보적인 다른 반대당에게 돌리지 않은 반대당이 있는가?"

예를 들어, 새누리당이 민주당에게 공산당이라고 비난을 하면, 민주당은 오히려 새누리당이 공산당이라고 비난하거나 혹은 정의당에게 공산당이라고 비난을 한다는 것이다. 공산당이 들으면 이게 뭐하는 짓인가 할 것이다.

그렇다면 도대체 공산당은 왜 이렇게 욕의 대명사가 되었을까? 그것은 공산당이 국가 체제에 반대하기 때문이다. 어릴 때부터 애국심을 긍정적 가치로 교육 받아온 대다수의 사람들에게 현재의 국가 체제에 반대하는 세력이 좋아 보일 리가 없다. '국민'으로 성장한 사람들이 보기에, 공산당은 나라를 사랑하지 않는 파렴치한 자들이다. 이들은 매국노, 친일파와 다를 바 없다. 공산당이 비난받아온 것은 어떤 면에서는 매우 상식적이다.

그렇다면 공산당은 모두가 비난함에도 불구하고 왜 국가 체제에 반대하는가? 그들이 나쁜 사람들이거나 혹은 악마이기 때문일까? 그런 것은 아니다. 그들이 국가 체제에 반대하는 것은 그들이 판단하기에 국가가 민중의 것이 아니기 때문이다. 국가는 국민들의 것이 아니다. 국가는 특정 계급의 이익만을 보장한다. 즉 생산수단의 소유자인 부르주아 계급만을 보호하는 것이다.

그렇다면 왜 국가는 국민 모두를 보호하는 것이 아닌, 부르주아 계급만을 차별적으로 보호하는가? 이 질문은 질문 자체가 잘못되었다. 우리는 이렇게 말해야 한다. 근현대 국가의 형성 자체가 부르주아의 재산을 보호하기 위해 탄생했다고 말이다. 국가가 부르주아를 돌보는 것이 아니라, 부르주아의 이익을 보호하기 위해 구성된 단체가 국가다.

근현대의 모든 국가는 단적으로 부르주아의 국가다. 이렇게 생각해야 한다. 공산당 혹은 공산주의가 국가에 반대한다고 할 때, 그때의 국가는 부르주아의 국가를 의미한다. 지금의 국가, 세계, 역사는 모두 부르주아의 것이다. 그들이 세상의 주인공이다.

공산주의가 원하는 것은 새로운 주인공의 등장이다. 부르주아가 몰락하고 그 자리를 대신할 새로운 계급으로서의 프롤레타리아의 등장. 그리고 이들에 의한 국가, 세계, 역사의 완성이 공산주의가 원하는 것이다.

이제 두 가지 질문이 해소된다. 첫째, 국가란 무엇인가? 공산주의자들의 대답은 이것이다. 역사상의 모든 국가는 부르주아의 이익을 보호하기 위해 존재한다. 둘째, 국가는 왜 국민과 국민의 대립, 다시 말해서 기업과 노조의 대립에서 일관되게 기업의 편에만 서는가? 공산주의자들은 말한다. 그것이 지금까지 모든 국가의 존재 이유였다.

부르주아의 생산수단

부르주아와 프롤레타리아라는 용어는 너무 낡긴 했다. 오늘날에도 이 개념이 유효한지는 논쟁의 여지가 있다. 다만 우리는 《공산당 선언》이 말하려는 것을 들어보고자 함이니, 익숙하지 않은 사람들을 위해 이 낡은 단어들을 정리하고 넘어가려고 한다. 간략하게 말해서, 부르주아는 자본가를 말하고 프롤레타리아는 노동자를 말한다. 이들이 집단이 되면 '부르주아지', '프롤레타리아트'가 되는데, 각각 '자본가 계급', '노동자 계급'을 말한다.

도대체 자본가는 무엇이고, 노동자는 무엇인가? 보통은 그저 돈이 많은지, 적은지로 나눈다. 하지만 엄밀하게는 '생산수단의 소유 여부'가 구분의 객관적 기준이 된다. 생산수단은 공장, 토지, 기계, 농장과 같은 것으로, 이를 소유한 자들을 부르주아, 그렇지 못한 자들을 프롤레타리아라고 부른다.

왜 생산수단의 소유 여부가 그렇게 중요한가? 그것은 인간의 사회적 관계가 이를 기준으로 결정되기 때문이다. 부르주아는 생산수단을 소유한 까닭에 타인의 노동을 이용해서 부를 창출할 수 있다. 반면 프롤레타리아는 생산수단을 소유하지 못한 까닭에 부르주아에게 자신의 노동을 판매함으로써 먹고산다.

이론적으로 설명하면 낯설 수도 있으나, 우리가 이미 현실에서 당연히 알고 있는 사실이다. 우리는 본능적으로 생산수단의 중요성을 안다. 그래서 필사적으로 이를 소유하기 위해 노력한다. 부동산을 소유하려 하고, 사업장을 소유하려 하고, 자본을 소유하려 한다. 우리가 이미 알고 있기 때문이다. 아파트를 소유하면 세입자로부터 월세를 받을 수 있다. 즉 세입자가 노동을 통해 얻은 보상 중에서 3분의 1에 가까운 돈을 착취할 수 있는 것이다. 내가 아파트라는 생산수단을 갖고 있다는 이유만으로 말이다. 사업장도 마찬가지다. 사업장의 소유주는 노동자를 고용하고, 그들의 노동을 이용해서 이익을 얻는다. 거대 자본도 마찬가지다. 자본은 다른 작은 자본을 빨아들이며 스스로 증식한다.

이제 또 다른 두 가지 질문이 해소된다. 첫째, 왜 사장은 저렇게 돈이 많은가? 공산주의자들의 대답은 이것이다. 그들이 생산수단을 독점하고 있기 때문이다. 자본가는 생산수단을 토대로 노동자들의 시간과 노력을 이용하고, 이로써 부를 획득한다.

둘째, 왜 노동자의 임금은 그들이 생존에 필요한 만큼만 제공되는가? 공산주의자들은 말한다. 그것은 노동자가 생산수단을 소유하지 못해서 자신의 몸을 팔아 생존하기 때문이다. 실제로는 부르주아가 프롤레타리아를 통해 부를 획득함에도 불구하고 현실에서는 오히려 프롤레타리아가 부르주아에게 종속된 듯 행동한다. 부르주아는 프롤레타리아가 생산한 모든 생산물을 자신이 우선적으로 소유한다. 그리고 프롤레타리아가 다시 노동자로서 기능할 수 있는 최소한의 정도에서만 대가를 지불한다. 임금에 대한 관점을 바꿀 필요가 있다. 나의 월급이란 내 노동의 대가가 아니다. 월급은 내가 노동력을 재생산할 수 있는 최소한의 비용으로서 부르주아의 이익을 위해 제공된 것이다.

이 대립 구도를 기억해야 한다. 부르주아와 프롤레타리아의 대립. 이것이 근현대 자본주의 사회의 가장 본질적인 구조다. 이러한 대결 속에서 국가, 법, 정치, 질서가 세워지고 부르주아의 이익이 지속적으로 관철된다.

부르주아의 탄생과 성장

자본가와 노동자의 대립 구도는 마르크스 이전의 수많은 사상가도 이미 알고 있던 사실이다. 이들은 두 계급의 대립을 완화하기 위해 나름대로 다양한 방법들을 제시했다. 하지만 한계가 있었다. 왜냐하면 그들은 계급 갈등이 있다는 현상만을 피상적으로 이해했을 뿐이기 때문이다. 피상적 이해에서 귀결된 해결방안은 역시 피상적일 수밖에 없었다. 예를 들면 이런 식이다. 부자와 빈자의 빈부격차를 해소하기 위해 부유층의 동정심에 호소하여 기부를 장려하는 것, 혹은 기업의 소유주를 설득하여 노동자의 노동환경을 개선하는 것 등이다. 실제로 마르크스가 공상적 사회주의자라고 규정한 생시몽, 푸리에, 오웬 등 초기 사회주의자들은 부자들에게 착취의 부도덕성을 설득하려고 애썼다. 하지만 마르크스는 이러한 방식으로는 문제를 근본적으로 해결할 수 없다고 생각했다.

기존에 수많은 사회주의자와 공산주의자가 있었음에도 불구하고 마르크스를 공산주의의 시작으로 평가하는 것은 그가 계급투쟁이라는 것이 존재함을 발견했기 때문이 아니라, 계급투쟁을 역사 발전의 동력이자 필연으로 설명했기 때문이다. 마르크스는 이렇게 선언한다.

"지금까지 존재한 모든 사회의 역사는 계급투쟁의 역사다."

부르주아와 프롤레타리아의 투쟁을 역사적 측면에서 이해할 때에야 우리는 비로소 프롤레타리아를 구제의 대상이 아닌, 혁명의 주체로서 파악할 수 있다.

지금부터 《공산당 선언》에 제시된 계급투쟁의 역사를 따라가 보

자. 부르주아의 탄생과 몰락 그리고 프롤레타리아의 등장을 역사의 흐름 속에서 확인할 수 있을 것이다.

공산주의 이론은 다섯 단계의 역사 발전 과정을 기본 전제로 한다. 각 시대의 이름은 원시 공산사회, 고대 노예제사회, 중세 봉건제사회, 근대 자본주의, 현대 공산주의다. 각 시대를 다음 시대로 발전시키는 힘은 무엇인가? 그것은 계급투쟁이다. 각 시대의 계급들이 대립하고 투쟁함으로써 사회를 다음 단계로 밀어올리는 것이다. 변증법적으로 종합된 계급투쟁은 다음 시대를 여는 원동력이 된다. 구체적으로 고대에는 왕과 노예가 투쟁했고, 중세에는 영주와 농노가 투쟁했다. 근대에는 부르주아와 프롤레타리아가 투쟁한다. 그리고 마르크스에 따르면 역사의 마지막은 프롤레타리아의 승리로 끝난다.

원시 공산사회

고대 노예제사회

중세 봉건제사회 ⎫
⎬ 우리가 살펴볼 시대
근대 자본주의 ⎭

현대 공산주의

우리는 여기서 전체 역사를 다루지는 않고, 시대를 한정해서 집중적으로 살펴볼 것이다. 그 시대는 중세와 근대다. 이 시기는 매우 중요하다. 왜냐하면 부르주아의 탄생부터 몰락까지가 이 기간에 포함되기 때문이다. 부르주아의 역사는 자본주의의 역사다. 우리는 부르주아를 따라감으로써 자본주의의 발생과 한계를 이해하게 될 것이다.

이야기는 중세에서 시작한다. 중세의 특징은 기독교와 계급이다. 현대인이 이 당시를 상상하는 것은 쉽지 않다. 다만 오늘날의 교회 공동체가 사회 전체로 확장된 상태를 상상해볼 수는 있을 것이다. 모든 사람이 신의 실재를 믿고, 신의 뜻이 사회를 움직인다고 믿는 사회. 그리고 산업화 이전인 까닭에 주위를 둘러보면 환경은 전원적이고 목가적이다. 계급은 세분화되어 절대적으로 지켜졌다. 신의 권위에 버금가는 왕이 있고, 성의 주인인 영주가 있으며, 농노와 상공업자들이 있다.

특히 상공업자들은 동업자 조직인 길드를 형성하고 있었다. 장인들은 길드에 소속되어 소량으로 물품을 생산했다. 마르크스는 이러한 상공업자들과 농노 가운데서 초기 도시의 시민들이 생겨났다고 말한다. 바로 이들이 부르주아의 기원이 되는 사람들이다.

중세에서 싹을 틔운 부르주아는 근대에 이르러 거대 자본가로 성장했다. 이들이 성장할 수 있었던 근본 원인은 사회적 생산방식의 변화였다. 단적으로 말해서 생산방식은 3단계를 거친다. 단순 협업, 공장 내 분업, 기계제 대공업. 이 단계를 거쳐 중세 상공업자들은 근대 부르주아가 된다. 각 단계를 따라가 보자.

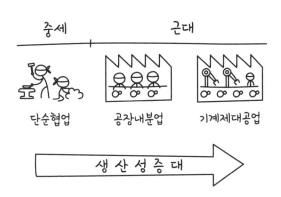

〈생산 방식의 변화〉

첫 번째 단계는 단순 협업이다. 중세의 산업은 폐쇄적인 길드에 의한 독점적 형태였다. 몇몇 장인과 일꾼들 간의 단순한 협업은 있었지만, 체계적인 분업은 아직 없는 상태였다. 한 명의 장인이 모든 일을 책임지고 담당했다. 생산성은 낮았고, 사회의 수요를 충족시키지 못했다.

두 번째 단계는 공장 내 분업이다. 이를 같은 말로 '매뉴팩처(Manufacture)'라고도 한다. 매뉴팩처는 하나의 공장에 모인 노동자들이 단순한 일을 나눠서 진행하는 형태다. 분업으로 노동이 단순화되면서 효율성이 높아지고 생산성이 빠르게 증대되었다. 사회의 수요는 충족된다. 문제는 장인들이었다. 장인들은 이제 임금노동자로 대체되었다.

세 번째 단계는 기계제 대공업이다. 매뉴팩처 시스템에 기계가 도입된다. 당시의 최신 기술이었던 증기기관이 공장에 적용된 것이다. 노동은 이미 분업으로 단순화되어 있었으므로 기계는 인간의 노동을 쉽게 대체할 수 있었다. 기계의 놀라운 효율성은 대량생산을 가능하게 했다. 드디어 공급량이 수요량을 넘어섰다. 현대적 의미에서의 산업이 시작되었다. 대량생산은 거대 자본을 소유한 진정한 의미의 부르주아를 탄생시켰다.

대량생산은 사회의 모습을 바꿨다. 부르주아는 필연적으로 세계화를 추진하게 된다. 대량생산으로 인한 초과 공급의 문제를 해결해야만 했기 때문이다. 오늘날에도 상황은 크게 다르지 않다. 서구의 자본주의 열강들이 세계화에 박차를 가하는 이유는 그것이 진정 어떠한 도덕적이거나 인류애적인 가치를 가져서가 아니다. 세계화는 단순히 초과공급을 해소하기 위한 새로운 시장의 필요에 의해 요청된다. 근대 유럽이 아프리카, 인도, 아시아, 아메리카를 식민지화한 이유 그리고 오늘날 미국을 중심으로 무차별적인 세계화가 추진되는 이유는 초과공급의 문제를 해결해야 한다는 경제적인 목적에서 비롯된 것일 뿐이다.

부르주아의 의의와 몰락

부르주아의 등장은 긍정적인 면도 있고, 부정적인 면도 있다. 중세의 부르주아는 혁명적인 역할을 담당했다. 그들은 중세의 그림자를 몰아내고 풍요로운 근대 자본주의를 탄생시켰다. 세계는 풍부한 의미와 서사라는 신의 세계에서 벗어나 차갑고 합리적인 경제의 세계로 탈바꿈했다. 마르크스는 이에 대해서 다음과 같이 서술한다.

"부르주아지는 자신이 지배하는 곳 어디서나 모든 봉건적, 가부장적, 전원적 관계를 종식시켰다. 부르주아지는 인간을 타고난 상하관계에 묶어놓는 잡다한 봉건의 끈을 가차 없이 끊어버렸으며, 모든 인간관계를 적나라한 이기심과 냉혹한 현금지불관계로 바꾸어버렸다. 또한 가장 신성한 종교적 정열과 환희, 기사도적 열정, 세속적 감상주의를 자기중심적 이해타산이라는 얼음같이 차디찬 물속에 빠뜨려버렸다."

부르주아의 또 다른 혁명적인 역할은 그들이 복잡한 계급 관계를 어느 정도 극복했다는 데 있다. 기존의 인류는 언제나 강력하고 세분화된 서열과 등급에 얽매여 있었다. 고대에는 왕, 귀족, 평민, 노예 등이 있었고, 중세에는 영주, 가신, 길드장인, 직인, 도제, 농노, 노예 등이 존재했다. 부르주아는 이렇게 복잡했던 계급 체계를 대립하는 두 가지 계급으로 단순화했다. 그것은 부르주아와 프롤레타리아다.

이것은 긍정적이면서 동시에 부정적이다. 긍정적인 측면은 계급의 단순화와 함께 자유인이 확대되었다는 점이다. 고대와 중세의 자유인이 왕을 비롯한 소수의 귀족들에 한정되었다면, 근대의 자유인은 다수의 부르주아가 되었다. 하지만 동시에 부정적인 한계를 갖는다. 그것은 계급적 적대 관계를 뿌리 뽑지는 못했다는 것이다. 마르크스는 부르주아가 단지 낡은 계급 대신에 새로운 계급, 새로운 억압 조건, 새로운 투쟁 형태들을 만들어냈을 뿐이라고 지적한다.

마르크스에 따르면 이처럼 혁명적인 역할을 수행한 부르주아 계급 역시 필연적인 붕괴의 길을 피할 수는 없다. 그것은 부르주아의 태생적인 모순 때문이다. 부르주아가 존재하기 위한 필수 조건은 생산수단의 개인소유다. 그런데 생산수단은 두 가지 문제점을 내포한다. 하나는 앞서 살펴봤던 과잉생산 문제이고, 다른 하나는 생산수단에 고용된 프롤레타리아 계급의 등장이다. 마르크스는 이러한 상황을 비유를 통해 제시한다.

"현대 부르주아 사회. 엄청난 생산수단과 교환수단을 출현시킨 이 사회는 자기가 주술로 불러낸 암흑세계의 힘을 더 이상 통제하지 못하게 된 마법사와도 같다."

부르주아를 무너뜨리게 될 두 가지 모순을 하나씩 살펴보자.

첫 번째 모순은 과잉생산의 문제다. 과잉생산은 앞서 살펴본 것처럼 분업과 기계화 때문에 발생한다. 효율성과 생산력의 증대라는 혁신적인 진보가 독이 되어 돌아오는 것이다. 과잉생산의 문제는 주기적인 공황으로 나타나 시장과 사회를 야만의 상태로 되돌아가게 한다. 부르주아 사회의 고질적인 문제인 과잉생산을 해결하는 방법으로써 마르크스는 두 가지를 제시한다. 우선 생산력을 스스로 파괴하는 방법이다. 이것은 주기적인 공황에 의해 어차피 자연스럽게 이루어진다. 다음으로 새로운 시장을 개척하고 기존의 시장을 더 철저하게 착취하는 방법이다. 오늘날의 제국주의적 세계화의 본질이 바로 이것이다.

두 번째 모순은 프롤레타리아 계급의 등장이다. 이것은 부르주아가 필연적으로 붕괴할 수밖에 없는 근본적인 이유가 된다. 부르주아는 스스로를 유지하기 위해서 자본의 증대를 필요로 한다. 그런데 이 자본 증대의 조건은 임금 노동이다. 즉 임금 노동자들이 서로 간에 치열하게 경쟁하며 열심히 일할 때, 부르주아의 부는 더 빠르게 증대되는 것이다. 하지만 마르크스는 이렇게 말한다.

"부르주아가 촉진시키는 산업의 진보는 경쟁으로 인한 노동자들의 고립 대신 결사로 인한 혁명적 연대를 가져온다."

생각해보면 당연한 것 아닌가? 부르주아가 노동자를 이용하기 위해 대공장에 결집시키고, 그들의 업무 능력 향상을 위해 다양한 교육을 제공할수록 노동자는 다른 노동자와 가까워지고 사상적인 힘을 기르게 된다. 즉 현대 산업이 발전할수록 아이러니하게도 프롤레타리아에 의한 부르주아 계급의 붕괴는 점차 가까워지는 것이다. 마르크스는 이에 대해 다음과 같이 말한다.

"결국 부르주아지가 생산하는 것은 부르주아의 무덤을 파는 자일 뿐이다. 부르주아지의 몰락과 프롤레타리아트의 승리는 불가피하다."

프롤레타리아의 등장과 공산주의 사회

공산주의 이론에 따르면 부르주아의 몰락과 함께 근대 자본주의는 필연적으로 막을 내릴 것이다. 이제 새로운 역사의 주인공이 등장한다. 프롤레타리아 계급이다. 그들은 역사의 종착점이다. 프롤레타리아 계급은 더 이상 다른 계급을 착취하지 않는 까닭에 또 다른 계급투쟁을 낳지 않는다. 역사를 움직여나가는 힘이 계급투쟁이라 할 때, 이제 역사는 움직이지 않는 그 끝에 도달한 것이다.

당신은 어떻게 생각하는가? 프롤레타리아의 승리 그리고 역사의 종말은 실제로 도래할까?

하지만 실제의 역사는 공산주의 혁명을 실패한 역사로 기록한다. 물론 성과도 남았다. 전 세계 노동자들에 의한 수많은 저항과 투쟁이 그들의 노동 조건과 삶의 환경을 개선하는 데 기여한 것이다. 그럼에도 불구하고 생산수단의 소유자가 노동자를 착취한다는 본질적인 구도는 조금도 변하지 않았다. 《공산당 선언》이 출간되던 당시의 노동자나 오늘날 최첨단 산업시설 속에서 일하는 노동자나, 본질적으로는 그 어떤 차이도 발견할 수 없다.

《공산당 선언》을 읽다 보면 마치 오늘날의 상황을 묘사한 것만 같아 적잖이 놀라게 된다. 한국의 노동자들과 자영업자들이 처한 현실을 그려놓은 듯한 내용이 있어서 소개한다.

우선 노동자들의 현실이다.

"노동자는 이제 기계의 부속물이며, 그에게 요구되는 것은 오직 단순하고 가장 단조로우며 가장 쉽게 획득한 기술뿐이다. 그렇기 때문에 노동자의 생산비용은 거의 전적으로 그가 자신을 유지하고 종족을 번식시키는 데 필요한 생존수단으로 제한된다."

다음으로 자영업자들의 현실이다.

"소매상, 상점주, 상인들, 수공업자, 농민 등 중간계급의 하층은 점차 프롤레타리아로 전락한다. 왜냐하면 그들의 영세 자본으로는 현대 산업이 움직이는 규모를 감당할 수 없고, 대자본가와의 경쟁에서 뒤처지기 때문이다."

그렇다면 우리는 어떻게 해야 하는가? 마르크스는 세계를 바꾸기 위한 첫 걸음으로 민주주의의 쟁취와 프롤레타리아에 의한 지배를 제시한다. 프롤레타리아는 정치적 지배를 통해 부르주아가 가진 자본과 생산수단을 차례차례 빼앗아야 한다. 모든 자본과 생산수단을 국유화하고 이것을 프롤레타리아가 독점적으로 관리해야 한다.

《공산당 선언》은 이러한 변혁의 과정 중 선진적인 국가들이 추진할 열 가지의 정책을 제시한다. 그것은 다음과 같다.

1) 토지 소유를 금지한다. 모든 지대는 국가 경비에 충당한다.
2) 고율의 누진세를 적용한다.
3) 상속권을 금지한다.
4) 모든 망명자와 반역자의 재산을 몰수한다.
5) 모든 신용을 국가에 집중시킨다. 이를 위해 독점권을 가진 국립은행과 국가의 자본을 이용한다.
6) 운송 수단을 국가에 집중시킨다.
7) 국유화된 공장을 증설하고, 공동계획에 따라 토지를 개간한다.
8) 모두에게 동일한 노동 의무를 부과한다. 산업군대와 농업군대를 키운다.

9) 농업과 공업의 운영을 결합한다. 도시와 농촌 사이의 차이를 제거해나간다.

10) 무상 교육을 실시하고, 아동들의 공장 노동을 폐지한다. 교육과 물질적 생산을 결합한다.

이 중에서 몇 가지 요구는 오늘날에도 유효하고, 몇 가지는 유효하지 않으며, 소수의 사안은 실현되었다.

그렇다면 마르크스가 궁극적으로 꿈꾸었던 이상적인 공산주의 사회는 어떤 모습인가? 이것은 너무나 먼 미래여서 그런지 구체적인 정책과 제도는 제시되지 않았다. 다만 마르크스는 이를 문학적으로 서술한다.

"공산주의 사회에서는 아무도 독점적인 활동의 영역을 갖지 않는다. 각자는 자신이 원하는 모든 분야에서 스스로를 훈련시킬 수 있다. 사회는 생산의 전반을 관리하는 까닭에 나는 오늘은 이것을, 내일은 다른 것을 할 수 있다. 아침에 사냥 가고, 오후에 고기를 잡으며, 저녁에 가축을 돌보고, 저녁식사를 마친 뒤에는 비판에 몰두할 수 있게 된다. 나는 사냥꾼, 어부, 목자, 평론가와 같은 전문직이 되지 않고도 내가 원하는 일을 할 수 있다."

아직 남은 것들

도서관 창밖으로 하늘이 어두워졌다. 돌아가야겠다. 책은 빌려가지 않기로 했다. 반납 선반에 《공산당 선언》을 올렸다. 도서관을 나섰다. 귀뚜라미가 우는 계절임을 새삼 깨달았다. 늦여름은 깊어갔다. 도서관의 계단을 천천히 내려가며 함께 걷는 마르크스에게 물었다.

회사원   왜 아름다운 공산사회는 도래하지 않았을까요? 계급투쟁이 역사 발전의 원동력이고, 근현대 역사에서 실제로 부르주아와 프롤레타리아가 계급적 투쟁의 상황에 놓였는데, 왜 공산주의 사회의 실험은 실패하고, 역사는 자본주의에서 멈춰선 것처럼 보이는 걸까요?

마르크스   그건 노동자가 단결하지 못했기 때문입니다. 노동자는 지역적으로 흩어져 있거나 하나의 회사 안에 모여 있다 해도 서로 경쟁하는 분열 상태에 처해 있습니다. 지리멸렬한 대중으로 남아 있는 것이지요. 여기에 더해서 자본주의 국가와 기업은 노동자들의 연대를 치열하게 방해하고 서로를 이간질합니다. 하지만 오랜 시간이 소요되고 여러 번 실패를 겪음에도 프롤레타리아는 하나의 조직으로, 정치 집단으로, 궁극적으로는 역사의 지배자로 일어설 것입니다.

회사원 정말 그럴까요? 공산주의는 이젠 유령이 된 것 같아요. 유령은 믿는 자에게는 존재하지만, 믿지 않는 자에게는 존재하지 않죠. 오늘날의 공산주의가 그래요. 사회과학적 이론이 아니라 하나의 믿음처럼 느껴져요. 저는 포기하는 게 낫겠다 싶습니다. 보통의 개인들은 너무나 다양한 성향을 갖고 있어요. 그들은 강력하게 조직되어 일사분란하게 움직이는 하나의 노동자 집단을 구성할 수 없어요. 사람들은 그저 대중일 뿐이에요.

마르크스 그럼 당신은 지금의 불평등과 착취를 모른 체할 건가요? 아니면 기득권과 자본가들의 동정심에 호소할 건가요? 우리가 불쌍하지 않느냐, 자비를 베풀어 우리의 환경을 조금만 더 개선해달라, 이렇게요?

회사원 그럼 어떻게 합니까? 저는 아무런 힘도 없어요. 제가 아무리 노동자들에게 연대해야 한다고 소리 질러도 대중은 꿈쩍도 하지 않을 거예요. 움직이지 않을 사람들 때문에 제 인생을 포기할 순 없습니다. 해야 할 게 많아요. 처리할 일도 산더미처럼 쌓였고, 앞으로 어떻게 먹고살 건지도 준비해야 해요.
제가 지금 신경 쓰는 건, 사회 전체가 아닙니다. 냉정히 말해서, 저 하나 먹고사는 거예요. 사회 시스템은 어차피 정해져 있어요. 그건 제가 죽기 전에는 어차피 바뀌지 않을 거예요. 사회의식의 변화, 민중의 각성. 이런 어린애 같은 이야기는 그만할 나이가 되었다고요. 현실적으로 말해서 그런 건 가능하지 않습니다. 시스템이 바뀌지 않는 거라면, 그 시스템을 이용할 줄도 알아야 해요. 사람들은 변하지 않아.

누나 그래, 사람들은 변하지 않지. 그런데 우리 동생은 그동안 많이 변했구나.

한 정거장 전에 내렸다. 지하철 1호선 제기동역에서 내려 청량리시장 방향으로 천천히 걸었다. 바람을 쐬고 싶었던 거다. 서늘한 밤공기에 정신이 드는 듯했다. 오늘은 기분이 좋지 않은 날이다. 나는 도대체 여기서 뭘 하고 있는 걸까. 어떤 의욕도 목적도 없이, 나는 다만 먹고살기 위해 이 세상에 태어난 걸까. 이제 그만 살아도 괜찮다 싶다. 언제부터인가 입에 붙은 말이다.

마을버스를 놓쳤다. 집까지 걷기로 했다. 높은 건물들에 가려진 작은 밤하늘을 보았다. 별 하나 보이지 않는 희뿌연 서울의 하늘. 그때 기억이 났다. 기억 저편 어딘가에 잃어버린 다른 시간과 공간의 하늘. 스무 살의 여름. 잠이 드는 게 아쉬웠던 밤. 게르를 빠져나왔을 때 세상은 불빛 하나 없이 짙은 어둠에 묻혀 있었다. 조금도 무섭지 않았다. 쏟아질 듯한 별들 때문이었다. 몽골의 밤하늘. 그때 이미 알고 있었다. 그 순간이 가장 완벽한 순간임을. 더 이상 그렇게 행복한 순간은 두 번 다시 반복되지 않을 것이다. 그러니 더 살아간다는 것은 무의미한 일이다. 무의미한 삶을 구차하게 끌고 간다는 건, 얼마나 부끄러운 일인가. 이제 그만 살아도 되겠다 싶다. 너무 오래 끌어가고 있다.

당시의 나는 한없이 나약해져 있었다.

여덟 번째 계단,
삶

메르세데스 소사

어느 날 갑자기 삶이 무겁게 정지했다

사고가 있었다. 순식간에 모든 것이 멈춰 섰다. 내 의도와는 무관하게 나는 모든 일에서 손을 떼야만 했다. 현실이 나를 걷어찬 것이다. 그런데 일상이 멈추자 고민도 함께 멈추었다. 이상과 현실의 괴리는 더 이상 문제가 되지 않았다. 살아 있다는 사실 만으로도 버거운 날들이 이어졌다. 그러던 중에 메르세데스 소사를 만났다.

삶

↑

이상 — 현실

소사의 노래를 반복해서 들었다. 망가진 일상 속에서 유일하게 위로받을 수 있는 시간이었다. 그녀의 삶과 노래에 점차 다가서면서 실마리를 찾게 되었다. 소사는 보여주었다. 추악한 현실 속에서 어떻게 자신과 세상을 지켜나가는지를. 놀랍게도 그 방법은 수용이었다. 고결한 이상도, 비루한 현실도 자신의 삶 속에서 담담하게 받아들이는 것. 그것이 이상과 현실의 대립을 극복할 수 있는 방법이 될 것이다.

삶이란 그런 것일까? 이상도, 현실도 그리고 그 사이에서의 치열한 고민도

모두 나의 것, 나의 삶으로 받아들여야 하는 것일까? 나는 조금씩 배워갔다.

나는 삶이라는 계단 앞에 섰다.

살아야 할 이유

사람들은 서로에게 묻곤 한다. 왜 살고 있는지를. 당신에게도 묻고 싶다. 당신은 왜 살고 있는가? 어떤 사람들은 문학적이고 멋진 말을 만들어 삶에 의미를 부여할 것이다. 또 어떤 사람들은 자신의 경험을 바탕으로 사실적인 답을 제시하려고 노력할 것이다. 그리고 세 번째 사람이 있다. 얼버무리는 사람들이다. 그들은 '그냥'이라고 답한다. 이러한 대답은 질문을 던진 사람도, 답을 한 사람도 어쩐지 멋쩍게 만든다. 하지만 생각해보면 가장 사실에 근접한 대답인 것 같기도 하다. 그렇지 않은가? 우리는 실제로 어떤 이유나 뚜렷한 목적이 있어서 살고 있는 건 아니다. 말 그대로 그냥 산다. 배고프니까 먹고, 졸리니까 자고, 내 심장이 나의 의지와는 무관하게 뛰어주고 있으니까 산다.

그러고 보면 삶도 관성의 법칙을 따르는 것 같다. 물질세계에만 관성이 존재하는 게 아니다. 물리학에서 말하는 관성은 자신의 운동 상태를 지속하려는 성질이다. 즉 멈춰 있는 물체는 계속 멈춰 있으려 하고 움직이는 물체는 계속 움직이려고 한다. 외부에서 운동 상태를 바꿀 만큼 큰 에너지가 가해지기 전까지 물체는 현재의 운동 상태를 지속한다. 삶도 그렇다. 외부에서 어떤 에너지가 가해지기 전까지 우리는 지금껏 살아왔던 삶의 방식을 무의미하게 반복하며 유지한다. 그런 의미에서, 왜 살고 있는지에 대한 가장 적절한 답변은 '그냥'이다. 그냥 이 세상에 던져졌기 때문에, 그냥 지금까지 이런 모습으로 살아왔기 때문에, 우리는 하루하루를 견뎌내고 있는지도 모른다.

그런데 어느 날 문득, 삶의 방향을 급격하게 전환해야 하는 때가 온다. 나의 의도와는 무관하게 외부의 힘이 삶의 반복을 멈춰 세우고, 나를 다른 방향으로 나아가게 만드는 그런 강력한 계기가 반드시 한 번쯤은 찾아온다. 나에게도 있었다. 그건 내가 이상과 현실의 괴리 속에 함몰되어 있던 늦은 겨울의 어느 날, 제주도에서였다.

입원

친구 G가 병실 안으로 들어왔다.

"멀쩡하구만."

나와 눈을 마주친 G가 첫 번째로 내뱉은 말이었다.

"속은 곯았어."

귀에 꽂고 있던 이어폰을 빼며 엄살을 부렸다. 안 그래도 입원은 했지만 겉보기엔 너무도 멀쩡해서 나이롱환자처럼 보일까 봐 민망하던 참이었다.

"목이 안 돌아가."

나는 좌우로 천천히 목을 돌리며 환자임을 시연했다.

"그냥 자다가 목 돌아간 것 같은데."

"아니야."

G는 병실 안을 두리번거렸다. 병원이 깔끔해서 좋다느니, 냉장고에는 뭐가 있냐느니 하며 부산스럽게 굴었다. 그러다 침대 위에 놓인 이어폰과 책에 시선이 간 모양이었다. G가 말했다.

"뭐 들어?"

"메르세데스 소사."

"누구?"

"남미 가수."

"뭘 그런 걸 들어?"

"밥은?"

"먹어야지."

곧 저녁식사가 나오기로 되어 있지만, 병원 밥이 물렸던 터였다. 몰래 나가서 먹기로 했다.

김밥이 이렇게 자극적인 음식인지 몰랐다. 병원 밥에 익숙해졌던 터라 그런지 간이 셌다. G가 물었다.

"돌아가신 분들은?"

"바로 거기서 장례 치르고 다 했지."

G는 묻는 게 조심스러운 것 같았다. G가 말했다.

"그나마 멀쩡해서 다행이네."

"속은 곯았다니까."

나는 다시 목을 천천히 좌우로 돌려 보여주었다. G가 물었다.

"세 바퀴 굴렀다고?"

"응."

나는 아무렇지도 않은 듯 말을 이었다.

"차가 구르면 어떤 느낌일까 평소에 궁금했었는데, 생각보다 다채로운 경험을 제공하더라고. 여러 생각들이 들어. 보통 이렇게 오래 도는 건가? 하는 생각도 들고, 이런 방식으로 사람이 죽는 거구나 하는 생각도 들고. 어딘가 계속 아프고 정신없기도 하고 그렇더라고. 그나저나 안전벨트는 꼭 해라."

"안전벨트 다들 안 하고 계셨다고 했지?"

"응. 운전석하고 조수석만 하고. 원래 승합차 타면 잘 안 하고 그러니까. 그런데 안전벨트 안 하면 왜 위험하나 했더니, 차가 구르면 창밖으로 튕겨나가게 되더라고."

G는 고개를 끄덕였다. 나는 이 정도만 이야기하면 되겠다고 생각했다. 괜히 G의 마음까지 무겁게 할 필요는 없으니까. 이제는 차를 타면 심각하게 긴장해서 다리가 아플 지경이라거나, 지금까지 안전

해 보였던 모든 것, 건물이나 땅이나 천장이 불안해 보인다거나, 잠을 자려고 누울 때마다 돌아가신 분들이 그 모습 그대로 내 양 옆에 누워 있는 상상에 시달린다거나, 내가 사실은 죽었는데 지금 그 사실을 모르고 있는 것은 아닌지를 심각하게 의심해보고 있다는 것들은 말하지 않았다.

시간이 늦었다. G를 병원 입구까지 배웅했다. G는 어서 들어가라는 손짓을 했다. 나는 병실로 바로 올라가지 않았다. 병원에 붙은 작은 공원을 천천히 산책했다. 가로등 불빛에 공원은 어둡지 않았다. 벤치에 앉았다. 주머니에 넣어온 이어폰을 귀에 꽂았다. 사고 이후에 알게 되어 매일 듣고 있는 노래가 있었다. 아르헨티나 출신의 가수 메르세데스 소사가 부른 노래다. '그라시아스 아 라 비다(Gracias a la Vida)'. 당시에 내가 이 노래를 어떤 경로로 알게 되었는지는 기억나지 않는다. 이 가수가 누구인지, 노래의 가사가 무엇인지도 몰랐다. 그럼에도 유일하게 의지할 수 있는 대상이 되었다. 그것은 언어를 뛰어넘는 그녀의 깊고 낮은 음성 때문이었다. 그 깊은 목소리는 나를 항상 예민하게 몰고 가는 세상의 모든 소음으로부터 보호해주었다. 차 소리도, 사람 소리도, 모든 소리가 차단되었다. 나는 눈만 감으면 되었다. 그러면 불안한 세상 속에서 나만의 안전한 공간에 머무를 수 있었다. 그렇게 늦게까지 공원 벤치에 앉아 노래를 들었다.

사고

2월 중순의 춥지만 화창한 날이었다. 오랜만의 여행이었다. 직장 동료들을 따라온 것이기는 했지만, 시간 없음을 핑계로 일에만 몰두하고 있던 나에겐 숨 돌릴 틈이 되었다. 2박 3일의 제주도 여행. 사고는 둘째 날 오후에 있었다.

우리는 12인승 승합차를 빌렸고, 가이드 분이 운전을 맡았다. 제주시에서 서귀포시로 넘어가는 길이었다. 한라산 중턱에서 잠깐씩 내려 경치를 구경했다. 한라산의 겨울바람은 정신을 바짝 들게 했다. 날은 맑았으나, 도로가에는 눈이 남아 있었다. 다 큰 어른들은 눈을 뭉쳐 어설프게 눈사람을 만들기도 하고, 사진을 찍기도 했다.

사고가 나기 직전에도 우리는 승합차에서 잠시 내려 경치를 둘러봤다. 생각보다 바람이 차서 몸을 한껏 움츠려야 했지만, 넓게 펼쳐진 산등성이와 맑은 하늘이 인상적이었다. 우리는 춥다며 차로 들어갔다. 지정된 좌석이 따로 없었으니 문 앞에 도착한 순서로 안쪽부터 자리를 채웠다. 나는 중간의 왼쪽 좌석에 앉았다.

차가 출발하고 5분 정도가 되었을까. 따뜻한 공기에 잠깐 졸았다 싶었다. 졸면서도 생각했다. 급할 게 없는데 왜 이렇게 빨리 달리나. 그때였다. 몇몇 사람들이 '어어!' 하며 소리를 질렀다. 무슨 일인가 눈을 뜬 순간, 차는 무엇인가에 크게 부딪히는 굉음을 내며 놀이기구를 탄 것처럼 왼쪽으로 급하게 쏠렸다. 나는 앞좌석을 움켜쥐었다. 그리고 차는 곧 시계 반대방향으로 구르기 시작했다.

나중에 알았지만, 사고의 경위는 이랬다. 평일 오전의 한라산 중턱이라 한산한 도로에는 차가 거의 없었다. 승합차는 빠른 속도로 도로를 달렸다. 교차로를 통과하던 중. 오른쪽에서도 빠른 속도로 승용차가 돌진하고 있었다. 가이드는 승용차를 보지 못했다. 승용차는 속도를 줄이지 못하고 그대로 우리 승합차의 우측면을 받았다. 승합차는 자기 속도를 이기지 못하고 도로를 따라 굴렀다.

구르는 동안 나는 의식이 있었다. 안전벨트를 하지 않았던 까닭에 차 천장과 바닥에 계속 부딪히고 있었다. 부딪히는 가운데 생각했다. 원래 이렇게 오래 도는 건가. 그리고 눈을 뜨고 있었는지 여러 가지가 보였다. 드럼 세탁기 안에 있는 것처럼 물건들과 먼지들이 떠올라 빠르게 회전했다. 곧이어 창문이 깨졌다. 유리가 덩어리째 떨어져 나왔다. 창이 떨어지자 실내로 빛이 새어 들어왔다. 차안이 밝아졌다. 초록색의 유리조각들이 빛에 반짝였다.

얼마나 돌았을까. 이제 그만 돌아도 되겠다고 생각할 때쯤. 쾅! 하는 소리와 함께 차가 정자세로 멈췄다. 급작스럽게 정적이 찾아왔다. 몸이 어떤 상태로 있었는지 기억이 나지 않는다. 다만 전신에서 깊고 아련한 통증이 느껴졌다. 정신이 없는 가운데 나는 코를 만져봤다. 코가 있었다. 살았다고 생각했다. 코의 존재와 생존의 여부는 어떠한 인과관계도 없으나 아마도 그때는 제정신이 아니었던 것 같다. 목에 통증이 느껴졌다. 갑자기 웃음이 났다. 다 살았다고 생각했다. 이제 우리 모두는 차 밖으로 빠져 나가서 정말 죽을 뻔했다고 말하며 함께 웃을 것이다. 하지만 이 생각이 틀렸음을 알아차리는 데는 오래 걸리지 않았다.

바로 앞좌석에 앉아 있던 두 명의 동료가 내 뒤쪽을 보면서 소리를 질렀다. 나는 뭔가 잘못되었음을 알았다. 뒤를 돌아보았을 때, 차의 뒷면은 뻥 뚫려 있었다. 뒷문 전체가 떨어져 나간 것이다. 길게 뻗은 도로가 보였다. 그리고 50미터 정도 떨어진 곳에 남자 동료 한 분이 차렷 자세로 차가운 아스팔트 위에 엎드려 있었다. 머리의 윗부분은 떨어져나간 것 같았다. 나는 몸이 얼어붙었다. 그분 뒤로 50미터 정도 더 떨어진 곳에는 여자 동료 한 분이 몸을 가누지 못하고 있었다. 피가 많이 흐르고 있었지만, 의식이 있어서 계속 일어서려고 하고 있었다.

차 밖으로 나가야겠다. 나는 떨리는 손으로 문을 흔들었으나, 문은 구겨져 열리지 않았다. 창문으로 빠져나왔다. 차를 한 바퀴 돌았을 때, 차가 구르는 동안 깔린 여자 동료를 발견했다. 피가 나는 건 아니었지만, 그 모습을 보았을 때 나는 울음을 터뜨렸다. 벗어놓았던 점퍼를 찾았다. 우선 다친 남자 동료에게 가서 덮어주었다. 아스팔트가 차가울 거라고 생각했던 것 같다. 다리가 떨렸다. 어떻게 해야 하나. 도로 근처 풀숲에서 핸드폰을 찾았다. 할 수 있는 모든 곳에 신고를 했다.

무사한 사람들은 첫 번째 구급차가 도착할 때까지의 30분가량을, 아무것도 하지 못한 채 그저 안절부절 서 있었다. 그렇게 차례차례 길고 긴 시간을 두고 구급차가 도착했다. 이정표가 따로 없는 한라산 중턱의 도로에서 구급차는 우리를 찾기 위해 헤매었다고 한다. 그게 힘들었다. 아무것도 할 수 없다는 무력감과 지루한 공포.

누군가의 죽음은, 영화에서는 너무도 선명하게 이해되는 사건으로 묘사된다. 하지만 현실은 그렇지 않다. 우리는 미동도 하지 않는 동료들을 보면서도 그들이 다만 조금 크게 다쳤을 뿐이라고 생각했다. 구급차가 도착하기만 하면 모든 문제는 해결될 것이다. 그래서 구급차 도착이 늦어지고 가장 적게 다쳤다고 생각했던 의식이 있는 분만을 우선적으로 데려갔을 때, 우리는 강력하게 항의했다. 왜 다른 분들은 데려가지 않느냐고. 살아남은 무력한 자들이 할 수 있는 건 분노하는 것밖에는 없었다. 그렇게라도 해야 무사하다는 미안함을 조금이라도 잊을 수 있었던 것이다.

사고는 긴 시간을 두고 수습되어갔다.

반년이 지났다. 사고라는 외부의 힘은 그동안 관성에 따라 날아가던 내 삶을 멈추게 했다. 많은 것이 변했다. 습관적으로 입에 붙이고 살았던 '이제 그만 살아도 되겠다'라는 말은 단 한 번도 꺼내지 못했다. 정신과 치료를 받으며 우울증 치료제를 복용했다. 사고능력과 언어능력이 저하되었다는 판정을 받았다. 정신과 의사 선생님은 스스로는 의식하지 못하지만 뇌가 사고를 반복해서 재현하고 있기 때문이라고 했다. 목과 다리에 고질적인 통증이 생겼다. 이 통증을 통해서 놀랍게도 비가 올지를 예측하는 능력을 얻었다. 작은 일에도 예민해졌다. 쉽게 화가 났다. 나는 언제나 폭발 직전의 상태였다. 사고 직후에도 고집스럽게 놓지 않았던 직장은 결국 그만둘 수밖에 없었다. 주변 사람들과 스스로에게 습관적으로 괜찮다고 말해왔지만, 사실은 그렇지 않았던 것이다. 일을 그만둔 겸해서 반년 만에 뒤늦게 입원을 했다. 그렇게 삶은 무겁게 정지했다.

Gracias a la vida

내가 메르세데스 소사를 알게 된 건 그 무렵이었다. 잠은 우울증 치료제의 도움을 받고 있었지만, 깨어 있을 때에도 마음의 불안을 억제할 무언가가 필요했다. 우연히 편안한 음악이 도움이 된다는 걸 알게 되었다. 편안한 음악을 찾기 위해 음악의 세계를 헤매었다. 카톨라, 엘라 피츠제럴드, 쳇 베이커, 리사 오노, 요시다 케이코, 부에나비스타 소셜 클럽의 노래를 들었다.

소사의 목소리를 처음 듣게 된 순간이 기억난다. 별다른 기대가 없었다. 가수의 이름도, 노래의 제목도, 앨범 표지에 그려진 검은 머리의 인디오 여성의 얼굴도 모두 낯설었다. 음악을 재생하고 눈을 감았다. 전주는 없었다. 곧바로 소사의 깊고 풍부한 목소리가 들려왔다.

'그라시아스 아 라 비다'

그리고 이어지는 박수소리와, 그 박수소리를 잠재우는 소사의 목소리. 낯선 스페인어 발음도, 이해할 수 없는 가사도 전혀 문제가 되지 않았다. 그녀의 음성은 귀가 아니라 인간의 영혼에 직접 호소하는 듯했다. 나는 눈을 떠 가수의 이름과 노래 제목을 다시 확인할 수밖에 없었다. '메르세데스 소사'의 'Gracias a la vida'. 나는 그렇게 그녀의 노래에 관심을 갖게 되었다. 그리고 노래에 대한 관심은 그녀의 삶에 대한 관심으로 나를 이끌었다.

노래에 대한 이야기부터 시작할까 한다. 〈Gracias a la vida〉는 그녀가 부른 노래 중 가장 잘 알려진 곡이다. 우리말로 하면 '삶에 감사해', '인생이여 고맙습니다' 정도가 된다. 스페인어로 'Gracias'가 감사하다는 뜻이고 'vida'가 생명, 목숨, 일생, 생애 등의 뜻이다.

삶에 감사해 (Gracias a la vida)

삶에 감사해. 내게 너무 많은 걸 주었어.

샛별 같은 눈동자를 주어

흑과 백을 온전히 구분하게 하고, 하늘에 빛나는 별들을 보게 하고,

수많은 사람 가운데 내 님을 찾을 수 있게 했네.

삶에 감사해. 내게 너무 많은 걸 주었어.

들을 수 있는 귀를 주어

밤과 낮에 우는 귀뚜라미와 카나리아의 소리를 들려주었고,

망치 소리, 물레방아 소리, 개 짖는 소리, 빗소리,

그리고 사랑하는 이의 그토록 부드러운 목소리를 내 귀에 새겨 넣게 했네.

삶에 감사해. 내게 너무 많은 걸 주었어.

소리와 문자를 주어

어머니, 친구, 형제들 그리고

내 사랑하는 이가 걸어갈 영혼의 길을 밝혀줄 빛이 되었네.

삶에 감사해. 내게 너무 많은 걸 주었어.

내 지친 발을 이끌어

도시와 시골길, 해변과 사막, 산과 평야,

당신의 집과 거리 그리고 당신의 정원을 걸을 수 있게 하였네.

삶에 감사해. 내게 너무 많은 걸 주었어.

인간의 정신이 열매를 거두는 것을,

악으로부터 선이 해방되는 것을,

그리고 당신의 맑은 눈 깊은 곳을 응시할 때,

내 마음 속에 요동치는 심장을 주었네.

삶에 감사해. 내게 너무 많은 것을 주었어.

웃음과 눈물을 주어 행복과 슬픔을 구별하게 했고,

나의 노래와 당신들의 노래가 되게 했네.

이 노래가 그것이라네.

그리고 이 노래는 우리들 모두의 노래라네.

세상의 모든 노래가 그러하듯,

나에게 이토록 많은 것을 준 삶이여, 감사합니다.

우리가 들을 수 있는 메르세데스 소사의 〈Gracias a la vida〉는 1982년 공연 당시에 녹음된 음성이다. 1982년. 3년간의 망명생활을 끝내고 자신의 조국 아르헨티나로 귀국한 소사는 그동안 자신을 기다려준 청중들 앞에 섰다. 군부정권이 다시 그녀를 체포할까 봐 사람들은 우려했다. 하지만 2월 18일 밤, 부에노스아이레스의 오페라 극장에서 공연은 시작되었다. 그녀가 무대에 오르자 사람들은 함성과 박수로 그녀를 맞이했다. 끝나지 않는 함성 속에서 그녀는 이렇게 말한다.

"저는 메르세데스 소사, 아르헨티나인입니다."

그렇게 시작된 첫 번째 노래가 〈Gracias a la vida〉였다. 그녀의 목소리는 노래가 끝나기 전에 메여왔다. 청중들은 함께 노래를 불러주었다. 이후 28일 동안 공연은 계속되었고 연일 매진을 기록했다.

나는 그녀의 목소리에 이끌려 이 노래를 좋아하게 되었지만, 이 노래가 세계인의 마음을 움직였던 이유는 단지 음색과 가사의 아름다움 때문만이 아니었다. 더 중요한 이유는 따로 있었다. 도저히 삶의 감사함을 말할 수 없는 현실 속에서 그것을 담담히 받아들이는 그녀의 깊은 영혼 때문이었다.

이제 그녀의 삶을 알아볼 차례다.

어린 시절

메르세데스 소사의 애칭은 다양하다. 그녀의 검은 머리카락 때문에 검은 여인이라는 뜻의 '라 네그라(La Negra)'라고 불리기도 하고, '침묵하는 다수의 목소리', '고난받는 이들의 어머니' 등으로도 불린다. 특히 '라틴 아메리카의 목소리'라고도 불리는데, 사람들은 만약 아메리카 대륙이 목소리를 낼 수 있다면 그것은 소사의 목소리일 것이라고 말하기도 한다.

그녀의 외모는 수수했다. 검은 머리, 인디오의 얼굴, 검소한 옷차림. 하지만 소박한 외모와 내성적인 성격의 소유자였음에도 불구하고 그녀는 라틴 아메리카 민중의 노래 운동인 '누에바 칸시온'을 이끌었으며, 군부독재의 탄압에 맞서 아메리카 민중의 상징이 되었다.

그녀는 체 게바라의 고국인 아르헨티나에서 태어났다. 1935년 7월 9일. 투쿠만 주에 속한 산미구엘 지역의 평범한 가정집에서였다.

투쿠만은 아르헨티나에서 두 번째로 작은 주로, 안데스 산맥과 평야가 만나는 곳에 위치한다. 다양한 지형과 아름다운 자연환경을 가져 '아르헨티나의 정원'이라고도 불리는 곳이다. 이렇게 아름다운 자연환경 이외에도 투쿠만은 남아메리카의 민속 문화와 전통음악을 잘 보존하고 있었다. 소사는 이러한 자연과 전통 속에서 어린 시절을 보냈다.

그녀는 어릴 적부터 노래하는 것을 무척 좋아했고 소질을 보였다. 15세 무렵이 되었을 때, 그녀는 투쿠만의 지역 라디오 방송국에 놀러 갔다가 우연히 아마추어 노래 콘테스트에 참가하게 되었다. 함께 있던 친구들의 권유 때문이었다. 그리고 뜻밖에도 소사는 경연에서 우승을 했다. 그때부터 그녀는 음악인의 길을 걷는 것에 대해서 진지하게 생각했다.

새로운 노래 운동

1957년. 그녀의 나이 23세. 첫 남편인 마누엘 오스카 마투스를 만나게 된다. 그는 음악을 하는 사람이었다. 소사는 결혼 이후 남편의 고향인 멘도사에 정착했다. 멘도사는 소사의 음악 세계에서 중요한 역할을 한 장소다. 이곳에서 그녀는 남편의 도움으로 다른 음악인, 예술인 그리고 다양한 종류의 지식인들과 교류하는 기회를 가졌다. 다양

303

한 사람들과 새로운 세계를 접하면서 소사는 전통음악의 예술적, 사회적 의미와 자신의 역할에 대해서 눈뜨기 시작했다.

전통음악을 한다는 것은 어떤 의미를 가질까? 음악의 여러 장르 중에서 다만 취향에 맞는 하나의 음악을 선택하는 것일까? 그렇지 않다. 당시 아르헨티나에서 전통음악을 계승한다는 것은 거대 자본을 기반으로 하는 상업 음악에 저항함을 의미했다. 그리고 더 나아가서는 그러한 거대 자본을 기반으로 남아메리카의 경제와 정치를 종속시키고 있는 미국의 제국주의에 맞서는 것을 의미했다. 미국의 오랜 착취로 상처 입은 남아메리카 민중의 자존감을 치유해야 한다. 소사는 깨닫는다. 음악을 통한 치유와 저항이 필요함을.

1959년. 그녀의 나이 25세. 남편 마투스의 도움으로 데뷔 앨범을 발표했다. 하지만 무명의 시절이 이어졌다. 그녀는 생계를 위해 전통 춤을 가르치고, 가정부 생활을 했다. 기회가 주어지면 노래를 불렀다. 행복한 시기였다. 무명이긴 했지만, 사랑하는 음악을 할 수 있었고 자신의 소명에 대해서도 이해할 수 있었다.

1960년대 중반의 아르헨티나에는 본격적으로 누에바 칸시온 (Nueva Canción) 운동이 확산되고 있었다. '새로운 노래'라는 뜻의 이 운동은 남아메리카의 민속음악을 발굴하고 이를 현대적으로 재해석함으로써, 민중 스스로가 미국의 억압에 저항하게 하는 다분히 정치적인 문화 운동이었다. 소사는 이 운동에 영향을 받았다.

1963년. 소사는 멘도사의 음악인들과 함께 누에바 칸시온 선언에 동참하게 된다. 이 선언이 분명히 하는 점은 음악을 장식적인 수단에 머무르게 하지 않는다는 것이었다. 새로운 노래는 인간 중심의 노래여야 한다. 특히 억압받는 민중들의 삶이 노래의 중심으로 세워져야 한다.

누에바 칸시온 운동을 대표하는 노래는 '모두가 함께 부르는 노래(Canción Con Todos)'다. 세사르 이세야가 작곡하고 아르만도 테하다 고메스가 작사한 이 노래는 소사의 목소리로 불려졌고, 그녀를 단번에 누에보 칸시온의 상징으로 떠오르게 했다.

모두가 함께 부르는 노래 (Canción Con Todos) 中

모든 이의 목소리와, 모든 이의 손과, 모든 이의 피가

노래의 바람이 될 수 있다네.

나와 함께 노래하세. 라틴 아메리카의 형제여.

당신의 희망을 목소리에 담아서

함성으로 해방시키세.

누에바 칸시온에 대해 조금 더 이야기해보자. 이 노래 운동의 정신적 기원은 보통 체 게바라와 피델 카스트로에 의한 1959년의 쿠바 혁명으로 말해진다. 미국이라는 거대 제국주의 국가에 맞서 승리했

다는 민중의 경험은 하나의 자신감이 되어 남아메리카인들의 영혼을 일깨웠다. 쿠바혁명의 정신은 우선 칠레로 이어졌고, 누에바 칸시온 운동이 태동하는 계기를 마련했다. 이 노래 운동은 칠레와 아르헨티나를 중심으로 성장했다. 칠레에서는 비올레타 파라가, 아르헨티나에서는 아타왈파 유팡키가 각지에서 전통음악을 모아서 누에바 칸시온의 기반을 다졌다.

누에바 칸시온의 현실적인 결실은 1970년 칠레 아옌데 정권의 탄생이다. 노래로 하나 된 칠레의 민중은 스스로의 힘으로 자신들이 원하는 정권을 만들어냈다. 민주적으로 당선된 살바도르 아옌데는 곧바로 사회주의적 개혁을 시작했다. 미국의 다국적 기업이 소유한 구리광산, 탄광, 은행 들을 국유화하고, 토지 개혁을 시행했다. 그리고 아이들에게 무료로 우유를 제공함으로써 심각했던 유아사망률을 낮췄다. 미국의 종속으로부터 벗어난 칠레 경제는 급격하게 안정화되어갔다. 하지만 이러한 진보적인 발걸음은 오래 지속되지 못했다. 칠레의 개혁으로 피해를 입은 다국적 기업들이 미국 정부를 움직여 이를 막고자 했던 것이다. 미국 정부의 경제적 압박과 정치적 공작이 시작되었다. 그리고 결국 1973년 9월 11일. CIA의 지원 아래 피노체트가 쿠데타를 일으켰다. 대통령 집무실인 모네다 궁은 쿠데타군에 완전히 포위되었다. 아옌데는 모네다 궁 안에 있던 국영방송 마가야네스 라디오를 통해서 마지막 연설을 한다.

"저는 항상 여러분과 함께 있을 것입니다. 민중은 스스로를 지켜야 합니다. 하지만 스스로를 희생해서는 안 됩니다. 민중은 굴종과 박해를 허용해서는 안 되지만, 스스로를 학대할 필요도 없습니다. 칠레의 노동자 여러분. 저는 칠레의 운명을 믿습니다. 반역자들이 강요하는 암울하고 가혹한 시간을 딛고 일어나 또 다른 사람들이 계속 전진할 것입니다. 잊어서는 안 됩니다. 길은 다시 열리고 우리는 걷게 될 것입니다. 보다 나은 사회가 건설될 것입니다. 칠레 만세! 민중 만세! 노동자 만세!"

아옌데는 모네다 궁 안에 남아 있던 여성들과 경호원들을 밖으로 내보냈다. 그리고 피델 카스트로에게 선물 받은 AK-47 소총으로 마지막까지 저항했다. 전투기와 탱크의 진입이 시도되자 그는 결국 자살을 선택한다.

피노체트의 쿠데타는 성공했다. 이후 일주일 동안 3만 명의 시민이 죽었다. 저항하는 이들과 진보진영 인사, 반미 정치인들이 살해되거나 실종됐다. 누에바 칸시온 운동은 금지되었다. 실제로 아옌데 정권을 창출하는 결정적 계기가 되었다고 평가되는 칠레의 가수 빅토르 하라는 쿠데타군에 의해 살해당했다. 기타를 치던 그의 손은 부러뜨려졌고, 발견된 시신은 고문의 흔적과 44발의 총상을 입은 상태였다. 남아메리카의 혁명적 분위기는 단숨에 얼어붙었다.

소사의 고국 아르헨티나도 마찬가지였다. 아르헨티나는 계속된 쿠데타로 정치적 혼란기에 있었다. 군부 정권은 누에바 칸시온 운동을 강력하게 탄압했다. 소사에게는 비밀경찰이 붙었다. 그녀의 노래는 금지곡이 되었다. 이때부터 소사는 아르헨티나 군부 정권에 맞서 노래했다. 그녀가 부른 '모두가 함께 부르는 노래'는 저항하는 모든 민중의 위로가 되었다.

망명과 귀국

소사의 공연은 극우 반공주의자 테러의 표적이 되었다. 소사는 목숨의 위협 속에서도 공연을 지속했다. 하지만 1976년이 되면 상황이 더 악화된다. 쿠데타로 집권한 호르헤 비델라에 의한 공포정치가 시작된 것이다. 이 독재정권은 스스로의 집권을 '국가 재조직 과정'이라 불렀다. 국가에 의한 폭력과 살인이 공공연하게 이루어졌다. 민중의 삶은 절망에 빠졌다. 좌익 게릴라를 척결한다는 명분으로 자행된 공포정치는 이후 8년간 정부 추산 1만 명, 유가족 추산 3만 명에 이르는 사망자와 실종자를 만들어냈다. 아르헨티나인들은 이 시기를 '더러운 전쟁(Guerra sucia)'이라고 부른다.

불안한 날들이 이어졌다. 소사는 자신이 아무도 모르게 살해될지도 모른다는 것을 알았다. 그러나 아르헨티나를 떠나지 않기로 다짐했다. 탄압받는 민중과 함께해야 한다고 생각한 것이다. 결국 1978년 10월 23일. 소사는 군부정권에 의해 체포되었다. 부에노스아이레스의 라플라타 시에서 공연 중이었다. 그녀는 대지주의 착취와 소작농의 비참함에 대해서 노래하고 있었다. 무장한 경찰들이 공연장을 포위했고, 소사와 관객 350여 명을 그 자리에서 체포했다. 다음해 1월. 소사는 아르헨티나에서 강제 추방된다. 이때 불행이 겹친다. 자신의 음악 세계를 이끌어주던 두 번째 남편과 사별하게 된 것이다.

조국과 남편을 잃고 추방당한 소사는 프랑스와 스페인을 근거지로 망명 생활을 시작했다. 의지할 곳이 없는 시기가 이어졌다. 그러나 유럽에서의 망명 생활은 반대로 그녀의 목소리를 전 세계에 알리는 기회가 되었다. 소사의 목소리는 유럽인들을 사로잡았다. 망명 생활을 하는 동안 소사는 세계적인 명성을 얻었다. 소사가 알려지면서 동시에 아르헨티나 군부독재 정권의 잔인성도 세계에 알려지게 되었다. 하지만 소사는 외로웠다. 그녀의 곁에는 사랑하는 사람들이 남아있지 않았다.

1982년. 소사는 망명 생활을 끝마치기로 결심한다. 조국에서 노래하리라. 아직 군부독재 하에 있던 아르헨티나로 목숨을 건 귀국을 시도한 것이다. 조국에 돌아온 소사는 곧바로 공연을 준비했다. 그리고 2월 18일 밤. 부에노스아이레스의 오페라극장에서 귀국 후 첫 번째 공연을 갖는다. 정부의 체포가 우려되었지만, 많은 사람이 몰렸다. 소사도 청중도 오랜 시간을 기다려왔다. 사람들의 함성은 끊이지 않았다. 그녀는 무대에 섰다. 그리고 이렇게 말했다.

"저는 메르세데스 소사, 아르헨티나인입니다."

그리고 〈Gracias a la vida〉가 시작된다.

삶에 감사해. 내게 너무 많은 걸 주었어.

샛별 같은 눈동자를 주어

흑과 백을 온전히 구분하게 하고, 하늘에 빛나는 별들을 보게 하고,

수많은 사람 가운데 내 님을 찾을 수 있게 했네.

정치적 억압과 민중의 고통, 뜻을 함께했던 동료들의 죽음, 배우자의 상실. 도저히 삶에 감사할 수 없는 상황이었다. 1982년에 녹음된 이 노래를 들을 때면, 나는 공연장에 서서 노래를 부르는 소사의 마음을 상상해본다. 어떤 마음이었을까. 자신이 사랑해왔던 모든 것을 하나하나 빼앗아가는 삶에게 감사하다고 말하는 이의 마음은 어떤 것일까.

아르헨티나 군부정권은 너무도 허탈하게 몰락했다. 민중의 저항이 큰 역할을 한 것이 사실이지만, 실질적인 이유는 포클랜드 전쟁에서의 패배 때문이었다. 군부정권은 내부의 관심을 외부로 돌리기 위해 위기를 조장할 필요가 있었다. 그래서 선택한 것이 자국 근처에 있는 포클랜드 섬을 침공하는 것이었다. 당시 포클랜드 섬은 영국이 통치하고 있었다. 하지만 영국과의 2개월간의 전쟁 끝에 아르헨티나 군부

정권은 항복한다. 신뢰를 잃은 정부는 몰락하고, 결국 1982년 12월, 민주정권이 들어서게 된다.

민주화된 아르헨티나에서 소사는 꾸준히 아르헨티나와 남아메리카 민중의 삶을 노래했다. 80년대와 90년대에는 미국과 유럽에서 활동하며 세계적인 성공을 거두었다. 2002년에는 뉴욕 카네기홀과 로마 콜로세움에서도 공연을 가졌다. 그녀의 목소리를 듣기 위해 수많은 사람이 몰려들었다.

노년이 되어서도 소사는 음악을 놓지 않았다. 음악에 대한 이해는 깊어갔다. 그녀를 사랑하는 많은 음악인과 함께 작업을 했다. 건강이 좋지 않았다. 반복된 호흡기 질환으로 투병하는 시기가 잦아졌다. 그리고 2009년 10월 4일. 소사는 75세의 나이로 눈을 감는다.

질문들

밤이 깊었다. 이제 병실로 올라가야겠다. 조용한 복도를 천천히 걸어서 병실로 돌아왔다. 불 꺼진 5인 병실은 코고는 소리만이 들릴 뿐 조용했다. 소리 나지 않게 침대 위에 올라앉았다. 병실 밖에서부터 빛이 새어 들어와서 커튼의 주름에 명암을 드리웠다. 소사가 문병을 왔다. 침대 옆에 놓인 간이의자에 앉았다.

소사 좀 어떤가요?

환자 목이 안 돌아가요. 보세요.

소사 몸이 아픈 건 문제라고 생각하지 않잖아요. 마음은 어때요?

환자 억울하지요. 삶이 나에게 왜 이러는지 모르겠어요. 현실에 적응해보려고 노력하고 있는데, 삶은 그때마다 저에게서 소중한 것들을 빼앗아가요. 처음엔 제 이상을 빼앗아갔어요. 뭐 괜찮았어요. 세속적인 사람이 되는 것도 나쁘지 않다고 생각했으니까요. 그러더니 이번에는 제 몸과 마음을 병들게 했어요. 그런 느낌 아세요? 영혼이 늙어버린 느낌이요. 어떤 의욕도 다 사라졌어요. 어차피 삶은 제가 조금이라도 원하는 것들이라면 모두 가차 없이 빼앗아버릴 거예요. 제 인생은 망가졌어요. 이렇게 아무것도 하지 않고 있다가 죽을 거예요. 그러면 삶은 저에게서 어떤 것도 빼앗지 못하겠지요. 그게 제가 삶에게 할 수 있는 복수예요.

소사 삶이 뭐라고 생각해요?

환자 네?

소사 삶을 살아가는 과정에서 당신이 세상으로부터 무엇인가를 얻어내는 상태가 정상적인 것이라고 생각하나요?

환자 그런 건 아니겠지만, 제가 노력하고 있잖아요. 많은 것을 바라는 것도 아니에요. 그저 먹고 살고, 남들처럼 사랑하는 사람들 챙기고, 다만 그렇게 살고 싶을 뿐이에요.

소사 그건 이미 잘하고 있어요. 그렇게 될 거예요.

환자 아뇨. 잘하고 있었는데, 노력하고 있었는데, 삶이 제 발을 걸어 넘어뜨렸어요.

소사 혹시 놓고 온 것이 있어서 불러 세운 것은 아닐까요?

환자 네?

소사 아니면, 아무것도 챙겨가지 않아서 불러 세웠을 수도 있지요. 지금 무엇을 가져가고 있나요? 당신 혼자 달려가고 있는 건 아니에요? 당신이 지키려는 것들은 뒤에 버려진 채 당신의 뒷모습만을 바라보고 있어요. 사랑하는 사람들, 당신의 이상. 모두 뒤에 있는 걸요.

환자 삶이 저를 멈추게 하기 위해 일부러 사고를 냈다는 말인가요?

소사 그렇게 말할 수는 없어요. 삶에게 원인과 결과를 묻는 건 가능하지 않아요. 삶은 받아들이는 방식으로만 당신에게 말을 건넵니다. 당신이 선택해야 해요. 받아들여 해석할 것인가, 받아들이지 않고 고통을 지속할 것인가.

환자 삶에서 발생한 고통을 그저 받아들이라고요? 아뇨. 그건 너무 무책임한 말이에요. 자신에게 발생한 상실과 고통을 수용하라는 충고는 겉으로는 평화로운 해결책을 제시한 것처럼 보이지만, 실상은 세상의 부조리와 모순에 눈감으라는 비겁하고 나약한 제안이에요.

소사 저도 그 말에 동의합니다. 실제로 그런 비판을 받은 적도 있어요. 아르헨티나를 벗어나 세계에서 활동하면서 부와 명성을 쌓게 되었죠. 사람들은 저에게 저항에 대한 의지를 잃은 게 아니냐고 물어왔어요. 그때 저는 이렇게 말했답니다. '전 세계 민중을 위해 노래할 책임이 저에게 있다는 걸 잘 압니다. 나를 지지하는 사람들을 위해서라도 그래야 하지요. 하지만 노래는 변합니다. 투쟁과 저항의 노래가 있고, 인간의 고통에 대한 노래도 있지요. 82년에 아르헨티나로 돌아와 귀국 무대에 서면서 나는 깨닫게 되었습니다. 새롭게 표현할 무엇인가가 남았다는 것을 말이죠. 그건 민중이 용기를 잃지 않게 해주는 것이었습니다. 왜냐하면 아르헨티나에 산다는 것 자체가 투쟁이기 때문입니다. 아니, 라틴 아메리카에 산다는 것이 그렇지요. 나는 새로운 힘을 보여주고 싶습니다.'

환자 직접적인 저항도 필요하지만, 주어진 삶의 고통을 인내하는 용기도 필요하다는 말씀이군요.

소사 네. 맞아요. 당신이 이상과 현실 사이에서 고민하고 있는 걸 잘 알아요. 사회 구조의 문제를 보지만, 아무것도 하지 못하는 나약한 자신이 미운 거죠. 그래서 더 세속적인 사람이 되려고 발버둥치는 거고요. 하지만 당신은 잘하고 있습니다. 당신은 삶을 용기 있게 살아가고 있는 중이에요. 그렇지만 반쪽짜리 삶이었지요. 굳이 이상을 저 멀리 내팽개칠 필요는 없었어요. 지금처럼 현실을 묵묵히 걸어가세요. 동시에 언젠가 필요할 때 쉽게 꺼낼 수 있도록 이상도 함께 품고 가세요. 아무도 당신에게 둘 중 하나만을 선택하라고 강요하지 않았습니다.

소사는 자리에서 일어났다. 그녀가 가는 것이 아쉬웠다. 나는 마지막으로 질문했다. 내가 당장 무얼 어떻게 했으면 좋겠느냐고.

소사 운 좋게도 멈춰 설 기회를 얻었으니, 뒤돌아 가서 놓고 온 것들을 챙기세요. 그리고 다시 천천히 걸어가세요. 또 다시 허둥지둥 달려오면 안 돼요. 길에서 만나는 사소한 것들을 돌보면서 오세요. 그렇게 천천히 인생의 마지막에 닿았을 때, 우리는 알게 될 것입니다. 삶이 당신에게 정말 주고 싶어 했던 것이 무엇인지를 말이에요.

그 사소한 것들

병실 침대에 그대로 앉아 있었다. 새벽이 가까울 때까지 오래 생각했다. 오랜만이었다. 바쁘다는 핑계로 미처 맺지 못한 생각들을 꺼내었다. 묶인 것은 풀어주고, 풀린 것은 단단히 매듭을 지었다. 어지러운 기운 속에 나는 기분이 좋아졌다. 한 곡만 더 듣고 자기로 한다.

소사의 노래 중에서 내가 가장 좋아하는 곡은 '그 사소한 것들 (Aquellas Pequenas Cosas)'이다. 소사가 눈을 감은 해인 2009년에 발표된 앨범 칸토라(Cantora)에 수록된 첫 번째 곡이다. '칸토라'는 가수라는 뜻의 스페인어다. 이 앨범은 소사가 남아메리카와 스페인의 음악인들과 함께 부른 노래들을 담았다. '그 사소한 것들'은 스페인 가수 후안 마누엘 세라와 함께 불렀다.

당신이 언젠가 이 노래를 듣게 되었으면 좋겠다.

그 사소한 것들 (Aquellas Pequenas Cosas)

시간이 흐르면 잊히리라 생각하겠지만

떠나간 기차는 다시 돌아온다네.

그리움에 사무치게 하는 건

언젠가 스쳐지나갔던 사소한 기억들.

함께 걷던 골목길에 핀 장미

낡은 서랍속의 편지

그것들은 마치 도둑처럼 문 뒤에 숨어 있다가

살그머니 우리 곁에 다가와서는

바람이 낙엽을 이리저리 흩날리듯

우리의 마음을 휘저어 놓겠죠.

그러다가 문득

그 기억들이 슬픈 미소를 지으며 우리를 바라보면

더 이상 함께일 수 없는 우리는

눈물짓고 있겠죠.

아홉 번째 계단,
죽음

티벳 사자의 서

모든 것이 때마침 마무리된 날, 죽기로 결심했다

이상과 현실은 서로 모순되는 것처럼 보여도 결국 한 사람의 삶 속에서 통합된다. 이상과 현실의 괴리가 만들어내는 고통을 담담하게 받아들일 때, 우리는 삶이 우리에게 진정으로 주고자 했던 것이 무엇인지를 이해할 수 있다. 그런 것이 삶이라면, 나도 한번 해보기로 했다. 물론 말처럼 쉬운 일은 아닐 것이다. 하지만 삶의 끝에 도달할 때까지는 너무나 많은 시간이 주어져 있지 않나. 나는 서두르지 않고 천천히 연습해가기로 했다.

삶의 계단을 애써 오르자, 죽음의 계단이 눈앞에 나타났다. 나는 점점 궁금해졌다. 삶을 넘어선 곳에는 무엇이 기다리고 있을까. 혹시 삶의 의미라는 건 죽음 이후의 세계로부터 규정되는 것은 아닐까.

삶 — 죽음
이상 ↑ 현실

나는 죽음 이후를 다루는 책들에 관심을 기울였다. 그리고 그러한 책들이 흥미롭게도 《티벳 사자의 서》라는 비밀스러운 책으로 이어진다는 사실을 알게 되었다. 나는 말할 수 없는 영역으로 들어서고자 했다. 죽음의 계단 앞에 섰다.

삶으로의 복귀

아홉 시다. 벽에 걸린 시계는 저녁 아홉 시를 넘기고 있었다. 나는 아무도 없는 사무실을 둘러봤다. 적막하니 좋다. 멀리서 도로를 달리는 자동차 소리만이 들려올 뿐이었다. 저녁을 먹지 않은 게 생각났다. 피자를 주문했다. 배달원 청년에게서 피자를 받아, 맛있게 혼자 다 먹었다. 창밖으로 늦가을의 서울을 내려다보았다. 밤이지만 하늘이 흐리다고 생각했다. 코트와 가방을 챙겨 사무실을 나섰다.

생각해보면, 세상에 정말 힘든 일 같은 건 없다. 두 가지 조건만 충족하면 된다. 충분한 시간과 집중할 수 있는 여건. 우리는 어떤 어려운 문제든 처리할 수 있다. 문제는 힘들지 않은 일이 동시다발적으로 주어질 때 발생한다. 정신은 분산되고 신경은 예민해진다. 간신히 처리하던 일들에서 예상치 못한 문제가 생긴다. 도미노처럼 일들이 꼬이기 시작하더니 결국 모든 일에서 문제가 연쇄적으로 터진다. 관계된 사람들에게 습관적으로 미안하다는 말을 하게 된다. 반대로 가까운 사람들에게는 쉽게 짜증을 내고 이것이 다시 원인이 되어 신경 쓸 일들이 더 늘어만 간다. 어느 순간 모든 일을 망쳤다는 생각이 든다. 다시 시작하고 싶다.

퇴원 후의 상황이 그랬다. 삶을 있는 그대로 받아들이겠노라 다짐했지만, 말처럼 쉬운 일이 아니었다. 사고 후유증과 현실로의 복귀 사이에서 나는 힘들어 했다. 새로운 일을 의욕적으로 시작했지만, 한동안은 뭔가 모자란 사람처럼 행동했다. 말을 더듬거나 다른 사람들의 말을 못 알아들었다. 지금 생각해보면 매우 독특한 체험이었는데, 이런 느낌이다. 컴퓨터 OS에 보이지 않는 응용프로그램이 너무 많이 돌아가고 있는 느낌. 단순한 일에도 나는 버벅댔다.

혼자 있을 때는 이상한 상상에 빠져 있었는데, 그건 내가 죽었을지도 모른다는 생각이었다. 진지했다. 몇 가지 근거가 있었다. 첫 번째 근거는 사고 당시 내가 너무 멀쩡했다는 것이다. 나는 상처 하나 없이 차 밖으로 걸어 나왔다. 그럴 수 있는 종류의 사고가 아니었다. 두 번째 근거는 의식이 있었음에도 불구하고 구르던 차가 멈추었을 때, 내 위치가 바뀌어 있었다는 것이다. 나는 사고 전에는 승합차의 중간에 타고 있었지만, 멈춘 다음에는 가장 마지막 좌석에 앉아 있었다. 의심했다. 혹시 내가 죽은 건 아닐까? 그걸 모르고 혼자 이렇게 떠돌고 있는 것은 아닐까?

아니면 나는 지금 병원의 중환자실에 누워 있는지도 모른다. 산소호흡기를 달고, 팔다리는 부서져 깁스를 하고, 조용한 병실을 내 거친 숨소리로 채우면서. 오랜 시간 의식불명 상태에서 나는 살아 있다는 꿈을 꾸고 있는지도 모른다.

영화를 너무 많이 본 것 같다. 지인들은 내 상상을 걱정했다. 그들의 표정은 나를 더 걱정스럽게 했다. 나는 입을 다물기로 했다.

모두 약 때문이라고 생각했다. 우울증 치료제를 너무 오래 복용했다. 하지만 쉽게 끊을 수는 없었다. 목의 통증과 예민한 신경으로 잠을 이루지 못했기 때문이다. 이 약은 새끼손톱 반만 한 희고 작은 알약이었는데, 입에 넣는 순간 잠에 빠지게 만드는 마법 같은 약이었다. 과장이 아니다. 혀에 닿는 순간 잠에 드는 게 아닐까 의심스러울 정도였다. 한 번은 궁금해졌다. 약을 먹고 잠을 자지 않으면 어떻게 될까? 그래서 졸음을 참아보기로 했다. 약을 삼키자 곧 폭풍처럼 잠이 쏟아졌지만, 애써 5분을 견뎠다. 그런데 갑자기 얼굴이 녹아서 늘어지는 기분이 들었다. 졸린 가운데서도 매우 놀랐다. 거울을 보았다. 무언가 매우 불쌍해 보이는데 실제로 얼굴이 늘어난 것 같지는 않았다. 그대로 잠이 들었다.

약을 복용한 장점이 없는 것은 아니었다. 이걸 장점이라고 이야기할 수 있을지는 모르겠지만, 약을 복용한 이후 인간으로 사는 데 조금 더 편리해졌다. 욕망이 사라졌다. 수면욕은 강렬해진 반면 먹는 것이나 성, 그 밖의 모든 것에 대한 관심이 급격히 줄어들었다. 특별히 기쁜 것도, 슬픈 것도 없어졌다. 감정의 동요가 사라지고 어떤 의지도 자라나지 않았다. 이러다가 이번 생에는 해탈에 이를 수도 있을 것 같았다.

아홉 번째 계단, 죽음

하지만 현실은 이런 생각을 하는 사람을 못살게 굴기로 작정이라도 한 것처럼 일상을 꼬아댔다.

그날은 모든 일이 한 번에 마무리된 흔치 않은 날이었다. 꼬이고 꼬였던 일들이 동시에 해결되었다. 내가 벌여놓았던 회사 일이 마무리되었고, 불안함에 억지로 적을 걸어두었던 대학원의 학기도 끝이 났다. 약을 먹지 않기로 했고, 오랜 시간 나를 기다리던 사람을 보내주었으며, 가을이 끝나가고 있었다.

그래서 늦게까지 회사에 남아 있기로 했다. 혼자만의 시간을 갖고 싶었다. 자리에 앉아 창밖이 어두워질 때까지 멍하니 있었다. 머릿속에서 생각들이 빙글빙글 돌았다. 이제 다 된 것이 아닌가. 무엇을 더 기대하고 있는 걸까. 다 늙어버린 영혼으로 무엇이 그렇게 아쉬워서 하루하루를 연명하려는 것일까. 어쩌면 오늘이 가장 적절한 날일지도 모른다. 모든 것이 때마침 마무리된 날. 이런 날은 다시 찾아오지 않을 것이다. 내일부터는 또다시 하나 하나 모든 것이 꼬여갈 것이다. 나는 의자 등받이에 몸을 기댔다. 양 손을 올려 목을 잡았다. 다만 궁금한 건 그 다음이다. 생의 경계 넘어. 죽음이라는 순간 넘어. 그 문턱을 넘는 순간 나는 무엇을 보게 되는 것일까. 손에 힘을 주었다.

그리고 정신이 들었다.

어리석게도 나는 도대체 뭘 하려는 것인가.

벽에 걸린 시계를 보았다. 시간은 저녁 아홉 시를 넘기고 있었다. 나는 아무도 없는 사무실을 둘러봤다. 적막하니 좋다. 멀리서 도로를 달리는 자동차 소리만이 들려왔다. 웃기다고 생각했다. 그래, 오늘 죽은 거다. 삶은 끝났다. 다만 얼마간 시간을 주기로 하자. 어차피 끝난 거니까, 남은 시간은 보너스라고 생각하자. 남은 시간 동안 해보고 싶은 걸 다 하리라. 무엇부터 할까. 피자를 먹어야겠다. 배달원 청년에게서 피자를 받아, 맛있게 혼자 다 먹었다. 창밖으로 늦가을의 서울을 내려다보았다. 밤이지만 하늘이 흐리다고 생각했다. 코트와 가방을 챙겼다. 건물 밖을 나서자 찬바람에 정신이 들었다. 기분이 좋아졌다.

노량진역으로 걸었다. 표를 끊고, 플랫폼으로 내려갔다. 그때였다. 눈이 내리기 시작한 건. 고개를 들었다. 올겨울 첫눈일지도 모른다고 생각했다. 그때 철길로 흩날리는 눈을 몰아내며 지하철이 빠르게 플랫폼으로 진입했다. 흔들리는 불빛들이 바람에 섞여 역사 안을 물들였다.

이 장면일까, 내가 세상에 온 이유가. 이 장면을 그렇게도 보고 싶어서, 나는 이렇게 번잡한 세상을 다시 한 번 살아보기로 결심한 것일까. 이 순간의 불빛과 눈송이와 찬바람과 지하철과 아련함이 그리워서 생의 너절함 정도는 감수할 수 있다고 믿었던 것일까. 그렇다면 이해할 수도 있을 것 같았다. 당시 나는 가려져 있던 삶의 비밀을 들춰본 듯한 기분이었다.

아홉 번째 계단, 죽음

죽음 이후에 대한 관심

놀아보기로 했다. 어차피 이번 생은 끝났다. 남은 시간은 선물 아닌가. 어머니는 반대했으나, 나는 집을 나왔다. 하늘이 보이는 커다란 창문이 달린 원룸을 얻었다. 작은 나무침대를 샀다. 텅 빈 방에는 침대만이 놓여졌다. 처음 며칠 밤은 침대에 누워 창밖의 네온사인이 천장을 물들이는 것을 하염없이 바라보았다. 의자를 사고 하얀 커튼을 달았다. 늦게까지 서울의 밤거리를 걸었다. 음악을 듣고, 게임을 하고, 영화를 봤다. 화실에 등록해서 그림을 그리고, 내가 알고 있는 세계가 무엇인지에 대해 밤을 새워 글을 썼다. 그렇게 한 해 두 해 시간이 흘렀다. 나는 안정을 되찾아갔다. 다시 도서관을 찾았다.

도서관이 더 많고 좋아졌으면 한다. 책은 더 많아지고, 자리는 더 쾌적해지고, 밥은 더 저렴해졌으면 좋겠다. 왜냐하면 그곳에는 무엇인가를 시작하려는 사람들이 모이기 때문이다. 세상의 지혜를 앞에 두고 침묵 속에서 내면으로 침잠해가는 그들의 용기를 사회가 보호해주었으면 좋겠다. 도서관이 있다는 건 위안이 된다. 세상과 내가 빠르게 변해가는 동안에도 도서관은 변하지 않고 언제나 나를 맞을 준비를 하고 있으니. 익숙한 고요와 책 냄새.

나는 대학생으로 돌아간 것처럼 천천히 서가 사이를 서성였다. 그런데 무의식적으로 발길이 머무는 서가가 있었다. 내가 왜 여기 서

있나 싶어 다른 곳에 갔다가도 정신을 차려보면 그 서가 앞에서 책의 제목들을 훑고 있는 것이었다. 미스터리 분야의 서가였다. 당신이 그 앞에 서본 적이 있는지 모르겠다. 미스터리 서가는 마치 쓰레기통 같다. 분류하기 애매한 모든 책은 여기에 모인다. 도저히 같이 있을 이유가 없는 책들이 함께 뒤섞여 꽂혀 있다. 사후세계와 UFO에 대한 서적이 도대체 왜 같이 있는 것인가. 이 서가로 책을 보낸 사서가 얼마나 난감해 하며 이 책들을 분류했을지 궁금해졌다. 어쨌거나 이왕 미스터리 서가 앞에 서 있으니, 한 권 한 권 꺼내 읽기 시작했다. 그 전까지는 거들떠보지도 않았던 책들이었다. 이런 분야가 존재하는지도 몰랐으니 말이다.

내가 주로 읽은 책은 임사체험에 대한 것이었다. 임사체험은 의학적인 죽음에 이르렀다가 다시 살아난 사람들이 겪었다고 주장하는 체험을 말한다. 빛을 보거나, 조상을 만나거나, 우리가 익히 들어 알고 있는 그런 것들이다. 여러 국가의 다양한 사람들이 임사체험을 학문적으로 연구하고 있다. 신기한 일이다. 임사체험이 있다는 것도 그렇고, 그런 체험을 연구하는 사람들이 있다는 것도 그렇고.

물론 이러한 연구에 회의적인 사람들이 더 많다. 이들은 임사체험 자체를 비판하기도 하고, 임사체험에 대한 연구를 비판하기도 한다. 우선 임사체험 자체를 비판하는 사람들은 그것이 무지에서부터 비롯

되었다고 주장한다. 죽음 이후의 영역이 존재한다는 어떤 증거도 없다. 사후세계의 개념은 근현대의 합리주의가 애써 몰아낸 낡아빠진 종교의 영역이 아닌가. 그래서 합리적인 사람들은 현명하게 이야기한다. 죽음 이후에 대해서는 말하지 말라고. 다음으로 임사체험에 대한 연구도 비판의 표적이 된다. 임사체험을 연구하는 유일한 방법은 개개인의 체험을 기록하고 종합하는 것뿐이다. 이렇게 검증할 수 없는 지극히 주관적인 체험에 의존한 연구에는 학문적 지위를 부여할 수 없다. 이것이 비판적 견해의 주된 논점이다.

그래서 합리적인 사람들은 죽음에 대한 탐구를 죽음의 순간까지로 한정 짓는다. 우리가 관찰할 수 있는 한계가 죽음의 순간까지니까. 과학은 사망한 시점에 나타나는 뇌와 신체의 반응을 관찰하고, 철학은 죽음의 순간이 갖는 철학적 의미를 분석한다. 여기까지가 우리가 말할 수 있는 범위다. 합리주의자들은 스스로에게 자부심을 느낀다. 이들은 합리적인 사람과 그렇지 않은 사람을 쉽게 구분한다. 그 기준은 죽음 이후에 대해서 이야기하느냐, 하지 않느냐이다.

나는 이런 견해에 어느 정도 동의한다. 학문의 영역이 보호받기를 바란다. 객관적 근거를 제시하지 않은 상태에서 주장되는 모든 담론은 의심받아야 한다. 객관적 검증 절차를 통과하지 못한 담론이 과학의 이름으로 포장되어서는 안 되며, 학문의 영역을 비집고 들어오게 해서는 안 된다.

하지만 내가 궁금한 것은 학문이 아니라 당신이다. 당신은 어떤가? 당신은 사후세계에 대해서 어떤 전망을 갖고 있는가? 두 가지를 구분해서 사유하는 것을 힘들어하는 사람들이 있다. 자신의 주관적 판단과 사회 공동체의 객관적 판단을 구분해서 다루지 못하고, 끊임없이 자신의 주관적 판단을 사회 공동체의 객관적 판단에 종속시키려는 사람들이 있다. 이들은 자신의 생각이 사회가 규정한 정답과 다를까 봐 전전긍긍한다. 내가 궁금한 것은 학문이 지금까지 밝혀낸 정답을 당신이 맞출 수 있는지의 여부가 아니다. 당신이 지금까지 자신의 삶을 섬세하게 숙고함으로써 판단하게 된 스스로의 전망을 묻고 있는 것이다.

우리가 이 세상에 온 이유는, 현시대가 구획지어놓은 과학과 학문이라는 영역 안에 머물며 거기서 인정받기 위해서가 아니다. 우리는 신기한 것들을 만나고 놀라워하며 삶의 의미를 풍부하게 이해하기 위해 이 세상에 왔다. 합리주의라는 근현대의 기준 안에 당신의 드넓은 영혼을 구겨 넣지 않기를 바란다.

나는 죽음 이후에 대한 논의가 미스터리 서가에 버려져 있는 것이 아쉽다. 이것은 우리 시대가 죽음 이후의 문제를 어떻게 다루고 있는지를 너무나도 선명하게 보여주기 때문이다. 하지만 그렇지 않다. 사후에 대한 논의 없이 삶에 대해서만 말하는 것은 전혀 합리적이지 않다. 죽음 이후를 배제하고 삶의 의미를 찾는 행위는 실제 인간의 삶을 전혀 반영하지 못한다. 한 예로 우리는 앞서 니체의 영원회귀를 알아보지 않았는가? 죽음을 하나의 완벽한 소멸이라고 믿는 유물론자의 삶과 니체의 영원회귀를 고민한 사람의 삶이 과연 동일할 수 있을까? 그렇지 않다는 것을 우리는 분명히 안다.

두 가지를 구분할 수 있어야 한다. 죽음에 대한 학문적 접근과 당신 스스로의 이해. 학문은 죽음 이후에 대해 논의하지 않아도 문제없지만, 당신의 삶은 그렇지 않다. 당신이 서구 근현대 합리주의의 파수꾼이 아니라 자기 삶을 스스로 만들어가는 창조자이길 바란다.

도서관에 앉아 죽음 이후에 대한 책들을 읽어나갔다. 그것은 마치 가보지 않은 여행지의 가이드북을 읽는 기분이었다. 나는 결국 어떤 세계를 여행하게 될 것인가. 앞서 경험해본 사람들의 이야기를 듣고 싶었다. 당시에 내가 읽었던 책들은 레이먼드 무디의《삶 이후의 삶》, 마이클 뉴턴의《영혼들의 여행》 등의 임사체험에 관한 내용이었다. 사후세계를 경험한 사람들의 이야기는 놀랍기도 하고 의심스럽기도 했다. 하지만 확실한 건 참과 거짓의 문제를 넘어 깊은 위로가 되었다는 것이다.

그런데 이런 종류의 책들을 읽을 때마다 자주 언급되는 책이 하나 있었다. 그것은《티벳 사자의 서》였다. 나는 자연스럽게 도서관에서 이 낯선 제목의 책을 찾아보게 되었다. 결론부터 말하면 이 책은 삶과 죽음, 인간과 세계에 대한 나의 관점을 근본적으로 뒤흔들었다.

《티벳 사자의 서》를 읽는 동안 나는 죽음의 세계를 방문했고, 책의 마지막 장을 덮으며 다시 살아났다.

죽은 자를 위한 안내서

당신이 이 책에 대해서 들어보았는지 모르겠다. 그리스도교 문화권에 속하고 대승불교가 중심이 되는 한국에서는 접할 기회가 흔치 않은 책이다. '티벳 사자의 서'는 원래 제목이 아니다. 원래 제목은 '바르도 퇴돌'이다. '바르도(Bardo)'는 둘 사이를 뜻한다. 여기서는 삶과 삶 사이의 중간을 의미한다. 불교의 세계관에 따르면, 한 사람이 죽고 그가 다시 태어날 때까지는 49일 간의 중간 세계를 거쳐야 한다. 이 중간 세계가 바르도다. '퇴돌(Thos-grol)'은 듣는 것을 통해 벗어남을 뜻한다. 이를 종합하면 '바르도 퇴돌'이란 '죽음 이후에 한 번 듣는 것만으로 영원한 자유에 이르게 함'을 의미한다.

실제로 그런 책이다. 《바르도 퇴돌》은 죽은 자를 위한 안내서다. 구체적으로는 죽음을 맞이한 존재가 그 이후에 찾아오는 혼란 속에서 마음을 다스림으로써 영원한 자유를 얻도록 돕는다. 이 책의 궁극적인 목적은 두 가지다. 첫째는 본질적인 목적으로, 죽은 자가 다시 태어남을 멈추고 그 자리에서 해탈하게 한다. 둘째는 차선의 목적으로, 죽은 자가 다시 태어남을 멈추지 못했을 때, 그나마 더 나은 삶으로 환생할 수 있도록 사자를 인도한다.

실제로 티벳인들은 죽음에 임박한 사람 옆에 앉아서 이 책을 읽어준다. 시신 옆에서 친지나 스승 혹은 동료들이 49일 동안 3회 혹은 7회 반복해서 읽어주는 것이다.

죽은 이를 해탈로 인도한다는 이 놀라운 책은 티벳의 위대한 스승 파드마삼바바에 의해 쓰였다. 8세기 무렵, 그는 티벳의 고원에서 깊은 명상에 들었고, 깨달은 바를 108개의 경전으로 남겼다. 《바르도 퇴돌》은 그 중 하나다.

은둔자들의 나라 티벳에서 읽혀지던 이 책이 세상에 알려진 건 20세기에 이르러서다. 영국 옥스퍼드 대학교의 종교학자이자 민속학자인 에반스 웬츠가 티벳의 학승 라마 카지 다와삼둡과 함께 1년 동안 이 책을 번역하고 편집해서 1929년에 서구사회에 출간했다. 이때 출간된 영문명이 '티벳 사자의 서(The Tibetan Book of the Dead)'였기 때문에 지금까지 이 이름으로 불려지고 있다.

에반스 웬츠는 이 책의 중요성을 잘 알고 있었다. 《바르도 퇴돌》은 서구의 기독교적 세계관의 대안이 될 것이다. 비록 대중의 관심을 끌만한 책은 아니지만 말이다. 그런데 예상과는 달리 책은 출간과 동시에 베스트셀러가 되었다. 물론 머나먼 동방의 종교라는 막연한 신비감이 서구인들의 오리엔탈리즘을 자극한 면도 없지는 않았을 것이다. 하지만 그보다는 기독교가 보여주지 못한 죽음에 대한 새로운 전망이 더 근본적인 이유가 되었다. 서구의 수많은 학자와 사상가가 《티벳 사자의 서》의 영향을 받았다. 심리학의 거장 칼 융은 이 책에 깊이 영향을 받고 '가장 차원 높은 정신과학'이라며 극찬할 정도였다.

아직 《티벳 사자의 서》에 대한 세부 내용을 다루기 전이지만, 이 단계에서 당신에게 가볍게 묻고 싶다. 지금 당신의 생각은 어떤가? 죽은 이에게 들려줌으로써 그를 영원한 자유에 이르게 한다는 이 책에 대해서 당신이 현재 갖고 있는 느낌은 어떤 것인가?

《티벳 사자의 서》를 대하는 두 종류의 사람이 있다. 첫 번째 사람들은 이 책을 특정 종교의 경전이라고 판단한다. 티벳 불교라는 하나의 지엽적인 종교가 만들어낸 종교서일 뿐이라는 것이다. 두 번째 사람들은 이 책을 보편적 진리로서 대한다. 실제로 우리는 윤회를 하고 《티벳 사자의 서》는 이 윤회의 고리를 끊게 해주는 가장 탁월한 방법이라는 것이다.

당신은 어떤 입장에 가까운가? 두 관점 모두 나름대로 일리가 있다. 어떤 관점이 더 옳은지는 결코 논박되지 않을 것이다. 다만 분명히 하고 가야 할 것이 있다. 그것은 《티벳 사자의 서》가 종교를 다루는 태도다. 이 책은 특정 종교의 옳고 그름만을 말하지 않는다. 불교 문화권, 기독교 문화권, 힌두교 문화권, 무신론적 문화권에서 태어나 죽은 이들이 다른 대우를 받지 않는다. 이들은 사후에 자신의 문화권에서 보았던 종교적 상징과 인물들을 만나게 된다. 예를 들어 사후 세계에서 불교인들은 평화의 부처와 분노의 부처를 만나게 되고, 그리스도교인들은 천사와 악마를 만나게 되는 식이다.

왜냐하면 우리가 사후에 만나게 되는 다양한 존재들과 빛은 사실 실재하는 것이 아니라 나의 마음이 만들어낸 환영일 뿐이기 때문이다.《바르도 퇴돌》의 위대함은 여기에 있다. 이 책은 너무나도 지혜롭게 우리에게 일러준다. 죽음 이후의 세계는 단지 내 마음의 환영이다. 그리고 죽음과 삶은 동일하니, 삶의 세계도 사실은 내 마음의 환영일 뿐이다. 이것을 깨달아야 한다. 그리고 이 깨달음 속에 머물러야 한다. 이것이《바르도 퇴돌》이 우리에게 궁극적으로 말하고자 하는 바다.

이 가르침은 특정 종교의 교리가 아니라, 우리의 정신과 영혼이 사후에 겪게 될 구조적 특징에 대한 보편적 서술이다. 그런 까닭에 유럽의 칼 구스타프 융은 이 책이 놀라운 심리학적 저술이라고 극찬하였고, 미국의 티모시 리어리는 환각 체험의 보편성을 이 책을 통해 설명했으며, 오늘날 세계의 다양한 임사체험자들이 이 책의 내용과 너무도 유사한 보고들을 쏟아내고 있는 것이다.

이제 우리도 비밀리에 전해져온 인류의 오래된 가르침에 귀 기울여볼 것이다. 그 전에 이 책의 저자인 파드마삼바바부터 알아보자.

파드마삼바바

《바르도 퇴돌》을 쓴 파드마삼바바는 티벳의 최고 성인으로 평가받는다. 그의 일생은 신비한 전설들과 함께 전해지지만, 정확한 탄생과 죽음의 연대는 알려지지 않았다. 다만 인도의 우디야나국에서 태어나서 8세기 무렵 티벳으로 건너가 활동했다고만 알려져 있다. 그는 우디야나국의 호수에 있는 연꽃에서 태어난 까닭에 파드마삼바바라고 불리게 되었다. 파드마삼바바는 연꽃에서 태어난 사람이라는 뜻이다. 우디야나국의 왕이었던 인드라보디가 그의 탄생의 모습을 지켜보게 되었고, 그때까지 후계자가 없던 왕은 이 아이를 자신의 왕궁에 데려다 길렀다.

파드마삼바바가 청년이 되었을 때, 왕은 그가 왕위를 계승하기를 원했다. 하지만 파드마삼바바는 종교적인 깨달음에 이르고자 했다. 결국 그는 출가하여 나란다 불교대학에서 정통 불교를 공부한다. 이후에는 아시아의 여러 나라를 여행하면서 다양한 스승들을 만나 의학, 점성학, 논리학, 예술 등을 공부하고 비밀의 가르침인 탄트라의 가르침을 받는다. 그리고 오랜 시간의 수행 끝에 결국 깨달음의 경지에 이른다.

우디야나국에서 멀리 떨어진 티벳에서는 37대 왕인 티송데첸이 선정을 펴고 있었다. 그는 불교의 가르침에 깊은 관심이 있었다. 인도의 승려들과 학자들을 티벳으로 초청해서 가르침을 받고자 했다. 이때 인도 나란다 불교대학의 학장이었던 성자 산타라크시타도 초청되었다. 그는 티벳으로 건너와 불교가 전파될 수 있는 토대를 마련하였다. 산타라크시타의 가르침에 따라 티송데첸 왕은 티벳의 첫 번째 불교사원인 삼예 승원을 건설하기 시작했다. 하지만 공사는 수월하지 않았다. 승원 주변의 어두운 기운으로 문제가 발생했던 것이다. 산타라크시타의 제안으로 탄트라의 대가 파드마삼바바가 티벳으로 초청되었다. 그는 당시 나란다 불교대학의 교수였다. 3년 동안의 여행 끝에 파드마삼바바는 히말라야를 넘어 티벳으로 들어왔다. 그는 티벳 지역의 부정적인 힘들을 교화해 불교에 귀의시키고, 삼예 승원의 건설을 도왔다. 이후 파드마삼바바는 인도로 돌아가지 않고 티벳에 남아 불법을 전파했다.

그는 티벳의 다양한 지역을 여행했다. 동굴, 산, 호수, 승원에서 수행하고 가르침을 설파했다. 동시에 인도에서 가져온 경전들을 티벳어로 번역하고 깊은 명상 속에서 인간을 깨우침으로 인도하는 책들을 저술했다. 그렇게 저술된 경전들은 108개에 달한다고 전해진다. 여기에 《바르도 퇴돌》이 포함된다. 하지만 파드마삼바바는 당시 인류가 이 경전의 내용을 받아들일 준비가 되어 있지 않음을 알고 있었다. 그래서 제자들을 시켜 이 경전을 비밀스러운 장소에 감추게 했다. 108개의 경전은 티벳 전역의 바위틈이나 동굴 속에 숨겨졌다.

파드마삼바바는 세상을 떠나기 전, 제자들에게 환생의 방법과 경전을 찾는 능력을 전수했다. 세상이 준비되었을 때, 숨겨진 비밀의 경전들을 찾을 것을 사명으로 내린 것이다. 이 숨겨진 경전을 '복장'이라고 부르고, 여러 번의 환생을 통해 이 복장을 찾게 될 제자들을 '보물을 찾아내는 자'라는 뜻의 '테르퇸(Tertön)'이라고 부른다. 지금까지 65권의 경전이 발견되었다.

파드마삼바바는 특히 《바르도 퇴돌》이 발견될 시기를 예언했다. 그 시기는 600년 후가 될 것이다. 그리고 예언은 실제로 이루어졌다. 1350년. 가장 위대한 테르퇸이라고 평가되는 릭진 카르마 링파는 티벳 북부지방의 동굴에서 《바르도 퇴돌》을 찾아냈다. 그는 《바르도 퇴돌》이 숨겨진 장소가 기록된 지도를 얻었는데, 이 지도는 암호로 되어 있어, 계시를 받은 이들만이 해독할 수 있었다고 한다.

이렇게 발견된 《바르도 퇴돌》은 티벳 전역에 전파되었다. 그리고 지금까지도 티벳인들에게 읽혀지며 장례 의식에 사용되고 있다. 그러던 것이 에반스 웬츠와 승려 다와삼둡에 의해 번역되어 1929년, '티벳 사자의 서'라는 이름으로 세계에 알려진 것이다.

그렇다면 이 책은 어떤 내용을 담고 있을까? 《바르도 퇴돌》의 구성은 시간의 흐름을 따른다. 죽음의 순간을 지난 사자가 사후세계의 현상들을 경험하고 마지막으로 환생에 이르기까지 49일간의 경험이 구체적으로 서술되어 있다. 크게 세 단계로 나뉜다. 치카이 바르도,

초에니 바르도, 시드파 바르도가 그것이다.

우선 치카이 바르도는 '죽음의 순간'에 이른 사자를 인도하는 방법을 설명한다. 다음으로 초에니 바르도는 '중간 상태'에 이른 사자를 존재의 근원으로 인도하는 방법을 설명한다. 마지막으로 시드파 바르도는 '환생'에 돌입하려는 사자를 막고 자궁의 입구를 닫는 방법을 제시한다.

치카이 바르도 ― 죽음의 순간
초에니 바르도 ― 중간 상태
시드파 바르도 ― 환생의 길

이제 대략적인 준비를 마쳤으니, 본격적으로 죽음 이후의 세계를 여행해보자.

죽음의 순간

나는 죽음에 이르렀다. 좋은 삶이었다. 가족과 친지들이 나의 임종을 지키고 있다. 의식은 희미해지고 숨은 잦아든다. 마지막 숨결이 조용히 코와 입으로 빠져나간다. 나의 의식은 이제 막 죽음의 경계선을 넘으려 하고 있다. 이제 어떤 일이 펼쳐질 것인가?

《바르도 퇴돌》은 분명하게 밝힌다. 앞으로 3일 반, 혹은 4일 동안 나의 의식체는 신체와 분리되었다는 사실을 인식하지 못하고 기절한 상태에 처해 있을 것이다. 사후세계의 첫 여행은 그렇게 시작된다. 이 기간이 죽음의 순간의 바르도, 즉 치카이 바르도다.

모든 이가 이 기간 동안 기절해 있는 것은 아니다. 생전에 오랜 시간 수행을 해온 사람들은 깨어 있는 정신으로 이 기간을 맞이한다. 혹은 누군가의 도움으로 깨어 있을 수도 있다. 티벳에는 육신과 의식을 분리시키는 '포와'라는 의식을 행할 수 있는 스승들이 있는데, 이들의 도움을 받는다면 수행을 하지 않은 사람도 가능하다.

이제 투명한 빛이 밝아온다. 빛이 내 앞에 나타난다. 이 빛은 정광명(淨光明)이라 하는데, 영어로는 단순히 'Clear Light'로 번역한다. 말 그대로 순수한 빛이며, 모든 존재의 근원이 되는 빛이다. 《바르도 퇴돌》에 따르면 사자는 여기에 머물러야 한다. 하지만 대부분의 사람들은 이 빛을 흘려보내고 만다. 왜냐하면 기절해 있거나 혹은 자신의 카르마(업業)로 인해 빛의 본래적인 상태를 인식하지 못하기 때문이다. 오랜 시간 수행한 이와 포와 의식을 통해 깨어난 소수의 높은 수준의 의식만이 이 빛에 머무름으로써 영원한 자유에 이르게 된다.

《바르도 퇴돌》은 깨어나지 못하고 혼란 상태에 놓인 대부분의 사자들을 인도하는 방법을 구체적으로 제시한다. 이제 나의 시체가 누워 있는 방을 둘러보자. 거기에는 이미 내 숨이 끊어지기 전부터 나를 인도하기 위해 자리를 잡고 앉아 있는 사람들이 있다. 그들은 생전에 나를 가르치던 영적 스승이나 함께 수행했던 형제들, 혹은 같은 종교를 믿는 학식 있는 사람들이다. 꼭 이런 사람들이 아니어도 괜찮다. 《바르도 퇴돌》을 바르게 읽어줄 수 있는 사람이면 충분하다. 이들의 인도를 통해 나의 의식은 기절 상태로부터 깨어날 것이다. 그럼으로써 존재의 근원에서 나오는 순수한 빛을 알아보고, 그 안에 머무르며 영원한 자유를 얻게 될 것이다. 이제 귀를 기울이자. 나를 인도하는 자가 《바르도 퇴돌》을 읽는 목소리가 들린다.

"아, 고귀하게 태어난 자여. 그대가 존재의 근원으로 돌아가는 길을 찾을 순간이 왔다. 그대의 호흡이 멎고 있다. 그대는 생전에 그대의 영적 스승으로부터 존재의 근원에서 나오는 투명한 빛에 대해 배웠다. 이제 그대는 사후세계의 첫 번째 단계에서 그 근원의 빛을 체험하려 하고 있다."

"그대여, 이 순간에 모든 것은 구름 없는 텅 빈 하늘과 같고, 아무것도 걸치지 않은 티 없이 맑은 그대의 마음은 중심도 둘레도 없는 투명한 허공과도 같다. 이 순간에 그대는 그대 자신의 참된 나를 알라. 그리고 빛 속에 머물러 있으라. 이 순간 나 역시 그대를 인도하리라."

《바르도 퇴돌》은 이때가 바르도 기간 전체를 통틀어 가장 중요한 때라고 말한다. 죽음의 순간이 깨달음을 통해 영원한 자유에 도달할 수 있는 가장 강력한 기회인 것이다. 나는 반드시 빛 속에 머물러야 한다.

그런데 궁금하다. 도대체 이 빛은 무엇인가? 존재의 근원에서 나오는 빛이라는 건 무엇을 의미하는가? 결론부터 말하면 이 빛의 본질은 '나의 마음'이다. 《바르도 퇴돌》은 현명하게 밝힌다. 나의 마음이 곧 존재의 근원이다. 본래 텅 비어 있고, 모습도 없고, 색깔도 없는 빛. 이러한 빛이 곧 나의 마음, 나의 '의식'이다.

그런데 의식이라는 용어는 쉽게 사용하기 힘들다. 왜냐하면 오늘날 사람들이 가장 빈번하게 오해하는 단어 중에 하나이기 때문이다. 의식은 지능, 감각, 인식, 정체성 같은 것이 아니다. 의식은 지금 당신의 눈앞에 펼쳐진 세계가 드러나는 열린 장이다. 당신의 눈앞에 놓인 것들은 당신 외부에 있는 것이 아니다. 그것은 당신의 의식 내면에 놓여 있다. 개인적으로 나는 '의식'의 의미를 정확하게 이해하는 것이 '나'와 '세계'의 관계를 통찰하는 데 있어서 가장 중요한 열쇠라고 믿는다. 지금 당장은 이 말이 무엇을 뜻하는지 이해하기 어려울지도 모르지만, 앞으로 열 번째 계단과 열한 번째 계단까지 함께 오르면서, 우리는 의식의 의미가 무엇인지, 나의 본질이 무엇인지, 세계가 무엇인지를 함께 고민하게 될 것이다.

《바르도 퇴돌》은 의식의 의미를 비유와 상징이 아닌 객관적인 서술을 통해 정확하게 제시한다. 《바르도 퇴돌》은 이렇게 말한다.

"그대의 마음은 본래 텅 빈 것이고 스스로 빛난다. 그것은 태어남도 없고 죽음도 없다. 이것을 깨닫는 것으로 충분하다. 본래 텅 빈 그대 자신의 마음이 곧 붓다임을 깨닫고, 그것이 곧 그대 자신의 참된 의식임을 알 때, 그대는 붓다의 마음 상태에 머물게 되리라."

여기서의 붓다가 종교적 측면에서의 싯다르타를 의미하는 것이 아님은 분명하다. 붓다는 일반적인 의미로 해탈, 깨달음, 무(無)의 상태를 말한다고 봐야 한다.

중간 상태

첫 번째 바르도가 끝났다. 나는 이제야 기절 상태에서 깨어난다. 혼란스럽다. 조금씩 나의 죽음을 자각해간다. 내가 수의를 입고 있는 모습을 본다. 친구들과 친척들의 애통해 하는 소리가 들린다. 시체 앞에는 음식물들이 차려져 있다. 나는 그들을 볼 수 있고 그들의 소리를 들을 수 있지만, 나의 말은 전해지지 않는다. 나는 깊이 실망한다. 그리고 미련을 남긴 채 떠나게 된다. 두 번째 바르도가 시작된다. 죽음 이후 약 4일에서 17일까지 지속되는 기간이다. 이 기간 동안 존재의 근원에서 발현되는 다양한 환영들을 체험하게 된다. 그래서 이 기간을 존재의 근원을 체험하는 바르도, 즉 초에니 바르도라고 부른다.

눈앞에 상징적인 환영들이 차례로 나타난다. 그들은 평화의 신들과 분노의 신들이다. 결론부터 이야기하면, 이것들은 실체가 아니다. 이것들은 생전에 내가 생각했던 것들과 행동했던 것들이 구체적인 영상이 되어 드러난 것일 뿐이다. 이들은 나의 카르마가 만들어낸 환영들이다.

참고로 카르마(karma)는 업(業)을 말한다. 보통 이 단어는 선행과 악행에 대한 도덕적 응보 정도로 사용된다. 하지만 더 넓은 의미로 이해할 필요가 있다. 모든 경험이 카르마라고 할 수 있다. 생전에 우리가 생각하고 행동했던 모든 것은 우리의 의식에 잔상을 남긴다. 이러한 잔상들은 초에니 바르도에 이르러 내가 체험하게 될 환영들을 만들어낸다. 앞으로 만날 환영들은 내가 육체를 가졌을 때 경험했던 다양한 이미지들의 조합인 것이다. 따라서 내가 생전에 불교도였다면 평화의 부처와 분노의 부처를 만나게 될 것이고, 그리스도교였다면 천사와 악마를 만나게 될 것이다. 초에니 바르도에서 무엇을 보게 될 것인지는 나의 과거 경험이 결정할 것이다.

다시 인도자의 목소리에 귀기울여보자.

"아, 고귀하게 태어난 자여. 무섭고 두려운 어떤 환영이 눈앞에 나타날지라도 그것들이 자신의 마음에서 투영되어 나온 것임을 분명히 알아야 한다. 이 중요한 비밀을 잊지 말라."

첫째 날부터 일곱째 날까지는 평화의 신들이 나타난다.

첫째 날. 이제는 사후세계에 와 있음을 완전히 깨닫는다. 눈에 보이는 세상이 달라졌다. 모든 존재는 빛의 몸을 하고 있다. 하늘은 온통 짙푸른 색이다. 그때 평화의 신이 장엄한 모습으로 나타난다. 비로자나불, 즉 대일여래(大日如來)의 모습이다. 그의 가슴으로부터 투명하고 아름다운 푸른빛이 뿜어져 나온다. 그 빛은 나의 발밑까지 다가온다. 하지만 그 푸른빛을 도저히 똑바로 쳐다볼 수가 없다. 너무 강렬하기 때문이다. 그때, 또 다른 빛이 나에게 다가온다. 강렬하지 않은 어두운 흰색의 빛이다. 《바르도 퇴돌》은 푸른빛에 머물러야 한다고 강조한다. 이 빛은 진리의 세계로부터 나오는 지혜의 빛이다. 그 빛에 자신을 맡기고 그 안에서 명상해야 한다. 하지만 나는 나쁜 카르마의 힘으로 어두운 흰색 빛에서 안정감과 애착을 느끼게 된다. 이 어두운 빛은 천상계에서 오는 빛이다. 만약 이 빛에 이끌리면 나는 다시 윤회의 세계를 떠돌게 될 것이다.

다만 기회는 한 번으로 끝나지 않는다. 둘째 날부터 일곱째 날까지 동일한 패턴이 반복되며 여러 번의 기회가 주어진다. 평화의 신들이 나타나 갖가지 색깔의 빛을 뿜어대며 내가 깨달음에 이를 수 있는 기회를 준다. 하지만 동시에 윤회계의 어두운 빛들도 나를 유혹한다.

《바르도 퇴돌》에 따르면 이 일곱 신을 거치는 동안 많은 사람이 깨달음을 얻고 영원한 자유에 이른다. 하지만 대다수의 존재들은 생전의 악행과 무지로 인해서 윤회의 세계를 맴돌게 된다.

안타깝게도 나는 평화의 신들을 모두 놓치고 말았다. 이제 내 앞에는 분노의 신들이 나타난다. 화염에 휩싸인 분노의 신들이 나를 위협하는 것이다. 이 기간도 7일간 지속된다. 총 58명의 분노존(忿怒尊)들이 빛을 내뿜는다. 공포를 일으키는 기괴한 모습이지만 겁낼 필요는 없다. 이들은 사실 평화의 신들이 외형만 바꿔 나타난 것이기 때문이다. 그들은 나를 해칠 수 없다. 그들을 신뢰하고 그 속으로 녹아들어야 한다고《바르도 퇴돌》은 말한다. 또 다시 기회를 놓칠 경우 나는 점점 윤회의 길에 가까워질 것이다.

초에니 바르도는 여기서 끝난다. 14일 동안 나는 내 존재의 근원에서부터 발현된 카르마의 현상들을 체험한 것이다. 중요한 것은 눈앞에 펼쳐지는 광활한 공간과 다양한 존재들이 실제로는 나의 외부에 존재하는 것이 아니라는 점이다. 나는 지금 신체를 벗어나서 외부의 저승 어딘가를 여행하고 있는 것이 아니다. 이 여행은 나의 의식 내면으로 침잠해가는 여행이다. 내가 만나는 모든 존재는 내 마음으로부터 나온다.

이제 나는 내가 죽었음을 확실히 안다. 돌아갈 육체가 없음에 슬퍼진다. 어떤 육체라도 소유하고 싶은 강렬한 욕망이 자란다. 그리고 이러한 욕망 때문에 나는 몸을 찾아 헤매고, 결국 환생의 길을 찾는 마지막 여행길에 오르게 된다. 이제 시드파 바르도가 시작된다.

환생의 길

환영들은 사라졌다. 나는 육체를 찾아 떠돈다. 32일간 이어지는 이 기간을 환생의 길을 찾는 바르도, 즉 시드파 바르도라고 한다. 《바르도 퇴돌》은 여기서 두 가지 역할을 한다. 첫째는 자궁의 문을 닫는 법을 알려주는 것이다. 최후의 순간까지 《바르도 퇴돌》은 환생을 막는 방법을 알려준다. 둘째는 차선책이다. 내가 무거운 카르마의 힘을 피하지 못하고 어쩔 수 없이 환생해야만 한다면 그나마 괜찮은 환생의 장소를 알려주는 것이다.

시드파 바르도에 도착한 나는 이리저리 휘둘리는 상태다. 카르마가 바람과 폭우가 되어 휘몰아친다. 사람들의 환영이 나를 쫓고 공격한다. 나는 지쳤다. 이때 죽음의 왕이 내 앞을 가로막는다. 그의 이름은 야마(Yama)다. 한역하면 염라(閻羅)가 된다. 야마는 나의 선행과 악행을 심판하기 시작한다. 우선 나와 함께 태어난 선한 수호령이 나타나서 흰색의 조약돌로 나의 선행을 헤아린다. 다음으로 나와 함께 태어난 악한 수호령이 나타나서 검정색 조약돌로 나의 악행을 헤아린다.

《바르도 퇴돌》에서 선한 수호령과 악한 수호령이 나와 함께 태어났다고 말하는 점에 주목할 필요가 있다. 앞서 살펴본 것처럼 모든 것은 내 마음의 투영물이다. 내 외부에 실재하는 절대적 심판자 같은 건 존재하지 않는다. 나의 행위를 평가하는 건 사실 자기 자신이다.

무지와 어리석음으로 이곳까지 도착한 나는 이를 이해하지 못한다. 야마가 나의 행위를 평가하는 것을 보면서 겁에 질리고 공포에 떨 뿐이다. 나는 이렇게 외친다. "나는 악행을 저지르지 않았습니다!" 야마는 카르마의 거울을 내민다. 거기에는 지금까지 행한 모든 선행과 악행이 선명하게 비춰진다. 나는 나의 선행과 악행을 모두 기억하고 있는 것이다.《바르도 퇴돌》은 현명하게 이야기한다.

"두려워할 필요 없다. 야마와 다른 신들은 그대가 만들어낸 환영이다. 지금 그대의 의식체는 살아 있을 때의 성향으로 이루어진 몸이며 본래 텅 빈 것이다. 텅 빈 것이 텅 빈 것을 상처 입힐 수는 없다. 허깨비가 허깨비를 해칠 수는 없다.

죽음의 왕이나 신이나 악귀나 황소 머리의 죽음의 영이나 모두 그대 자신의 환각에서 생겨난 것이다. 그대의 바깥에 존재하는 그것들은 실제로는 존재하지 않는 것들이다. 이것을 깨달아야만 한다."

하지만 나는 놀라서 그 자리에서 도망친다. 슬픔이 차오른다. 이 슬픔을 어떻게 피할 것인가. 어떤 육신에라도 숨어들고 싶다. 환생의 열망이 강렬해지는 것이다. 점차 과거의 삶에서 가졌던 외형은 희미해지고 다음 삶에서 갖게 될 몸이 선명해진다. 그리고 하나의 희미한 빛이 나를 비춘다. 그 빛은 다음에 태어날 장소에서 비치는 빛이다.

《바르도 퇴돌》은 여섯 개의 세계, 즉 육도로부터 오는 여섯 종류의 빛을 설명해준다.

"아, 고귀하게 태어난 자여. 들어라. 만일 그대가 그 여섯 가지 빛이 어떤 것인지 알고 싶다면 그것을 설명하겠다. 어두운 흰색 빛은 천신들의 천상계로부터 오는 빛이다. 어두운 초록색 빛은 거인 신들이 사는 아수라계로부터 오는 빛이다. 어두운 노란색 빛은 인간 세상으로부터 오는 빛이다. 그리고 어두운 푸른색 빛은 동물 세계로부터 오는 빛이다. 어두운 붉은 색 빛은 불행한 귀신들이 사는 아귀계로부터 오는 빛이다. 회색빛은 지옥계로부터 오는 빛이다."

여기에는 불교적 세계관이 반영되어 있다. 불교에서는 깨달음을 얻지 못한 무지한 중생들이 육도를 윤회하게 된다. 그것은 천신, 인간, 아수라, 축생, 아귀, 지옥이다. 하지만 이것을 반드시 글자 그대로 받아들일 필요는 없다.《바르도 퇴돌》을 비롯한 불교의 가르침에 따르면 죽음과 삶은 모두 내 의식에서 비롯된 것이다. 따라서 육도는 당사자가 처한 특정한 심리 상태일 수 있다. 풍족한 환경 속에서 태어났다 하더라도 내 마음이 지옥이라면 나의 세계는 지옥일 것이다. 반면 어려운 환경 속에서 태어났다 하더라도 내 마음이 천국이라면 세계는 천국일 것이다. 참고로 여섯 개의 세계는 각각 자만, 집착, 질투, 무지, 탐욕, 증오를 상징한다.

나의 의식체는 다음에 태어날 세계의 빛깔로 변해간다. 이제 눈앞에 남녀가 성교를 하는 환영이 나타난다. 《바르도 퇴돌》은 그들에게로 들어가지 말라고 주의시킨다. 욕망에 휘둘려서는 안 된다. 남녀를 신적인 스승으로 여기고 그들에 대해서 명상해야 한다. 겸허한 마음을 갖고 그들에게 절해야 한다. 그리고 그들에게 영적인 안내를 부탁할 것이라고 다짐해야 한다는 것이다. 그렇게 하는 순간 자궁의 문은 닫힌다.

하지만 이것은 쉽지 않다. 나는 강렬한 충동에 휩싸인다. 자궁으로 들어가고 싶다고 느낀다. 이제 내가 만약 남자로 태어날 예정이라면 남자의 느낌이 차츰 들기 시작한다. 그리고 아버지에 대한 강한 증오와 어머니에 대한 강한 애착과 매력을 느끼게 된다. 만약 내가 여자로 태어날 예정이라면 여자라는 느낌이 서서히 들기 시작한다. 그리고 어머니에 대한 강한 증오와 아버지에 대한 강한 매력과 애정을 느끼게 된다.

이 강렬한 감정이 원인이 된다. 나는 자궁 속으로 들어선다.

"그대가 그것들 속으로 들어가는 순간. 그것들의 입구가 닫힐 것이다. 그대는 그곳들 중 한 곳으로 숨어 들어가서 거기서 나오는 것을 두려워하리라. 그대는 '지금 나가는 것은 좋지 않다'고 생각할 것이다. 거기서 떠나는 것을 두려워하며, 그대는 그 피난처에 강한 매력을 느낄 것이다. 그곳이 바로 자궁이다."

이제 환생의 과정이 시작된다. 정자와 난자가 결합하여 최고의 환희를 만들어낸다. 나는 무의식 속으로 기절한다. 정신이 돌아왔을 때, 나는 알이나 태아가 된다. 그리고 시간이 무르익어 세상에 태어난다. 나는 강아지, 병아리, 곤충의 유충, 어린 아이, 천신 등으로 변해 있을 것이다.

바르도의 체험은 막을 내린다. 나는 결국 윤회의 세계로 다시 돌아왔다.

질문들

눈을 떴다. 빛을 한가득 머금은 하얀 커튼에 눈이 부시다. 꿈을 꾸었다. 중앙아시아의 고원, 이름도 없는 작은 마을이었다. 나는 초라하지만 따뜻한 방에 누워, 사랑하는 사람들과 작별 인사를 하고 있었다. 좋은 삶이었다. 삶으로부터 너무나 많은 선물을 받았다. 척박한 대지 위에서도 건강하게 자라준 양들과, 고된 노동 끝에 얻는 정직한 결실과, 이것들을 먹고 자란 나의 자손들과, 이들과 함께했던 오랜 시간들. 나는 말했다. 아쉬운 것이 아무것도 남지 않았으니 눈물은 짓지 말아라. 긴 여행 중에 어느 날 반갑게 재회하게 될 그 시간을 기다리자. 서로 다른 모습이라 알아보지 못하더라도 우리는 기나긴 시간 동안을 함께 여행할 것이다. 그는 눈을 감았고, 나는 눈을 떴다. 깊은 여운과 먹먹함에 나는 그대로 웅크리고 있었다. 햇살에 방 안은 빛으로 가득했다.

파드마 삼바바   왜 그러고 있는 거지?

나   마음이 먹먹해요.

파드마 삼바바   왜 마음이 먹먹하지?

나   꿈속에서 마음을 썼어요. 그들이 너무도 고마웠어요. 나의 가족들, 그들의 친절함과, 많은 것을 남기지 못한 미안함. 어떻게 그들에게 내 마음을 표현할지를 그렇게도 마음을 쓰며 안타까워했는데, 꿈이었어요. 꿈에서 깨어난 후에 비로소 알게 되었어요. 이 삶도 마찬가지라는 걸요. 이 삶을 살아가는 동안 수많은 것에 마음 쓰고 집착하며 가슴 졸이겠지만, 죽고 나면 어차피 사라질 거예요. 꿈이 아무런 기반도 없이 깨어남과 함께 사라지듯이, 삶도 아무런 기반 없이 죽음과 함께 사라지고 말겠죠. 허망해요. 그래서 사람들은 이야기를 만든 것인지도 몰라요. 삶이 다시 돌아온다고요. 이 먹먹함을 숨기기 위해 사후 세계를 상상해내고 스스로를 속이고 있는지도 몰라요.

파드마 삼바바	그렇다면, 삶이 다시 돌아오는 것이라면, 그때에는 허망하지 않을 것이라고 생각하느냐? 환생과 윤회가 사람들이 만들어낸 이야기가 아니고, 실제로 너의 의식이 끝없이 다른 삶으로 옮겨가는 것이 사실이라면, 그래서 지금까지 무수히 많은 삶을 살아왔다면, 그때는 허망하지 않을 것이라고 생각하느냐?

나	…….

파드마 삼바바	너는 핑계를 대고 있다. 삶이 허망하다고 느끼는 건, 사후 세계의 유무가 결정해준 것이 아니라 너 스스로가 선택한 것이다. 만약 네가 영원한 존재라면, 죽지 않고 다치지 않고 그래서 수십억 년의 시간을 지속해온 존재라면 그때는 허망하지 않을 것 같으냐? 너는 그때도 허망하다고 말할 거다. 이 세상이 허망한지 아닌지를 결정하는 건 너의 마음이다.

나	…….

파드마 삼바바	네 마음이 전부다. 그것을 이해해야 한다. 세계가 있고 너의 마음이 있는 것이 아니라, 너의 마음이 세계를 그려

낸다. 너의 바깥에 너의 존재와 독립된 외부 세계가 있을 거라는 환상에서 벗어나야 한다. 그것은 마치 꿈과도 같지. 꿈속에서 웃고 울고 마음 쓰지만, 실제로는 네 마음 외에 아무것도 없었던 것처럼. 실재라고 믿어왔던 이 세상도 그러하다. 모든 것은 네 마음의 반영이고, 네가 만들어낸 것이다.

나   네. 맞아요. 모든 것은 내 마음의 반영이죠. 사실《티벳 사자의 서》를 읽으면서 저는 기뻤어요. 오랜 시간 그럴 것이라고 생각했던 것들이 너무나도 정확히 설명되어 있었거든요. 서양 철학의 인식론과 관념론을 배워가면서 항상 고민하던 질문이 있어요. 내 눈에 보이는 세계가 진짜로 존재하는 세계인가라는 질문이죠. 두 종류의 사람이 있어요. 외부 세계와 내적 세계가 당연히 다르다고 생각하는 사람이 있고, 외부 세계와 내적 세계가 사실은 동일하다는 것을 아는 사람이 있죠.

파드마   너는 어떤 견해가 맞다고 생각하느냐?
삼바바

나   두 번째 견해죠. 객관적인 외부 세계란 존재하지 않아요. 만약 외부에 무엇인가가 존재한다고 해도 그것은 우리가 보고 있는 이 세계와는 전혀 닮지 않았을 거예요. 그 세계는 빛깔도 없고, 소리도 없고, 촉감도 없죠. 우리가 광자나 전자라고 부르는 텅 비어 있는 그 무엇들이 서로 당기고 밀어내면서 소용돌이 치고 있겠지만, 그것은 선도, 면도, 면에 머무르는 어떤 색깔도, 그 어떤 현상도 만들어내지 않아요. 내가 보고 듣는 방식으로 세계를 구성하는 건 나 자신이죠. 칼 융은《티벳 사자의 서》해설을 쓰면서 직접적으로 이야기해요. "이 책은 그 첫 문장부터 모든 주어진 것의 '주는 자'가 바로 우리 자신 안에 있다는 사실을 깨우쳐준다. 우리가 모든 것을 창조해낸 장본인이고, 모든 결정을 내린 주인공이라는 것이다. (…) 어쩌면 우리 대부분은 세상을 자신의 마음이 창조했다고 보기가 결코 쉽지 않을 것이다. 그러기 위해선 무엇보다도 관점의 대전환이 필요하며, 여기에는 많은 희생이 뒤따르기 때문이다. (…) 인간이 가진 동물적 본능은 환경의 창조자로서 자신을 보기를 거부하게 만든다."

그리고 이런 말도 덧붙이죠. "《티벳 사자의 서》는 그것에 대해서 어떤 해설을 쓰더라도 '닫힌'책으로 시작해 '닫힌'책으로 남는다. 왜냐하면 그것은 다만 영적인 이해력을 가진 사람에게만 열리는 책이기 때문이다."

《티벳 사자의 서》는 확신할 수 있게 해주었어요. 세계란 나의 내면 세계라는 것을요. 더 놀라운 건, 죽음 이후의 세계 역시 나의 내면세계라는 것이죠.

파드마
삼바바
그렇다면 네가 느끼는 그 허망함도 외부에 이유가 있는 것이 아니라, 네 마음의 산물임을 이해하겠구나.

나
…….

파드마
삼바바
허망해하지 마라. 너는 잘하고 있다. 좋은 생각을 하고, 좋은 행동을 해라. 미련과 아쉬움과 후회를 만들지 마라. 심판받지 않기 위해서가 아니다. 너를 심판하는 존재 같은 것은 없다. 삶과 죽음이 바로 너의 마음이기 때문이다.

이불을 두르고 침대 위에 앉았다. 눈을 감았다. 마음에 대해서 생각했다. 나의 마음은 무엇일까. 나의 마음이 곧 세계라면, 그 세계라는 것은 무엇일까. 이불 안의 온기 속에서 나는 현실을 넘어선 미지의 그 무엇인가를 향해 손을 내밀고 있었다.

열 번째 계단,
나

《우파니샤드》

우리는 삶 속에서 나의 의미를 찾으려 하지만, 이건 처음부터 잘못된 접근이었는지도 모른다. 삶 안에 내가 있는 것이 아니라, 나라는 존재 안에 삶이 일부분을 차지하고 있는 것일 수 있다. 나는 삶의 세계와 죽음의 세계를 포괄하는 존재인 것이다.

나
삶 ↥ 죽음

이러한 사고는 두 가지 기능을 한다. 첫째는 육체와 자기 자신을 동일시하는 상식적인 견해를 넘어서게 해준다. 둘째는 삶과 죽음을 관통하는 존재로서의 나의 의미를 다시금 고민하게 한다.

그렇다면 도대체 나라는 존재는 무엇일까? 육체도 아니고 정신도 아닌, 삶도 아니고 죽음도 아닌, 세계의 궁극적인 관찰자로서 나는 무엇일까?

그것은 단적으로 말해서 의식이다. 개인의 내적 세계로서의 의식 말이다. 이 의식적 존재에 의해 세계는 구성되고 비로소 존재한다. 나와 세계는 구분되지 않는다. 극단적으로 말하면, 나와 세계는 동일하다. 나는 세계 그 자체다.

자아와 세계를 면밀하게 관찰하고 숙고하는 모든 존재가 필연적으로 귀결할 수밖에 없는 이러한 결론은 인류의 역사상 가장 탁월한 지혜의 기록인 《우파니샤드》에 명확하게 서술되어 있다. 본질적 자아로서의 아트만과 우주의 근본원리인 브라흐만이 결국 하나라는 '범아일여(梵我一如)'의 깨달음이 바로 그것이다.

죽음의 계단을 올라섰을 때, 나는 나와 대면해야만 했다. 내가 이제 올라야 할 계단의 이름은 바로 '나'다.

동굴에서 광장으로

소중한 것일수록 곁에 두어야 한다고 생각하는 사람이 있다. 가족은 함께 살아야 하고, 부부는 서로 숨기는 게 없어야 하고, 자녀는 속마음을 부모에게 말해야 하고, 연인은 모든 추억을 함께해야 하고, 친구는 나와 가장 친해야 하고, 세상은 나를 받아줘야 한다고 생각하는 사람이 있다.

하지만 그렇지 않다. 인간의 눈과 입은 원래가 모난 까닭에 가까운 대상일수록 쉽게 흠을 찾아내고, 쉽게 상처를 입힌다. 소중한 사람이라면, 지켜주고 싶은 사람이라면, 그들이 상처입지 않고 건강하게 자랄 수 있도록 그들을 당신으로부터 밀어내야 한다.

반대도 마찬가지다. 사랑하는 사람들로부터, 세상으로부터 당신을 보호하는 방법은 그들로부터 멀어지는 것이다. 우리에게 필요한 것은 그들과 함께 있는 시간이 아니라, 그들을 그리워하는 시간이다. 그리워하는 시간이 필요하다. 외로운 시간이 필요하고, 아무 말도 없이 깊은 내면으로 고독해지는 시간이 필요하다.

세상과 단절된 나의 작은 공간에서 나는 회복되어갔다.

그것은 마치 차라투스트라의 동굴과도 같았다. 세상에 나가서 자신을 비워낸 차라투스트라가 스스로의 내면을 다시 채워나가는 공간. 물론 영원히 머무를 수는 없다. 잔이 채워지면 다시 비워내야 한다. 마을을 향해 산길을 터벅터벅 내려가는 차라투스트라를 생각했다. 언젠가 나도 세상으로 돌아가야 하리라. 하지만 그때 일은 그때 생각하기로 했다. 나는 작은 공간에서 충분히 머무르기로 했다. 창문 밖으로 변해가는 계절과 나무 침대와 음악과 책만 있으면 나는 부족한 것이 없었다.

그러나 충만함의 시간은 오래 지속되지 못했다. 나는 얼떨결에 속옷차림으로 집밖에 나온 사람처럼 세상에 다시 나오게 되었다. 세상은 갈 곳이 있다며 급하게 나를 끌어내서는 광장 위에 세우고, 세수도 못하고 나온 나에게 아무 말이나 해보라고 부추겼다.

여러 일들이 있었다. 사고 이후에 불안한 마음을 다스려보고자 써내려갔던 원고를 출간할 기회를 얻었고, 예상치 못한 많은 사랑을 받았다. 팟캐스트 방송을 통해 좋은 사람들과 인연을 맺었고, 다양한 장소에서 강연하며 지혜로운 분들의 가르침을 받을 수 있었다.

나는 광장에서 주섬주섬 옷가지를 챙겨 입으며, 내가 지금까지 보고 듣고 좋아했던 것들에 대해서 이야기했다. 경제와 정치에 대해서, 삶과 인문학에 대해서, 미스터리와 신비에 대해서. 사람들은 좋아해주었고 나는 기뻤다.

다만 충분히 차오르지 못한 채 나온 것은 아닌지, 그만큼 동굴로 돌아가야 하는 시간이 빨리 찾아오는 것은 아닌지 생각하기도 했다. 하지만 걱정할 필요는 없을 것이다. 소중한 것일수록 멀어져야 하고, 그리워하는 시간이 필요한 것이니까. 세상 속에 나와서 선물처럼 만나게 된 소중한 사람들을 즐겁게 그리워하기 위해서라도 나는 언젠가 나의 동굴로 돌아가야만 한다.

뒷골목에서

사실 아쉬운 점도 있다. 광장에 서서 이야기할 때면 나는 눈치를 보는 편이다. 사람들이 듣고 싶어 하는 이야기를 하려고 하지, 내가 하고 싶은 이야기를 하지는 않는 것이다. 대체로 사람들은 현실과 밀접한 이야기를 좋아한다는 것을 알게 되었다. 정치, 경제, 사회에 대한 이야기. 이런 주제로 진행되는 강연은 호응과 참여가 좋고, 그러면 나도 즐겁다.

하지만 실제로 내가 말하고 싶은 이야기는 신비에 대한 것이다. 신비. 도대체 무엇에 대한 이야기인지조차 감도 안 잡히는 이 분야가 나의 가장 큰 관심사다. UFO나 피라미드 등의 미스터리에 대한 이야기를 하려는 게 아니다. 내가 생각할 때, 우리의 인생에서 가장 놀라운 신비는 단적으로 말해서 나와 세계의 '관계'다. 나는 누구인지,

세계는 무엇인지, 나와 세계는 도대체 어떤 관계를 맺고 있는지가 나는 언제나 궁금했다.

이 이야기를 하기 위해 몇 차례 시도해본 적이 있다. 광장에 서서 말을 걸어본 적이 있다. 그렇지만 쉽지 않았다. 삶 속에서 비슷한 고민을 간직해온 사람들만이 이 이야기를 이해할 수 있음을 알게 되었다. 많은 사람은 무슨 말이냐며 나에게 구체적이고 손에 잡히는 이야기를 해달라고 요구했다. 나는 눈치를 많이 보는 사람이므로, 그러면 재빨리 다수가 원하는 이야기를 꺼내었다.

이제는 이유를 안다. 왜 많은 사람이 세계의 신비에 대한 이야기에 관심을 갖지 않는지를 말이다. 그것은 두 가지 이유에서다. 첫째는 사회가 치열하기 때문이다. 먹고사는 것에 모든 노력을 기울여야 하는 시대다. 부양할 가족, 나의 꿈, 노년의 안정을 위해서는 한가하게 앉아서 답도 나오지 않는 문제로 고민할 시간이 없다.

둘째는 한국의 사상적 기반 때문이다. 우리는 보통 자신이 아무런 사상도 갖고 있지 않다고 생각한다. 하지만 그렇지 않다. 우리는 비슷한 사람들 속에서 살아가는 까닭에 자신의 사상적 기반을 객관적으로 바라보지 못할 뿐, 특정한 사상적 기반 위에 놓여 있다. 개인마다의 차이는 있겠지만, 한국인들은 대체로 근대 합리주의와 경제적 자유주의를 기반으로 하고, 미국식 프로테스탄티즘이나 반대로 유물론적 무신론의 영향을 받는다. 중요한 것은 한국에서는 자아와 세계의 관계에 대해서 심도 있게 논의하는 사상적 분위기가 전무하다는 것이다. 가정, 학교, 종교, 사회. 그 어디를 가도 나와 세계의 관계를 이야기하는 곳은 없다. 한국은 신비가 낯설다.

그래서 준비했다. 신비에 대해서 함께 이야기할 자리를. 중간에서 포기하지 않고, 이 책의 열 번째 계단까지 함께 올라온 당신과 같은 사람이라면 이 이야기가 흥미로울 것이다. 당신은 치열한 현실에서도, 정형화된 사상적 기반에서도 함몰되지 않고 자신의 질문을 간직해온 사람일 것이다. 당신과 함께 이야기해보고 싶다.

광장은 어지러우니 뒷골목으로 가자. 사람들의 눈에 띄지 않는 그곳에 작은 자리를 마련해두었다.

작은 강연

그늘이 드리운 자리. 깔개를 대고 몇몇의 사람들이 앉았다. 강연이 시작되었다.

"이렇게 함께 자리해주셔서 감사합니다. 오늘은 신비에 대한 이야기를 해볼까 합니다. 시작해보겠습니다. 인류 역사를 통틀어 가장 중요한 문서가 두 개 있습니다. 하나는《구약》이고 다른 하나는《베다》입니다. 우선《구약》은 비교적 우리에게 친숙합니다. 이 문서는 유대교와 그리스도교 그리고 이슬람이라는 아브라함 계열 종교의 기반이 되는 너무나 중요한 문서입니다. 다음으로《베다》가 있습니다. 이 문서는 우리에게 친숙하지 않습니다. 고대 인도에서 기록되어 베단타 철학과 힌두교 그리고 불교에 영향을 미친 문서입니다. 힌두교가 베다철학을 대중적으로 해석한 것이라면, 불교는 베다철학에 대한 비판적 수용을 통해 발전한 것이죠.

이 두 문서의 공통점은 우리에게 신과 인간이 무엇인지를 설명해 준다는 것입니다. 차이점은 신과 인간의 관계를 바라보는 관점입니다. 우선《구약》은 신과 인간의 관계를 단절적으로 파악합니다. 신은 신으로서의 역할이 있고, 인간은 인간으로서의 역할이 있습니다. 이 둘은 분명히 구분되어 있으며, 반드시 구분되어야만 합니다. 신은 창조주로서 절대적이고 유일한 존재이고, 인간은 그의 피조물로서 불완전한 존재인 것이지요. 인간은 자신의 불완전성을 극복하기 위해 신의 뜻을 따르고 그에게 순종해야 합니다.

반면《베다》는 신과 인간의 관계를 연속적으로 파악합니다. 이에 따르면 신과 인간은 다른 존재가 아닙니다. 신은 곧 인간이고, 인간은 곧 신입니다. 이 둘은 본질적으로 동일합니다. 그것은 마치 강과 바다의 관계와도 같습니다. 대지를 흐르는 수많은 강은 서로 저마다의 이

름을 갖지만, 결국 바다에 이르러 개별적인 이름을 버리고 거대한 바
다와 하나가 되는 것처럼 말입니다.

저는 이 두 문서를 모두 좋아합니다. 그 중에서 오늘 여러분과 함
께 이야기해보고 싶은 것은 우리에게 친숙하지 않은 문서,《베다》입
니다. 특히《베다》의 결론 부분으로서《베다》의 정수라고 일컬어지
는《우파니샤드》에 대해 이야기해볼까 합니다.

《우파니샤드》는 비밀스럽게 전수되는 지혜를 말합니다. '우파니
샤드'라는 단어 자체가 '스승과 제자가 무릎이 닿을 정도로 가까이
앉아서 전해지는 지혜'라는 의미지요. 여러분과 제가 가진 여러 질문
들에 대한 지혜로운 답변이 이 문서 안에 들어 있습니다.

인류는 언제나 질문을 가졌습니다. 나는 누구인가. 세상은 무엇인
가. 삶의 목적은 무엇이고, 우리는 어디에서 와서 어디로 가는가. 놀
랍게도《우파니샤드》는 이에 대한 대답을 비유와 상징으로 돌리는
것이 아니라 직접적으로 제시합니다. 그리고 그 답들은 궁극적으로
하나의 지혜로부터 도출됩니다. 그것은 범아일여입니다. 전체로서의
신과 부분으로서의 인간이 본질적으로 하나라는 심오한 가르침으로
말입니다. 이 비밀스럽게 전해져온 인류의 지고한 지혜를 지금부터
이야기해보겠습니다."

베다와《우파니샤드》

《우파니샤드》에 대해 이해하기 위해서는 우선《베다》에 대해 알아볼 필요가 있다. 우리는 앞서 붓다의 삶에 대해 이야기하면서 베다가 성립하던 시기의 역사를 살펴보았다. 기억을 더듬어보자. 기원전 2500년 무렵에 아리아인(Aryan)들이 인도 북서쪽의 인더스 강 부근으로 들어왔다. 그들은 펀자브 지방에 정착했고 그곳에서 '베다'라는 문서를 기록했다. '베다'는 지식과 지혜를 의미한다. 영어로 번역하면 그저 'Knowledge'다. 아리아인들이 가졌던 신화, 종교, 철학이 총망라되어 있는 것이다. 특히 다양한 신들에 대한 의례절차가 자세히 기록되어 있다. 이 문서를 누가 기록했는지는 알려지지 않았다. 다만 많은 사람이 문서 제작에 동참했을 것으로 보고 있다. 기록된 시기에 있어서도 논란이 많다. 가장 오래전에 기록된 〈리그베다〉의 경우에는 대략 기원전 5000년부터 기원전 1200년 사이에 작성되었을 것으로 추측된다.

인더스 강을 중심으로 베다의 전통은 뿌리내려갔고, 점차 그 주변 지역으로도 확산되었다. 업, 윤회, 해탈이라는 베다의 기본적인 세계관이 인도 전역으로 퍼져나갔다. 이와 동시에 베다의 의례절차를 중시하는 분위기도 점차 강해져갔다. 의례를 전문적으로 진행하는 사제들을 '브라흐마나' 혹은 '바라문'이라고 불렀다. 이들의 지위는 점차 높아질 수밖에 없었는데, 그것은 그들이 복잡한 의례를 절차대로 수행함으로써 신들을 움직일 수 있다고 믿어졌기 때문이다. 사람들은 바라문이 신을 움직임으로써 자신들의 소원을 성취해주기를 원했다. 이처럼 바라문이 중심이 된 종교를 '바라문교(Brahmanism)'라 부른다. 그리고 이 종교는 후에 힌두교로 이어진다.

하지만 바라문교의 형식주의적이고 기복적인 경향은 인도 전역으로 확산되는 과정에서 저항에 부딪혔다. 우선 베다의 영향력이 동쪽으로 확대될 때, 동쪽 지역의 원주민들은 이를 받아들이지 않았다. 대신 베다를 비판하거나 재해석하는 과정에서 자생적이고 주체적인 스승들을 탄생시켰다. 이들은 새롭고 독창적인 가르침을 전파했다. 이러한 지식인들을 '슈라마나' 혹은 '사문'이라고 불렀다. 사문들은 출가, 고행, 명상 등 다양한 방법들을 통해서 깨달음을 추구했다. 고타마 싯다르타 역시 베다를 비판적으로 수용하며 자신의 가르침을 전파했다. 이런 까닭에 사람들은 그를 여러 사문 중에 하나라고 생각했다.

바라문교의 형식주의에 대한 비판은 베다 전통 안에서도 자체적으로 진행되었다. 《우파니샤드》가 그러한 역할을 담당했다. 《우파니샤드》는 베다의 본질을 되찾으려 했고 이를 위해서 베다를 철학적으로 체계화했다. 《우파니샤드》가 제시하는 인간의 지향점은 사제나 신의 배려에 의존하는 기복적인 존재가 아니다. 인간은 궁극의 지혜를 깨우침으로써 영원한 자유에 이르러야 한다. 이것이《우파니샤드》가 제시하는 인간의 유일한 목표다.

그렇다고《우파니샤드》가 베다를 능가하거나 대체하는 것은 아니다.《우파니샤드》는 분명히 베다에 속하고, 베다를 계승한다.

《베다》의 구성을 살펴보자. 크게 본문과 부속 문헌으로 구분할 수 있다. 본문에 해당하는 문서는 네 가지인데 이를 '상히타'라고 한다.《우파니샤드》는 부속문헌에 포함된다. 특히《우파니샤드》는 베다의 결론, 베다의 최고, 베다의 끝이라는 뜻으로 '베단타(Vedanta)'라고 부른다. 베다의 정수가 여기에 기록된 것이다.

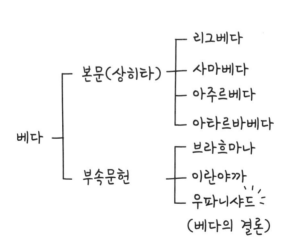

인도인들은 베다를 '슈루티(śruti)'와 '스므리티(smṛti)'로 구분하기도 한다. 구분의 기준은 문서의 기원이다. 우선 슈루티는 신으로부터 '들은 것'이라는 뜻이다. 다음으로 스므리티는 스승으로부터 전승되어 '기억된 것'을 뜻한다. 문서의 기원이 신인가, 인간인가에 따라 구분하는 것이다.《우파니샤드》는 슈루티에 해당한다.

《우파니샤드》는 신으로부터 직접 전달되어온 지혜인 만큼 비밀스럽게 전수되어왔다. 이 지식은 아무에게나 전달되어서는 안 된다. 이 가르침을 받는 사람의 자격에 대해서《우파니샤드》는 엄격히 제한을 둔다. 실제로 〈슈베따슈바따라 우파니샤드〉는 다음과 같이 기록한다.

> 오래전부터 전수된 이 베단타의 가장 높은 신비의 지혜는
>
> 욕망이 가라앉지 않은 사람,
>
> 아들이나 제자가 아닌 사람에게 전수해서는 안 된다.

(〈슈베따슈바따라 우파니샤드〉 6장 22절)

불교와《우파니샤드》

《우파니샤드》는 낯선 어휘들 때문에 어쩐지 어렵고 먼 이야기일 것 같지만, 실제로 그 내용을 살펴보면 우리에게 친숙한 면이 많다. 왜냐

하면 우리가 베다의 영향을 받아 탄생한 불교를 받아들였기 때문이다. 불교의 세계관이라고 생각하는 업과 윤회 그리고 해탈에 대한 개념들은 사실 불교 고유의 사상이라기보다는 고대 인도의 베다 전통에서 기인한 것이다. 즉《우파니샤드》와 불교는 기본적인 세계관을 공유한다. 그래서《우파니샤드》를 처음 읽을 때에도 낯선 단어들 속에서 친숙함을 느낄 수 있는 것이다.

불교와《우파니샤드》는 우리에게 한 목소리로 이야기한다. 너의 생각과 행위는 업을 만들어내고, 업은 너를 다시 윤회하게 할 것이다. 이번 생에서 욕망을 내려놓고 깨달음에 이르게 된다면 너는 윤회의 고리를 끊고 해탈에 이르러 궁극적인 자유를 얻을 것이다.

이렇게 공통된 세계관을 기반으로 하지만, 불교와《우파니샤드》는 근본적인 차이를 갖는다. 그것은 '자아'에 대한 입장 차이다. 우선《우파니샤드》는 상식적인 결론에 도달한다. 그것은 고정불변한 자아를 상정하는 것이다. 만약 탄생과 죽음을 반복하면서 업에 따른 결과를 수용하는 존재가 있다면, 그 존재는 연속적이며 불변해야만 한다. 이것은 마치 그리스도교의 영혼과 같은 존재다. 그 영혼이 새로운 육체 속으로 옷을 갈아입듯 들어가며 다시 태어나는 것이다.《우파니샤드》는 이렇게 영원하고 절대적인 존재로서 본질적인 자아를 '아트만 (ātman)'이라고 부른다.

반면 붓다는 아트만을 부정한다. 우리가 윤회계를 떠도는 것이 사실이지만, 그렇다고 고정불변의 자아가 존재하기 때문은 아니다. 붓다는 무아(無我)를 주장한다. 영원한 자아나 영혼에 대한 믿음이야말로 여태껏 사람들이 품어온 가장 기만적인 망상이다. 이를 '아나트만(Anātman)'이라고 한다. 이것은 얼핏 타당하지 않은 결론처럼 보인다. 고정불변의 자아가 없는데 어떻게 전생의 업을 인계하고 다시 태어날 수 있다는 말인가?

붓다에 따르면 고정된 자아나 영혼이 윤회하는 것이 아니라 그전에 행했던 업에 의해서 끊임없이 이어지는 정신적 요소와 물질적 요소의 조합만이 있을 뿐이다. 이것은 밧줄을 생각하면 쉽게 이해할 수 있다. 밧줄은 하나의 긴 끈일 것 같지만, 실제로는 낱알의 짧은 실들이 서로서로 얽혀서 이어지고 있을 뿐이다. 새롭게 탄생한 존재는 그전에 소멸한 존재와 완벽히 똑같지는 않지만, 또 그렇게 다르지도 않다. 존재는 영원히 변화하는 요소들의 연속체인 것이다.

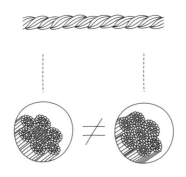

그런 면에서 오늘날까지 진행되고 있는 자아가 존재하느냐에 대한 유아(有我)와 무아의 대립, 아트만과 아나트만의 대립,《우파니샤드》와 불교의 오랜 대립은 생각보다 먼 거리에 있지 않을지도 모른다. 밧줄을 하나의 끈으로 보는 것도 옳고, 밧줄을 하나의 끈으로 보지 않는 것도 옳으니까. 인류의 가장 오래된 문서라고 할 수 있는 리그 베다는 이에 대해서 너무도 현명하게 말해준다.

하나의 진리를 두고, 여러 현명한 자들이 여러 가지 방법으로 설명을 하도다. (ekam sad viprāh bahudhā vadanti)

구성과 주요 개념

베다나 불교와의 비교는《우파니샤드》의 위치를 이해하는 데 도움이 된다. 이제 조금 더 세부적으로 알아보자.《우파니샤드》가 어떻게 구성되어 있는지 살펴보고, 몇 가지 주요 개념을 알아보려고 한다.

《우파니샤드》는 기원전 8세기부터 기원전 3세기 무렵에 작성되었을 것으로 추정된다. 고대 인도인들에게 신성한 언어로 받아들여진 산스크리트어로 기록되어 있다.

《우파니샤드》는 매우 다양한 종류가 있었던 것으로 보인다. 다만 현재까지 남아있는 것은 약 200개 정도다. 이 중에서 붓다 이전에 쓰여진 가장 오래된 10권을 따로 '무키아 우파니샤드' 또는 '고(古)우파니샤드'라고 부른다.

이 문서들은 각각이 다양한 내용과 형식을 가지고 있지만, 궁극적인 지향점은 하나다. 그것은 범아일여 사상이다. 여기서의 '범'은 우주의 최고 원리인 '브라흐만'을 말하고, '아'는 개인의 본질인 '아트만'을 뜻한다. 즉 범아일여란 우주의 원리와 개인의 본질이 궁극적으로 하나라는 가르침이다. 《우파니샤드》는 명쾌하게 설명한다. 우리가 추구해야 하는 것은 범아일여의 깨달음이다. 〈찬도기야 우파니샤드〉는 이렇게 기록한다.

"네가 바로 그것이다(Tat tvam asi)."

자신이 바로 그것, 즉 아트만이고 또한 브라흐만임을 깨닫게 될 때, 우리는 내가 누구인지를 명확하게 이해하게 된다. 나는 세상에 던져진 그저 하찮은 존재가 아니다. 나를 비롯한 모든 존재는 우주의 근원과 이어진 위대한 존재인 것이다. 《우파니샤드》는 자아와 우주 그리고 이들의 상호관계를 설명해주는 하나의 철학서다.

하지만 범아일여의 사전적 정의를 알았다고 해서 우리가 그것을 실제로 알게 된 것은 아니다. 범아일여를 알게 되었다는 것은 오랜 수행과 명상 그리고 깊은 사색을 통해 그것을 체험함으로써 통찰함을 의미한다. 이것은 쉬운 일이 아니다. 우리를 방해하는 것들이 있다.《우파니샤드》는 그것을 '마야(Maya)'라고 한다. 마야는 환영을 말한다.《우파니샤드》에 따르면 세계 자체가 마야다. 즉 우리가 실재한다고 믿어왔던 눈앞의 세계가 단지 환영일 뿐인 것이다. 이 환영은 너무나 강렬해서 진실은 장막 속에 가려지고 헛된 것만이 눈앞에 드러난다. 이로 인해 인간은 하나를 여럿으로 보고 내면을 외부로 체험한다. 인간의 이러한 상태를 '무지' 혹은 '무명'이라 부른다.

깨달음이란 특별한 무엇이 아니다. 무지의 장막을 벗고 모든 것이 하나라는 궁극의 지혜를 얻는 것. 이것이 깨달음의 실체이고, 이를 통해 자아는 자유와 평온에 이른다.

지금까지《우파니샤드》의 기본 개념인 아트만, 브라흐만, 범아일여, 마야, 깨달음에 대해 알아보았다. 이제 구체적으로 여러《우파니샤드》 중 하나를 살펴보려고 한다. 죽음의 신을 찾아간다는 흥미로운 이야기를 풀어내고 있는 〈까타 우파니샤드〉다. 이를 통해《우파니샤드》가 우리에게 말하려는 바에 한걸음 더 다가가게 될 것이다.

지혜를 추구하는 사람

바라문 사제인 와즈슈라와에게는 지혜로운 아들 나찌께따가 있었다. 그의 이름은 '지혜를 추구하는 사람'이라는 뜻이다. 나찌께따는 세상에 대해 궁금증이 많은 소년이었다. 어느 날 아버지 와즈슈라와가 신에게 바칠 제물을 준비하고 있었다. 이번 제례의식은 현세와 내세의 복을 기원하기 위해 자신이 가진 모든 것을 바치는 의식이었다. 독실한 와즈슈라와는 모든 재산을 내놓기로 했다.

나찌께따는 생각했다. 모든 것을 바치는 제례라면 아버지에 속한 자신도 바쳐져야 하는 것이 아닌가? 나찌께따는 아버지에게 자신은 어떤 신에게 바칠 것인지를 물었다. 하지만 아버지에게 있어서 아들을 바친다는 것은 상상할 수도 없는 일이었다. 아버지는 답을 피했지만, 나찌께따는 끊임없이 질문했다. 와즈슈라와는 화가 났다. 그는 이렇게 말했다.

"죽음의 왕에게 줘버리겠다."

아버지는 홧김에 던질 말이었지만, 지혜로운 나찌께따는 깊게 사유했다. 모든 사람은 죽고 자신도 그럴 것이다. 죽음의 신에게 올리는 제례란 무엇이고, 그럼으로써 아버지가 얻고자 하는 것은 무엇인가? 나찌께따는 스스로 죽음의 신 야마를 찾아 나서기로 한다. 참고로 야마는 우리에게 반가운 이름이다. 앞서《티벳 사자의 서》의 시드파 바르도에 갔다가 만났던 바로 그 야마가 맞다.

나찌께따는 야마의 집 앞에서 3일을 기다린다. 그렇게 굶주림 속에서 기다린 끝에 야마를 만나게 된다. 야마는 나찌께따가 브라만 계급의 아들임을 알아보고 예의를 갖춘다.

"오, 브라만. 그대에게 고개 숙입니다. 나에게 자비를 베풀기를. 그대는 당연히 존중받아야 할 손님임에도 불구하고, 나의 집 앞에 와서 세 번의 밤을 식사도 못하며 지냈습니다. 그것을 대신해서 세 가지 소원을 들어주겠소."

나찌께따는 첫 번째 소원을 말한다. 그것은 아버지의 화가 풀리게 해달라는 것이었다. 자신이 아버지에게로 다시 돌아갔을 때, 아버지가 자신을 사랑하는 아들로서 대하며 기뻐하게 해달라고 부탁한다. 죽음의 신은 어려움 없이 그 소원을 들어준다. 소원이 이루어졌다.

두 번째 소원을 말할 차례다. 나찌께따는 신들이 살고 있는 천상 세계에 대해서 묻는다. 천상의 존재들은 죽지 않고 고통도 없고 영원히 산다고 알고 있다. 나에게 천상으로 가는 길인 불의 신 '아그니'에 대해서 알려달라. 죽음의 신은 이번에도 어려움 없이 그 소원을 들어준다. 야마가 말해주었다.

"아그니는 불멸의 세계로 가는 길이다. 아그니는 그대 안의 깊은 동굴 속에도 머물고 있다."

불의 신 아그니는 오늘날의 우리에게는 낯선 이름이다. 그러나 당시 고대 인도에서는 매우 중요한 존재였다. 왜냐하면 당시의 제례 방법이 공물을 불 속에 던지는 것이었기 때문이다. 인간 세계의 공물이 불에 던져지면 그것은 사라지는 동시에 신의 세계로 가게 된다.

당시의 사람들이 보기에 불이란 인간과 신을 연결해주는 매개체처럼 느껴졌다.

나찌께따가 자신의 소원으로 아그니에 대해 물었다는 것은 그가 삶에서 추구하는 바가 현실을 넘어선 이상적인 것임을 잘 보여준다. 죽음의 신은 아그니에 대해 친절히 설명하고, 그에게 행하는 제례의식의 세부 절차도 말해준다. 그리고 지혜로운 나찌께따에게 축복을 내린다.

이제 마지막 소원이 남았다. 나찌께따는 세 번째 소원을 말한다. 그것은 죽음과 해탈의 비밀에 대한 것이었다. 나찌께따가 묻는다.

"세상을 떠난 사람들이 궁금합니다. 어떤 사람들은 죽은 이가 사후에도 존재한다고 하고, 어떤 사람들은 존재하지 않는다고 말합니다. 당신의 지혜를 통해 이 문제에 대한 궁금증을 해결하게 해주세요."

그런데 이번에는 죽음의 신 야마가 난처해한다. 그는 다른 소원을 들어주겠다고 말한다. 야마는 말한다. 그것은 어려운 문제이고, 신들조차도 의심을 품었던 문제다. 죽음의 신이라고 해서 쉽게 설명해줄 수 있는 성질의 것이 아니다. 야마가 죽음 이후에 대해 이야기하지 못한 이유는 나찌께따의 질문이 하나의 인간의 죽음에 대한 것이 아니기 때문이다. 나찌께따는 모든 존재의 소멸과 해탈에 대해 질문하고 있는 것이다.

하지만 나찌께따는 다시 부탁한다. 이것 외에는 아무런 소원도 없다. 이에 대한 심오한 가르침을 줄 수 있는 존재는 당신 뿐이다. 난처한 야마는 다른 선물을 제안한다. 세상의 모든 재물과 건강과 장수를 주겠다. 이것이 싫다면 인간 세상에서 구할 수 없는 그 무엇이든 원하는 것을 들어주겠다. 야마가 말한다.

"여기 말과 마차와 아름다운 선녀들이 보이지 않느냐. 인간들은 절대로 누릴 수 없는 것들이다. 내가 주는 이 마차를 좀 타보지 않겠느냐. 나찌께따여, 제발 죽음에 대한 질문은 하지 말아다오."

나찌께따는 말한다. 쾌락은 모두 사라지고 마는 헛된 것이 아닌가. 이 짧은 인생에 그런 쾌락은 어울리지 않는다. 죽음 너머의 존재를 본 자라면 현실의 쾌락이 헛되다는 것을 안다. 나찌께따는 죽음 이후에 대해 알려줄 것을 다시 부탁한다.

죽음의 신은 나찌께따를 칭찬한다. 그대는 진정 지혜를 갈구하는 자이다. 어떤 유혹도 그대를 유혹하지 못한다. 그리고 결국 나찌께따가 알고자 하는 궁극적인 지혜에 대해서 알려주기로 한다. 이 지혜는 원한다고 해서 쉽게 들을 수 있는 흔한 것이 아니다. 또 듣게 된다고 해도 쉽게 이해할 수 있는 성질의 것도 아니다. 야마는 죽음 이후의 비밀을 분명하게 제시한다. 그대가 찾고 있는 것, 그것은 바로 아트만이다. 죽음의 신은 말한다.

"결국 죽음을 맞게 될 인간이 아트만에 대해 듣고 늘 마음속에 새기며, 아트만의 정체를 알아서, 그 아트만이 물질적 구성요소와는 비교될 수 없는 미세한 존재임을 알게 된다면, 그는 지극한 기쁨을 누리게 될 것이다."

나찌께따는 아트만에 대해 더 알려달라고 부탁한다. 야마는 말한다. 아트만은 누구에 의해서 생겨나는 것도, 누구에 의해서 죽게 되는 것도 아니다. 자기 자신 이외의 다른 어떤 근원에서 발생하는 것도 아니다. 아트만은 태어난 적이 없으며 죽거나 사라지지도 않는다. 이러한 아트만이 존재하는 곳은 세상의 모든 곳이며 동시에 지혜의 동굴인 인간의 마음속에도 머문다. 아트만의 존재를 알 수 있는 것은 '나' 이외에는 없다. 왜냐하면 그 존재가 바로 나 자신이기 때문이다. 모든 곳에 존재하는 위대한 아트만이 바로 자신임을 깨달은 현명한 사람은 아무런 슬픔도 고통도 갖지 않는다. 야마는 말한다.

"아트만을 알게 되면 그는 그 순간에 죽음에서 풀려나리라."

나찌께따가 알고 싶어 하던 죽음 이후에 대한 비밀의 해답은 바로 아트만이었다. 야마는 아트만에 대해서 더 자세히 설명해준다. 그는 말한다. 아트만으로 인해서 우리는 형태, 맛, 냄새, 소리, 촉감 등을 얻게 된다. 모든 것은 아트만으로 인한 것이다. 이 세상에 아트만으로 인하지 않은 것은 없다. 그것은 꿈속의 현상도 마찬가지다. 실제의 세계부터 꿈의 세계에 이르기까지 모든 현상은 아트만 때문에 발생한다.

아트만에 대한 설명은 자연스럽게 브라흐만에 대한 설명으로 이어진다. 야마는 말한다. 브라흐만은 물질로 된 세상에서 빛을 발하는 자이고, 보이지 않는 지혜의 세상에서도 빛나는 자이다. 브라흐만은 지혜의 세상에서 이루는 것같이 물질 세상에서도 이루는 자이니, 그를 참으로 이해하여 그가 '여럿'이 아닌 '하나'임을 깨우쳐야 한다. 누구든 브라흐만을 '여럿'으로 이해하는 자는 죽음의 쳇바퀴를 벗어날 길이 없다. 야마는 말한다.

"브라흐만에 모든 세상이 의지해 있으며, 어느 누구도 그를 벗어날 수 없다. 그가 바로 그것이다."

그리고 야마는 궁극적인 지혜를 설명한다. 이 단일한 모든 것으로서의 브라흐만이 바로 아트만이다. '하나'인 아트만을 진정으로 깨우친 사람의 아트만은 근원 아트만으로서의 브라흐만과 합쳐진다. 브라흐만과 아트만은 하나다.

"현세에서 마음속의 모든 매듭이 풀리게 되면, 그때 그 사람의 죽음은 죽음이 아닌 것이 될 것이다. 이게 우파니샤드의 가르침이다."

죽음의 왕을 만나 아트만과 브라흐만 그리고 수행의 지혜를 알게 된 나찌께따는 그 자리에서 해탈에 이르게 되었다. 그는 무지의 늪에서 빠져나와 완전한 자유로움을 얻었다. 〈까타 우파니샤드〉는 마지막을 이렇게 마무리한다.

"누구든 이 지혜를 나찌께따와 같이 깨닫게 되면, 그와 같이 죽음으로부터 해방되리라."

네가 바로 그것이다

뒷골목에 드리운 그늘이 길어졌다. 몇몇 사람이 가던 길을 멈추고 자리에 앉아 이야기를 들었다.

"〈까타 우파니샤드〉는 이렇게 끝납니다. 이 이야기가 어떻게 들리셨습니까? 어떤 분들은 고대 인도에서 발생한 특정 종교의 설화로서 재미있게 들으셨을 겁니다. 다른 분들은 인간의 내면세계에 대한 탁월한 기술로서 들으셨을 겁니다.

우리가 텍스트를 해독한다는 것은 참으로 흥미롭습니다. 우리는 같은 영화를 보고 같은 책을 읽고 같은 이야기를 듣지만, 사실은 다른 영화, 다른 책, 다른 이야기를 봅니다. 그것은 각자가 가진 삶에서의 체험 때문입니다. 우리는 자신이 체험한 만큼의 시야 안에서 세상을 해석하며 살아갑니다. 문제는 내 시야의 경계가 보이지 않는다는 것이지요. 실제로도 그렇지 않습니까? 지금 자기 시야의 경계를 한번 보십시오. 경계가 보이시나요? 아무리 눈을 이리저리 돌려보아도 내 시야의 한계를 볼 수 없으며 그것이 전혀 답답하지도 않습니다. 누구도 자기 뒤통수를 볼 수 없지만, 아무도 그것을 답답해하지 않죠. 우리가 시야의 경계를 보지 못하기 때문입니다. 이해의 시야도 마찬가집니다. 내가 어디까지를 이해하는지 그 경계가 보이지 않는 까닭에 우리는 자신의 제한된 이해만으로도 만족스럽게 세상을 해석하며 살아갑니다.

저에게는 영화나 책이나 다른 여러 텍스트를 접하게 될 때마다 습관적으로 떠오르는 문장이 하나 있습니다. 그것은 칼 융이 《티벳 사자의 서》를 해석하며 붙인 말입니다. 그는 《티벳 사자의 서》에 대해 이렇게 말합니다. '이 책은 닫힌 책으로 시작해서 닫힌 책으로 남는다. 왜냐하면 그것은 다만 영적인 이해력을 가진 사람에게만 열리는 책이기 때문이다.' 닫힌 책으로 시작해서 닫힌 책으로 남는다. 이 문장은 우리에게 많은 것을 생각하게 합니다. 아무리 첫 장부터 마지막 장까지를 꼼꼼하게 읽어간다고 해도 우리는 하나의 텍스트 안으로 마음대로 들어갈 수는 없습니다.

어떻게 해야 할까요? 어떻게 하면 숨겨진 문을 열고 그 안으로 들어갈 수 있을까요? 유일한 방법이 하나 있습니다. 그것은 바로 그 텍스트에 대한 선이해입니다. 이것은 아이러니하고 또한 비극적입니다. 무엇인가를 이해하기 위해서는 이미 그 무엇인가를 알고 있어야 하기 때문이죠. 우리가 책을 읽음으로써 A라는 지식을 얻고자 한다면, 우리는 이미 자신의 삶 속에서 A에 대해 체험했어야만 합니다.

세상의 모든 텍스트는 우리에게 새로운 지식을 제공하지 못합니다. 우리가 텍스트에서 새로운 지식을 얻었다고 느낀다면, 그것은 이미 우리가 그 지식에 대해 앞서 이해하고 있기 때문입니다. 책은 우리가 알고는 있지만 정리하지 못했던 것들을 언어화해줄 뿐입니다. 나의 체험을 벗어난 것들은 나에게 체험되지 않습니다.

이제 《우파니샤드》를 다시 봅시다. 우리는 어디까지 들어갈 수 있습니까? 《우파니샤드》는 당신에게 어떤 방식으로 열리고 있습니까? 여러분의 이야기가 듣고 싶지만, 우선 제 이야기부터 해보겠습니다. 저는 개인적인 경험으로 죽음에 관심을 갖게 되었습니다. 여기서 말하는 죽음에 대한 관심은 종교적이거나 심리적인 것은 아닙니다. 저는 사실의 측면에서 삶과 죽음의 연속성에 대한 의문을 품게 되었습니다. 질문들이 생겨났습니다. 죽음이란 정말 단절일 뿐인가? 혹시 삶은 죽음으로 이어지고, 죽음은 다시 삶으로 이어지는 것은 아닐까?

가정에서 출발하기로 했습니다. 삶과 죽음이 연속되는 것이라고 전제했습니다. 그렇다면 자연스럽게 다른 질문이 도출됩니다. 만약 삶과 죽음이 연속된다면 그것을 관통하는 주체는 무엇인가? 그 주체에 대해 생각해봅시다. 그 주체가 무엇인지는 모르겠지만, 우선 세상에 대한 관찰자여야 합니다. 다시 말해서 삶의 세계를 보고 있어야 하고, 죽음의 세계도 볼 수 있어야 합니다. 그 관찰자는 보는 존재, 관조하는 존재일 것입니다. 하지만 이때의 관조는 순수해야 합니다. 어떤 다른 요소가 포함되지는 않습니다. 지능, 정체성, 기억, 인식능력, 해석능력 등 그 어떤 것도 필요하지 않습니다. 다른 것은 부수적입니다. 그저 보는 존재인 것이죠.

이제 다음으로 우리가 생각해보아야 할 것은 본다는 것의 의미입니다. 본다는 것은 무엇입니까? 눈이 있으면 볼 수 있습니까? 그렇지 않습니다. 우리는 눈을 감아도 보고, 꿈을 꾸면서도 봅니다. 지금 눈을 감고 방금 보았던 강연장을 떠올려봅시다. 강연장이 있고 연단이 있고, 조명과 빛이 있습니다. 당신이 지금 보고 있는 것은 어디에 있으며, 또 당신은 무엇을 통해 당신의 기억을 보고 있습니까? 조금만 사유해보면 다음과 같은 사실을 알 수 있습니다. 첫째, 본다는 것은 눈이라는 감각과 동일한 것이 아니다. 둘째, 본다는 것은 외부 세계의 실재와 동일한 것이 아니다.

이런 결론에 도달하게 됩니다. 삶과 죽음을 관통하는 존재가 있다면 그는 어떤 존재인가? 그는 보는 존재입니다. 유일한 관조자. 그는 눈이 필요하지 않고 외부 세계가 필요하지 않습니다. 그는 내면을 보는 존재입니다. 그렇다면 우리가 외부에 있다고 믿어왔던 세계는 무엇입니까? 그것은 단지 내 내면의 투영입니다. 물질세계도, 사후세계도, 꿈속에서의 세계도 보는 존재로서의 내가, 나의 외부에 있다고 믿는 내 내면의 세계인 것이지요. 이제 더 이상 나의 내적 세계와 외부의 현상 세계는 구분되지 않습니다. 그것은 하나입니다.

《우파니샤드》는 무엇을 이야기하고 있습니까? 지금까지 자아와 세계를 섬세하게 관찰해왔던 당신과 같은 많은 사람이 그럴 것 같다고 생각해왔던 사실을 명료하게 언어화해주고 있는 것입니다. 유일한 관조자요, 관찰자요, 보는 존재로서의 아트만과 그 아트만에 의해서 구성되는 외부세계인 브라흐만이 사실은 동일한 것이라는 당연하고도 명료한 이야기를 하고 있는 것입니다.

지금으로부터 7천 년 전, 고대의 인류는 이미 자아와 세계에 대해 정확하게 이해하고 있었습니다. 하지만 모두가 이렇게 정확하게 이해할 수 있는 건 아니었습니다. 우리는 삶 속에서 외부세계가 나의 바깥에 실제로 존재한다고 믿으며 살아갑니다. 색깔로 가득한 이 세계가 실제로 존재하고, 세상은 단단하게 나를 감싸고 있다고 말이죠. 그리고 자아를 나의 신체와 동일시하기도 합니다. 내가 남성이면 내가 남성이라고 생각하고 내가 여성이면 여성이라고 생각합니다. 내가 배고프면 배고프다고 생각하고 내가 졸리면 졸리다고 생각하는 것이죠. 이렇게 내 눈앞의 세계가 실재한다고 믿는 무지를 고대 인류는 '마야'라고 불렀습니다. 무지 혹은 무명의 상태입니다.

그렇다면 이런 생각이 듭니다. 그래, 알겠다. 내 눈앞의 세계가 실제로는 내 내면의 세계라는 것을 알겠어. 실제로 존재하는 건 관조하는 주체로서의 나뿐이지. 그렇다고 치자. 그런데 이런 걸 알아서 뭐하나? 왜 내가 이런 걸 알아야 하는 거지? 여러분은 이런 질문에 뭐라고 답하시겠습니까? 《우파니샤드》는 이렇게 대답합니다. 범아일여의 깨달음이 영원한 자유에 이르게 할 것이다. 그것은 윤회의 고리를 끊고 너를 놓아줄 것이다.

여러분은 이런 목적과 결론이 어떠십니까? 마음에 드십니까? 그건 여러분의 판단에 달려 있습니다. 《우파니샤드》의 이야기를 받아들이든 받아들이지 않든 그것은 옳고 그름, 참과 거짓의 문제가 아닙니다. 어차피 이 세계는 바로 당신의 세계입니다. 당신이 믿고 옳다고 생각하는 것이 옳은 것이 될 것입니다.

제가 오늘 《우파니샤드》를 여러분에게 소개한 이유는 다른 문화권의 종교를 알아보는 즐거움 때문이 아닙니다. 또 《우파니샤드》가 탁월한 진리이니 기존에 믿던 종교와 사상을 버리고 이것을 믿으라는 것도 아닙니다. 《우파니샤드》는 도움이 됩니다. 무엇에 도움이 됩니까? 바로 당신이 이 세상의 유일한 주인공이었음을 깨닫게 합니다. 당신이 바로 그것입니다. 감사합니다."

강연은 끝났다.

열한 번째 계단,
초월

경계를 넘어서

여행이 시작되었다

삶과 죽음을 포괄하는 내면세계의 유일한 관찰자. 그것이 하나의 의식으로서의 자아의 실체다. 우리는 단 한 순간도 자아의 외부로 나가본 적이 없다. 그건 불가능하다. 현실, 꿈, 사후의 현상은 다만 나의 의식에 의해 구성된 산물일 뿐이다. 세계란 내 마음의 반영이다.

나 — 초월

삶 ↑ 죽음

그래서 어쩌면 모든 '나'라는 존재는 태생적으로 자폐아일지 모른다. 우리는 세계의 실체와 대면해본 적이 없고, 타자의 본질에 닿아본 적이 없다. 우리가 궁극에 이르러 하나의 의식으로 수렴할 때까지, 모든 나란 존재는 그렇게 홀로 무한한 시간 동안 세상을 여행할 것이다.

여행자. 그것이 모든 나라는 존재의 직업이고 숙명이다. 나는 노동자가 되기 위해 이 세상에 태어난 것이 아니라, 세상을 보고 즐기며 배우기 위해 이곳에

왔다. 그리고 그러한 길고 긴 여행 중에서 우리는 운명처럼 성장할 것이다. 마지막 계단을 오른다. 계단의 이름은 초월이다. 나는 자아의 경계선에 선 것이다. 그리고 자아가 곧 세계라 할 때, 나는 세계의 끝에 도달한 것이다. 한 발을 더 디딜 수 있을까. 나는 초월의 계단 앞에 선다.

경계

우리는 지금까지 열 개의 계단을 밟고 올라왔다. 소년은 문학으로 눈을 떴고, 예수와 붓다를 통해 구원의 문제를 고민했다. 이러한 고민은 철학과 과학을 비롯한 학문에 대한 관심으로 이어졌다. 그는 이상을 추구했지만, 현실과의 괴리 속에서 고민했다. 소사의 삶은 수용이라는 적극적 행위를 통해 이러한 괴리를 극복할 계기를 마련해주었다. 삶에 대한 고민은 죽음에 대한 물음으로 이어졌고, 삶과 죽음이 나라는 존재 안에서 통합됨을 이해하게 했다. 결론은 이것이다. 나란 무엇인가? 그것은 삶과 죽음을, 내면과 외부를, 자아와 세계를 통합하는 구심점이다.

이제 '나'는 어디로 가는가? 나는 내가 아닌 것으로 나아갈 수 있는가? 내가 아닌 것. 삶도 죽음도 아니고, 내면과 외부도 아니며, 자아도 세계도 아닌, 나를 아득히 초월한 그 어딘가로 나는 나아갈 수 있는가?

문은 보이지 않는다. 우리는 끝에 도달했다. 나는 '나'의 경계선에 선다.

여행을 많이 다니지 않는 내가, 그것도 신혼여행으로 많이 간다는 코타키나발루를 선택한 것은 우연히 보게 된 사진 때문이었다. 아무도 없는 해안과 수평선, 그리고 노을과 구름으로 채색된 하늘이 전부인 사진이었다. 이 사진은 베링기스라는 작은 리조트 앞의 해변을 찍은 사진이었는데, 이 리조트의 후기가 마음에 들었다.

'시내에서 40분, 한적함, 수영장은 작고 마사지는 별로, 음식은 단조로움, 다시 간다면 시내로….'

며칠 하늘만 보고 오겠다는 생각을 했다. 배낭에 반팔 티셔츠와 반바지 몇 장을 넣었다. 며칠이니 슬리퍼로 버틸 수 있을 것이다. 그렇게 말레이시아 행 비행기에 올랐다.

택시 기사는 유쾌한 사람이었다. 작은 택시 내부를 얼마나 아기자기하게 꾸몄는지 자기 일에 대한 자부심이 느껴졌다. 내가 한국 사람임을 알아보고는 한국 아이돌의 노래를 틀어주고 따라 불렀는데, 나는 모르는 노래였다. 그는 왜 베링기스에 가느냐며, 그곳에는 정말 아무것도 없다고 걱정해주었다. 그러고는 자신이 코타키나발루 관광 안내도 한다며 300링깃이라고 했다. 나의 괜찮다는 말에 가격은 점차 내려갔지만, 내 짧은 영어로는 아무것도 안 하려고 가는 거라는 말을 생각해내는 것이 쉽지 않았다.

그렇게 도착한 베링기스는 놀랍도록 아름다운 곳이었다. 소박하고 오래되어 보이는 건물들과 적당히 관리된 정원, 야자수와 도마뱀,

그리고 넓고 탁 트인 해안을 뒤로하고 있었다. 가장 마음에 드는 건 당황스러울 정도로 아무도 없다는 것이었다. 직원들이 많은 것도 아니었지만, 며칠을 보내면서 여행자보다는 직원들을 더 많이 보았을 정도였다. 사나흘이 지나자 대부분의 직원들이 나를 알아볼 지경이었다. 지금 생각해보면 후줄근하게 입고 아무것도 하지 않으면서 리조트의 정원을 배회하는 동양인이 이상해보였을 수도 있겠다.

하루 일과는 거의 완벽에 가까웠다. 해가 뜨기 전에 해안에 나가서 숲속으로부터 해가 떠오르는 모습을 보고, 해가 질 때쯤 다시 해안에 나가서 해안선 너머로 해가 지는 모습을 보았다. 한국에 살면서 가장 아쉬운 건, 온전한 하늘을 보기 어렵다는 것이다. 구름의 모습과 시간의 흐름이 만들어내는 웅장한 색채의 변화를 매일 관조할 수 없다는 것은 인간이 느낄 수 있는 기쁨의 큰 부분을 놓치는 것이다. 나는 그동안 향유하지 못했던 기쁨을 모두 보상이라도 받으려는 사람처럼 열정을 불태우며 온종일 해가 뜨고 지는 것을 지켜보았다. 직원들의 입장에서 보면 정말 이상해보였을 수도 있겠다.

바다를 보며 오랜만에 맑은 정신 속에서 생각했다. 수평선의 경계. 선명한 저 경계의 끝에는 무엇이 있을까? 경계까지 걸어가면 무엇을 만나게 될까? 고대의 인류는 낭떠러지와 끝도 보이지 않는 절벽을 상상했다고 하지만, 오늘날의 우리는 안다. 어떤 경계에도 닿을 수 없음을. 수면은 모든 곳에서 이어져 있고, 경계라고 말할 수 있는 지점은 어디에도 존재하지 않는다. 경계는 없다. 하지만 그것이 슬픔이 된다. 경계가 없다는 것은 모든 가능성이 열려 있음을 의미하지 않기 때문이다. 경계가 없으면 출구도 없다. 우리는 이 바다를 떠나지 못할 것이다. 우리는 이 해수면을 벗어나지 못할 것이다.

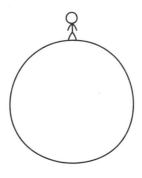

나의 경계도 이와 같지 않을까. 나에겐 경계가 없다. 나는 모든 것에서 이어져 있다. 삶과 죽음에서, 내면과 외부에서, 자아와 세계에서. 그래서 이것이 슬픔이 된다. 출구는 어디에 있는가? 나라는 구면의 밖으로는 어떻게 나가는 것인가? 하지만 그런 것은 없다. 우리는 이 의식의 지평을 떠나지 못할 것이다. 우리는 나를 벗어나지 못한다.

붉게 물들어가는 바다를 보며 나는 해변에 섰다.

열한 번째 계단

나의 계단은 여기에서 끝난다. 얼마나 올라왔나. 소년은 뒤를 돌아본다. 이제 나를 편안하게 보호해주던 가족과 학교와 직장이라는 작은 세계는 보이지 않는다. 그 세계는 먼 바다와 넓은 초원과 장대한 산맥에 가려져 있다. 어쩐지 나는 이 자리가 마음에 든다. 계단 한쪽에 쪼그리고 앉아 넓은 대지를 여행하는 바람의 소리에 귀를 기울인다.

한동안 이곳에 머무르리라. 나는 생각했다. 간간히 나를 스쳐가는 건강한 사람들이 나에게 물어왔다.

"젊은이, 다음 계단은 어디에 있나?"

나는 잘 모르겠다고 대답한다. 다음 계단이 있다며 앞으로 나아가는 몇몇 사람들의 목소리를 들었을 뿐, 다음 계단은 아직 내 눈에는 보이지 않기 때문이다. 하지만 나는 안다. 떠나기에 충분한 시간이 언젠가 도래할 것이란 사실을 말이다. 그때 내 눈의 안개는 걷히고, 가려져 있던 다음 계단이 보이기 시작할 것이다. 그때 나는 선택해야만 한다. 여기에 남을 것인지, 아니면 편안함을 떨쳐내고 불편한 세계를 향해 한 발을 더 내디딜 것인지.

그리고 아마도 나는 다시 모험을 선택하게 될 것이다. 새로운 세계에 마음이 끌려 불편함을 감내하려고 할 것이다. 그렇게 된다면 나는 더 많은 시간이 지난 뒤에 알게 될 것이다. 열한 번째 계단은 끝이 아니라, 겨우 시작에 불과했음을.

자신의 계단을 오르는 당신이 건강하기를, 그리고 많은 시간이 흐른 어느 날, 여행의 중간 어딘가에서 당신의 이야기를 들을 수 있는 날이 찾아오기를 기대해본다.

참고한 책

《죄와 벌 1, 2》, 표도르 도스토예프스키 지음, 김연경 옮김, 민음사

《공동번역성서 개정판》, 대한성서공회

《웨스트민스터 소요리문답》

《인도불교의 역사》, 히라카와 아키라, 이호근 옮김, 민족사

《인도 불교사》 사사끼 외 공저, 권오민 옮김, 경서원

《불교의 이해》 케네스 첸 지음, 길희성·윤영해 옮김, 분도출판사

《차라투스트라는 이렇게 말했다》, 니체 지음, 장회창 옮김, 민음사

《선악의 저편·도덕의 계보》, 니체 지음, 김정현 옮김, 책세상

《시간의 역사》, 스티븐 호킹 지음, 김동광 옮김, 까치

《과학철학의 이해》, 제임스 래디먼 지음, 박영태 옮김, 이학사

《최종 이론의 꿈》, 스티븐 와인버그 지음, 이종필 옮김, 사이언스북스

《체 게바라 평전》, 장 코르미에 지음, 김미선 옮김, 실천문학사

《체 게바라 20세기 최후의 게릴라》, 장 코르미에 지음, 은위영 옮김, 시공사

《공산당선언》, 마르크스·엥겔스 공저, 남상일 옮김, 백산서당

《경제학·철학 수고》, 칼 마르크스 지음, 강유원 옮김, 이론과 실천

《메르세데스 소사, 떠나간 인류의 목소리》, 우석균 옮김, 서울대학교 라틴아메리카연구소

《티벳 사자의 서》, 파드마삼바바 지음, 류시화 옮김, 정신세계사

《티베트불교 입문》, 탈렉 캄귄 림포체 지음, 유기천 옮김, 청년사

《티벳 해탈의 서》, 파드마삼바바 지음, 칼 구스타프 융 해설, 유기천 옮김, 정신세계사

《사진이 있는 티벳 사자의 서》, 스티븐 호지·마틴 부드 공저, 유기천 옮김, 정신세계사

《우파니샤드 I, II》, 이재숙 옮김, 한길사

《우파니샤드》, 임근동 옮김, 을유문화사